Ullstein Materialien

Ullstein Materialien
Ullstein Buch Nr. 35183
im Verlag Ullstein GmbH,
Frankfurt/M – Berlin – Wien

Originalausgabe

Umschlagentwurf:
Kurt Weidemann

Printed in Germany 1983
Gesamtherstellung: Ebner Ulm
ISBN 3 548 35183 2

Dezember 1983

CIP-Kurztitelaufnahme
der Deutschen Bibliothek

Der Neanderberg: vom Aufstieg d. Frauen
aus d. Neandertal; Beitr. zur Emanzipationsgeschichte d. 19. u. 20. Jh. /
Ernest Borneman (Hrsg.). –
Orig.-Ausg. – Frankfurt/M; Berlin; Wien:
Ullstein, 1983.
(Ullstein-Buch; Nr. 35183:
Ullstein-Materialien)
ISBN 3-548-35183-2
NE: Borneman, Ernest [Hrsg.]; GT

Ernest
Borneman
(Hrsg.)

Der Neanderberg

Vom Aufstieg der Frauen aus dem Neandertal

Beiträge zur
Emanzipationsgeschichte
des 19. und 20. Jahrhunderts

Ullstein Materialien

INHALT

Vorwort des Herausgebers

Dieses Buch befaßt sich mit dem Aufstieg werktätiger Frauen aus den unmenschlichen Arbeits- und Lebensbedingungen des Frühkapitalismus. Es ist eine nach Ländern und Regionen aufgegliederte Geschichte des Befreiungskampfes der organisierten Arbeiterinnen. Die vorgelegten Forschungsergebnisse beruhen auf den Berichten jener Historikerinnen und Historiker der Arbeiterbewegung aus Ost und West, die sich seit 1964 jedes Jahr in Österreich getroffen haben, um auf ihren Tagungen politische, soziale, ökonomische und andere Resultate ihrer Forschungstätigkeit zu diskutieren.

So wie die Nachkriegsgeschichte des einst von der Sowjetunion besetzten Österreichs die Legende widerlegt, daß die UdSSR niemals freiwillig ein von ihr erobertes Territorium zurückgebe, so widerlegen die internationalen Tagungen der Historiker der Arbeiterbewegung die Legende, daß eine friedliche und fruchtbare Zusammenarbeit westlicher und östlicher Wissenschaftler unmöglich sei.

Die 14. Tagung befaßte sich nominell mit dem Thema »Die Frau in der Arbeiterbewegung«. In der Praxis jedoch wurde daraus eine Diskussion über Strategien, Ziele, Unterschiede und Konflikte zwischen der »proletarischen« und der »bürgerlichen« Frauenbewegung. Ein Teil dieser Diskussion ist bereits im vorigen Jahr in dem Ullstein Buch Nr. 35 138, »Arbeiterbewegung und Feminismus«, vorgestellt worden. In meinem einführenden Beitrag habe ich den zweiten Teil der Diskussion vom Standpunkt der historischen Sexualforschung kommentiert.

Ernest Borneman
Österreichische Gesellschaft für Sexualforschung, Deutsche Gesellschaft für sozialwissenschaftliche Sexualforschung

Ernest Borneman

Der Neanderberg

Vom Aufstieg der Frauen aus dem Neandertal

In fast allen Gesellschaftsordnungen gibt dasjenige Geschlecht, das den Großteil der Nahrung oder des Geldes nach Hause bringt, auch in sozialer und sexueller Hinsicht den Ton an. Das gilt für frauenrechtliche Kulturen genauso wie für männerrechtliche, für vorpatriarchale genau wie für patriarchale.

Die letzten vorpatriarchalen Gesellschaftsordnungen waren Hackbaukulturen – frühe Formen der Landwirtschaft, die zu einer Zeit florierten, als die meisten Männer noch Jäger waren. Da die damaligen Jagdwerkzeuge relativ ineffizient waren, der Hackbau dagegen produktiv war, galten die Frauen nicht nur als »Symbole« der Fruchtbarkeit, sondern als *Erzeugerinnen* der Früchte – der Früchte des Leibes genauso wie der des Ackers.

In manchen Hackbaukulturen sinken die Männer, die das Jagen eher als Spiel und Sport denn als Nahrungserwerb betreiben, zu Drohnen herab – zu Zeugungsgehilfen und Sexualobjekten. Auch herrschen in manchen Hackbaukulturen enge Beziehungen zum sogenannten Mutterrecht. Das heißt: Frauen und Männer leiten ihre Abstammung nicht, wie bei uns, von beiden Eltern (bilineares Deszendenzsystem), sondern ausschließlich von ihren Müttern ab (matrilineare Deszendenzordnung). Die Rolle des Vaters bei der Zeugung wird negiert, und das gibt den Frauen eine gewisse Überlegenheit im ganzen Sozialsystem. Die einheiratenden Männer siedeln sich bei ihren Frauen und deren Müttern an (matrilokale Maritalresidenz). Das ist das Gegenteil dessen, was bei der bäuerlichen Großfamilie in unserer patriarchalen Gesellschaftsordnung geschieht, wo die einheiratende Ehefrau des Jungbauern sich im Hause des Altbauern ansiedelt (patrilokale Maritalresidenz). In matrilinear gegliederten Hackbaukulturen wird außerdem die Tochter vor dem Sohn und das letztgeborene Kind vor dem erstgeborenen bevorzugt.

Der Durchbruch vom Hackbau zur Pflugkultur, der in der Mittleren Neusteinzeit stattfand, erzeugte nicht nur einen ökonomischen, sondern auch einen sozialen und sexuellen Umschwung. Da er das Werk von Männern war, markierte er in vielen Regionen die ersten Anfänge des Patriarchats. Und da der Pflug nicht nur effizienter war als die Hacke, sondern auch durch seine Zugtiere die Entdeckung der animalischen Felddüngung mit sich brachte, überzeugte er auch viele Frauen von der vermeintlichen Überlegenheit des Mannes.

Genau wie die Frauen beim Hackbau nicht nur in ökonomischer, sondern auch in sozialer und sexueller Hinsicht den Ton angegeben hatten, so forderten die Männer nun prompt die sozialen und sexuellen Privilegien des ökonomisch dominanten Geschlechts. Sehr schnell entwickelte sich daraus ein Abstammungssystem in väterlicher Linie (patrilineare Deszendenzordnung), eine Bevorzugung der Söhne vor den Töchtern und des erstgeborenen vor dem letztgeborenen Kind, und schließlich eine Dominanz des Mannes bei der Ortswahl des ehelichen Haushaltes (patrilineare Maritalresidenz).

Die Machtergreifung der Pflugbauern – von manchen Vorgeschichtsforschern als »Urputsch« bezeichnet, von anderen »neolithische Revolution« benannt – benutzte also die Hebelwirkung eines gewaltigen ökonomischen Fortschritts, um neue soziale und sexuelle Rechte anzumelden. Nur deshalb fand sie auch bei den Müttern, Schwestern, Gattinnen und Töchtern der Pflugbauern Anklang. Die ersten Patriarchen müssen damals zu ihren Frauen gesagt haben: »Von jetzt an, meine Lieben, braucht ihr nicht mehr auf dem Feld zu arbeiten. Wir Männer nehmen euch die ganze Last der Arbeit ab. Ihr braucht euch nur noch um den Haushalt und die Kinder zu kümmern. Wir ernähren und beschützen euch. Allerdings müßt ihr uns von jetzt ab treu sein, denn nur dann sind wir sicher, daß eure Kinder unsere Kinder sind. Das muß so sein, damit das Familieneigentum, für das wir Männer uns jetzt so abrackern, auch tatsächlich an *unsere* Kinder und nicht an die Bastarde anderer Männer vererbt wird.«

Das ökonomisch hocheffiziente, aber sozial und sexuell keineswegs befriedigende Gesellschaftssystem des patriarchalen Pflugbaus wäre wahrscheinlich innerhalb kurzer Zeit zusammengebrochen, wenn diese Argumente für die Mehrzahl der Frauen nicht ebenso überzeugend gewesen wären, wie sie heute leider noch immer für viele Frauen sind. Die Vorstellung mancher heutigen Feministinnen, daß das Patriarchat von Anfang an eine reine Diktatur der Männer gewesen sei, der sich die Frauen nur unfreiwillig gebeugt hätten, ist deshalb historisch unhaltbar. Hätten die Patriarchenfrauen das Patriarchat nicht freiwillig unterstützt, hätten sie ihre Söhne nicht freiwillig in jeder Generation von neuem zu Modellpatriarchen erzogen, hätten sie ihre Töchter nicht freiwillig zu gehorsamen Patriarchengattinnen herangebildet, wäre das patriarchale System wahrscheinlich bereits im Spätneolithikum ausgestorben.

Deshalb kann das Patriarchat auch nie überwunden werden, solange man es als das ausschließliche Werk von Männern betrachtet und seine Natur aus der sexuellen Natur des Mannes ableitet (»Penis = Penetration = Vergewaltigung«). Denn wenn man den Mann als einen von der Natur mit einem natürlichen Vergewaltigungsinstrument ausgestatteten Vergewaltiger darstellt, dann bedeutet das, daß die Frau von der Natur ausersehen wäre, für immer und ewig die Vergewaltigte zu bleiben.

Betrachtet man das Patriarchat dagegen als das, was es ist – als Gesellschaftssystem, von dem ebenso viele Patriarchinnen wie Patriarchen profitiert haben –, dann besteht die Hoffnung, daß es eines Tages von weiblichen und männlichen Antipatriarchen in gemeinsamer Anstrengung beseitigt werden kann. Und zwar dann – und *nur* dann –, wenn die Antipatriarchen den Patriarchen ein Gesellschaftssystem anbieten können, das nicht nur in sexueller und sozialer, sondern auch in ökonomischer Hinsicht dem Patriarchat überlegen ist.

Gesellschaftsverändernde Prozesse funktionieren nur, wenn sie einer großen Anzahl von Beteiligten konkrete Vorteile bieten. Eine nur auf Kritik der herrschenden Klasse oder des herrschenden Geschlechts abzielende Agitation ist noch niemals in der menschlichen Geschichte erfolgreich gewesen. Erst wenn die Agitation Kritik an der herrschenden Ordnung mit konkreten Vorschlägen für ein besseres Gesellschaftssystem verbindet, besteht Hoffnung auf Erfolg. Deshalb lassen sich sexuelle Privilegien nur in Zeiten eines tiefgreifenden ökonomischen Wandels abschaffen. Die Vorstellung der autonomen Frauenbewegung unserer Tage, daß man das Patriarchat durch feministische Agitation oder durch eine Art Auswanderung der Frauen aus der Männergesellschaft verändern oder gar abschaffen könne, ist leider illusionär.

In diesem Sinne war die neolithische Revolution, der Urputsch des Mannes gegen die sogenannten Matriarchate der Alten Welt, wahrscheinlich der folgenschwerste Wendepunkt der ganzen europäischen Geschichte. Die großen Zeitwenden späterer Jahrtausende, auch die von der Sklaverei zum Feudalismus und die vom Feudalismus zur bürgerlichen Welt, standen alle im Schatten jener Urrevolution, die zur Verschärfung schichtenspezifischer Konflikte, zur wachsenden Atomisierung der Gesellschaft durch Arbeitsteilung, zur Entstehung des Privateigentums und der Klassen, zur Erniedrigung der Frau und zur Unterdrükkung des Kindes geführt hat. Sie hat nicht nur die Sklavenökonomien Griechenlands und Roms, sondern auch den Charakter des Feudalismus und durch ihn den des bürgerlichen Zeitalters unwiderruflich geprägt. Und doch hat diese ganze Entwicklung einen Zeitraum von weniger als 10 000 Jahren eingenommen – ein kaum wahrnehmbares Quentchen in der Entwicklungsgeschichte unserer Gattung, das von unseren Nachfahren vielleicht nur noch als kurzfristige Detour vom Hauptwege der Evolution angesehen werden wird.

Die Spaltung einer einst klassenlosen Stammesgesellschaft in Ausbeuter und Ausgebeutete ist in unzähligen Schriften untersucht worden. Die Entwicklung des Privateigentums aus einer anfangs eigentumslosen, später auf Gemeinschaftseigentum aufgebauten Stammesordnung, die Aufspaltung einer einst integren Gesellschaft der Gleichen in eine demoralisierte und demoralisierende Klassengesellschaft, das krebsartige Wuchern des Staatsapparates, die Herausbildung des »Rechtsstaates«, der sich nur mit Hilfe von Gerichten, Polizei und Gefängnissen erhalten kann – all dies ist zur Genüge beschrieben worden. Aber das Kernstadium dieses Prozesses, die eigentliche Machtergreifung des Mannes, die Zerschlagung der neolithischen Frauensippen und der erste Aufbau des Vaterrechts ist bisher nur in wenigen Werken dokumentiert worden.

Die Bezeichnungen »Matriarchat« und »Mutterrecht«, die von manchen Autoren für das Sozialsystem der neolithischen Hackbaukulturen benutzt worden sind, haben ihre Nachteile: »Matriarchat« ist inkorrekt, weil die griechische Sprachwurzel *archos* (Herrscher) andeutet, daß hier die Mutter *geherrscht* habe. Das hat sie aber nicht. All jene Kulturen, die Lewis Henry Morgan, der Popularisator dieses Ausdrucks, in seinen Werken beschrieben hat, zeichnen sich gerade dadurch aus, daß die Mütter ihre latente Macht im Gefüge der Sippe und des Stammes *nicht* zur Beherrschung ihrer Brüder, Gatten, Väter und Söhne verwenden. Eben darin liegt der Unterschied zum Patriarchat, das von Anfang an auf Herrschaft aufgebaut war. Zwar Herrschaft mit weitgehender Zustimmung der Beherrschten – aber im Gegensatz zu den klassenlosen, noch nicht von Arbeitsteilung erfaßten Gesellschaftsordnungen der Altsteinzeit doch immerhin ein Herrschaftssystem.

Falsch ist auch der von Johann Jakob Bachofen geprägte Ausdruck »Mutterrecht«. Denn der Kernpunkt jener Kulturen, die er »mutterrechtlich« nennt, ist gerade der, daß sie präjuristischen Ursprungs sind. Ihr Gesellschaftssystem stammt aus der Ära vor der Konstituierung des Rechts. Das Recht – dies ist eine zentrale These des vorliegenden Beitrags – geht auf einen historischen Urakt zurück – auf die Negation der Natur. Der natürliche Vorgang, der hier negiert wird, ist die Geburt. Die Frau weiß stets, daß das von ihr geborene Kind ihr eigenes ist. Der Mann dagegen kann seiner Vaterschaft nie sicher sein. Das Patriarchat konstituierte sich rechtlich mit der Deklaration des Mannes, daß dieser Zustand hiermit aufzuhören habe: »Da die Frau uns bis in alle Ewigkeit überlegen wäre, wenn ein solcher Zustand weiter bestünde, verbiete ich ihn hiermit. Dieses Verbot nenne ich: das Recht.«

Recht ist im historischen Sinne das, was die Natur negiert und deshalb mit einem stets wachsenden Apparat von Gesetzgebern und Gesetzen, Richtern und Richtsprüchen, Polizisten und polizeilichen Maßnahmen, Gefängniswärtern und Gefängnissen, Strafbehörden und Strafen erzwungen werden muß. Deshalb stellt der Ausdruck »Mutterrecht« auch einen Widerspruch in sich selbst dar. In »mutterrechtlichen« Gesellschaftsordnungen kann es noch gar kein Recht geben, weil es noch keine Überschüsse gibt. Niemand zerbricht sich den Kopf, wem das Kind »gehört«, solange es noch nicht als Eigentum empfunden wird. In Begriffen des Eigentums lernt der Mensch aber erst dann zu denken, wenn seine Nahrungsmittelerzeugung so weit fortgeschritten ist, daß sie einen Überschuß produziert. Erst der Nahrungsmittelüberschuß ermöglicht die Akkumulation von Eigentum, erst die Akkumulation von Eigentum ermöglicht dessen Vererbung, und erst die Vererbung von Eigentum erfordert die Feststellung der Vaterschaft. Dies ist der historische Punkt, der die Machtübernahme des Patriarchats kennzeichnet.

Das Zeitalter der Frau – wenn es je eines gegeben hat – war also die Vorgeschichte. Denn was wir als »Geschichte« bezeichnen, ist *geschriebene* Geschichte, und die Schrift – erfunden zur Bewältigung der großen Dammbauten am Nil, Euphrat, Tigris, Indus und Jangtsekiang – ist von jeher das Instrument der Herrschenden gewesen. Es hat sich auch als nützlich zur Beherrschung der Frau erwiesen. Die Vereinnahmung der Frau als zweitrangiges, gefügiges Wesen, als Hüterin des Heims, Dienerin des Mannes und Pflegerin der Kinder, ist nicht viel älter als die Schrift und ließ sich nur mit deren Hilfe durchführen.

Was vorher war, ist von den patriarchalen Schriftkulturen verdrängt und verleugnet worden. Auch kurzlebige Phasen der Frauenbefreiung späterer Jahrhunderte wurden bald aus der Erinnerung des Patriarchats getilgt. Aber es gab sie – in Kreta, auf den Kykladen, in Sparta, im hellenistischen Makedonien, im Rom der Cäsaren. Selbst in den ersten Jahrhunderten des Christentums besaßen die Christinnen größere Rechte als in den späteren. Während der Kreuzzüge, die oft zu jahrzehntelanger Abwesenheit der Männer führte, lernten die Ritterfrauen überall in Europa die Güter ihrer Männer zu leiten, und taten dies oft geschickter als ihre Gatten. Dabei durften und mußten sie auch jene feudalen Pflichten erfüllen, die rechtlich nur Lehns*herren* zustanden, so die Gerichtsbarkeit und den Einzug von Steuern.

Im feudalen Frankreich hatten die Frauen bis ins späte 12. Jahrhundert das Recht, die Lehen zu verwalten. Erst seit dem 13. Jahrhundert verloren sie unter dem Einfluß des römischen Rechts ihre früheren Privilegien. Aber die Regentschaft konnte ihnen noch nicht aberkannt werden.

In höfischen Zeiten, den Jahren der Troubadoure und des Minnesangs, schickten die Frauen des Adels ihre Liebessklaven auf Kampfturniere und entschieden über die sittlichen Vergehen der Männer in eigens dazu eingerichteten Liebes- und Sittengerichtshöfen.

Im Mittelalter, als die Niederlande noch Erblehen des Deutschen Reiches waren, unterschied man zwischen Schwert- und Spindellehen, d. h. ob Männer oder Frauen das Recht zur Erbfolge hatten. In Holland und Seeland waren dies meist Frauen. Als im 16. Jahrhundert die Niederlande ein Teil des Habsburgischen Reiches wurden, blieb diese Tradition erhalten. Zwischen 1504 und 1567 bekleideten drei Frauen das Amt des habsburgischen Landvogts – Margarete von Österreich (1480–1530), Maria von Ungarn (1505–1558) und Margarete von Parma (1522–1586). Zur gleichen Zeit finden wir in Burgund das System der Statthalterin oder Regentin, das der Frau ein einmaliges Herrschaftsrecht gab.

Während der italienischen Renaissance brillierten Frauen

nicht nur als Dichterinnen, Malerinnen, Bildhauerinnen und Musikerinnen, sondern erreichten auch zum ersten Male in der westlichen Universitätsgeschichte einen hohen Ruf als Wissenschaftlerinnen.

Selbst Bäuerinnen, solange sie nur Besitzerinnen größerer Höfe waren, begannen mit dem Fall des Feudalismus und der Lehnsherrschaft eine Macht auszuüben, die bis ins 18. Jahrhundert hineinreichte. In der Schweiz besaßen die ländlichen Frauen bis zum frühen 18. Jahrhundert nahezu völlige rechtliche und weitgehende politische Gleichberechtigung. Und gerade in der Schweiz war der darauf folgende Abbau der Frauenrechte am drastischsten.

Ganz anders in den Hochburgen der Manufaktur und der späteren Industrie. Hier führten bürgerliche Frauen als Witwen die Geschäfte ihrer Männer, als Töchter das Gewerbe ihrer Väter weiter, betrieben Handel, gründeten Banken, leiteten Schiffswerften und reisten unbegleitet durch ganz Europa.

Sehr ähnlich in den Kolonien. 1691 besaßen Grundbesitzerinnen bereits das Stimmrecht in Virginia und Massachusetts. 1790 hatte der Staat New Jersey allen Frauen, die $ 250 oder mehr besaßen, das Stimmrecht gegeben. Aber bereits 17 Jahre später verabschiedete eine weiße, männliche Mehrheit ein Gesetz, das das Stimmrecht auf »weiße, männliche« Bürger beschränkte, obwohl eine Verfassungsänderung nur durch Volksentscheid zulässig gewesen wäre. Man sieht an der Zusammenklammerung von »männlich« mit »weiß«, aus welcher Richtung der Wind hier bläst. Er bläst immer von rechts, wenn es um die Einschränkung der Frauenrechte geht.

So wurde beispielsweise in Österreich während der achtziger Jahre des 19. Jahrhunderts das Landtagswahlrecht, das Steuerzahlerinnen bereits seit 1861 gehört hatte, von einer konservativen Mehrheit wieder abgeschafft. In der Schweiz wurde das seit 1833 bestehende Mitspracherecht der Steuerzahlerinnen in Gemeindeangelegenheiten 1852 von einer reaktionären Männermehrheit eingeschränkt und 1887 völlig abgeschafft.

Zwar weist die westliche Geschichte also kurzlebige Perioden des Aufstiegs und der relativen Befreiung der Frau auf, aber die Tatsache, daß der Aufstieg stets nur innerhalb der herrschenden Klasse stattfand und stets mit einem dramatischen Rückschritt bestraft wurde, legt die Folgerung nahe, daß sexueller Fortschritt nur auf einer Massenbasis erfolgen kann und stets mit den Frühstadien der Machtergreifung einer neuen Klasse zusammenfällt. Selbst die großen Revolutionärinnen des 18. Jahrhunderts waren fast ausnahmslos Frauen des Adels und des gehobenen Bürgertums. Die Lebensbedingungen der Arbeiterfrauen waren in diesen Zeiten so fürchterlich, daß nur wenige es schafften, sich aus der schieren Misere zu denkenden, protestierenden, sich wehrenden Geschöpfen zu erheben.

Deshalb sollte es auch niemanden überraschen, daß die beiden großen Frauenbewegungen der Neuzeit sich eher im Widerspruch zueinander als parallel bewegen mußten. Zwar gelang es der bürgerlichen Frauenbewegung, einen Teil der Distanz zwischen den Frauen und Männern ihres eigenen Standes abzubauen, aber gerade dieser Abbau diente dazu, die Distanz zwischen den bürgerlichen und den proletarischen Frauen zu vergrößern. Denn die bürgerlichen Frauen bemühten sich keineswegs um den *Abbau* der Monopole und Privilegien ihrer Männer, sondern nur um die *Ausdehnung* des Monopols von dem privilegierten Mann auf die privilegierte Frau. Genau wie das Bürgertum in den großen Revolutionen von 1642–1649 (England), 1787–1795 (Frankreich), 1820–1831 (Italien), 1830 (Julirevolution in Frankreich), 1848 (Frankreich, Italien, Deutschland), 1871 (Pariser Kommune), 1917 (Oktoberrevolution Rußland) und 1918–1919 (Deutschland, Polen, Ungarn, Türkei) gezeigt hatte, daß es eher bereit war, mit dem Feudalismus Kompromisse zu schließen, als ihn mit Hilfe des Proletariats zu besiegen, so hat es sich in der Geschichte der Frauenemanzipation immer wieder herausgestellt, daß die bürgerliche Frauenbewegung eher dazu neigt, mit dem bürgerlichen Mann Kompromisse zu schließen, als seine Privilegien mit Hilfe der Arbeiterbewegung zu zerschlagen.

Ganz anders die proletarische Frauenbewegung. Der Unterschied zwischen ihr und der bürgerlichen Frauenbewegung lag nicht nur darin, daß ihr das abstrakte Recht (Stimmrecht, Wahlrecht, Gleichberechtigung) weniger wichtig war als die ökonomische Realität, sondern vor allem darin, daß sie vom Produzenten ausging, während die bürgerliche Frauenbewegung den Konsumenten als Maß aller Dinge setzte.

Während sich die bürgerliche Frauenbewegung also vor allem um eine »gerechte« Verteilung der geschlechtlichen Privilegien bemühte, wandte sich die proletarische Frauenbewegung vor allem gegen die Privilegien als solche, dann aber auch gegen die bürgerliche Verdinglichung aller Lebensverhältnisse. Lange vor Marx und Engels war Arbeiterführerinnen wie Flora Tristan aufgefallen, daß das Leiden der proletarischen Frauen nicht nur auf ihre Armut und Unterdrückung zurückging, sondern auch auf völlig neuartige Probleme am Arbeitsplatz und in dem von der neuartigen Arbeit geprägten Familienleben. Was Marx später »Entfremdung« nannte – die deprimierende Unübersichtlichkeit der Fabrik, der Fabrikprodukte und des kapitalistischen Verteilungssystems –, ließ die Arbeiterinnen, lange bevor die Männer das wahrnahmen, bereits im 18. Jahrhundert die krankmachenden Wirkungen des entwickelten Kapitalismus vorahnen.

Die in dieser Zeit noch klar als nützlich und konkret wahrnehmbaren Gebrauchswerte des ausgehenden Mittelalters verwandelten sich vor den Augen der Fabrikarbeiterinnen in abstrakte und nutzlose Tauschwerte. Damit verlor die sinnliche Welt des Mittelalters und der Renaissance ihren Sinn, entmenschlichte den Menschen und erniedrigte die proletarische Frau zur »Arbeitskraft«.

Andererseits soll hier nicht verschwiegen werden, daß auch die Arbeiterbewegung in unproduktiven Denkmustern steckenbleiben mußte, solange sie noch vom bürgerlichen Gedanken eines »gerechten« Anteils an Konsumgütern beherrscht war und sich noch nicht zu dem schöpferischen Gedanken der Eroberung der Produktionsmittel durchgerungen hatte. Dieses am Konsum orientierte und deshalb hauptsächlich am Lohn interessierte Denken schlug sich unweigerlich im Bild der arbeitenden Frau als Konkurrentin um den beschränkten Lohnsäckel nieder.

Solche Denkformen spuken noch heute in den Gehirnen kleinbürgerlicher Arbeitnehmer herum – gerade jener Männer, die am meisten von einer Befreiung ihrer Frauen zu gewinnen hätten. Denn wo das Verhältnis zwischen Arbeitgeber und Arbeitnehmer in unbiegsamen, verknöcherten, ausschließlich um Lohn und nicht um Besitz der Produktionsmittel ringenden Kampfformen erstarrt, da erstarrt meist auch das Verhältnis zwischen Mann und Frau. Zwar erstarrt es beim »Unternehmer« genauso wie beim Lohnarbeiter, aber dank der größeren materiellen Freiheit des ersten bietet sein Geschlechtsleben zumindest die Möglichkeit einer gelegentlichen Befreiung von der Sexualsklerose, die manchen Industriearbeiter heute mit psychischer Verknöcherung bedroht.

Die folgenden Beiträge befassen sich weniger mit diesen Fragen der sexuellen Erstarrung und Befreiung als mit den letzten Stadien der sozialen und ökonomischen Befreiung der Arbeiterinnen im 19. und 20. Jahrhundert – mit den Schwierigkeiten der Gewerkschaftsorganisation, mit den Rivalitäten zwischen sozialdemokratischen und kommunistischen Gewerkschaften, mit den Problemen der Frau in den Arbeiterparteien, mit den Auseinandersetzungen zwischen sozialdemokratischen, kommunistischen und bürgerlichen Frauengruppen – aber auch mit dem Niederschlag dieser Probleme im Ehe- und Familienleben der Arbeiterinnen.

Dieses Problem wird in wachsendem Maße die Diskussion um die Zukunft der proletarischen Frauenbewegung beherrschen.

Thea Holleck

Bedeutung und Rezeption der Frauenarbeit in der englischen und deutschen Arbeiterbewegung 1895–1914

Das Thema umfaßt zum einen die empirische Darstellung der Frauenarbeit. Darunter werden hier erstens Lohnarbeit in Form von Fabrikarbeit und hausindustrieller Heimarbeit, zweitens andere Tätigkeiten oder Dienstleistungen, die einen finanziellen Beitrag zum Familieneinkommen leisten, verstanden.

Der Schwerpunkt soll auf die Arbeit verheirateter Frauen gelegt werden, da sie für die Stellung der Frau in der Familie und in den Klassenorganisationen ausgesprochen wichtig gewesen sein dürfte, ohne bisher genügend Berücksichtigung zu finden.

In diesem Zusammenhang stellen sich drei Fragen:

1. Welches Ausmaß nimmt die Lohnarbeit verheirateter Frauen in diesem Zeitraum an? In welchem quantitativen und qualitativen Verhältnis steht sie zu den übrigen Tätigkeiten?

2. Unter welchen Bedingungen finden beide statt? Welche Erfahrungen machen verheiratete Frauen im Arbeitsleben?

3. Welche Bedeutung gewinnt dies für ihr Leben, ihre Stellung in Familie und Gesellschaft, ihr politisches Bewußtsein sowie ihre Rolle im Klassenkampf?

Zum andern sollen die verschiedenen Anschauungen zur Frauenarbeit innerhalb der Arbeiterbewegung verglichen und in einen Erklärungszusammenhang gestellt werden. Dabei ist neben den oben genannten Fragestellungen sowohl der allgemeine Entwicklungsstand der kapitalistischen Produktionsweise (Imperialismus, Monopolkapitalismus) als auch das theoretische Niveau der Arbeiterbewegung soweit wie möglich zu berücksichtigen.

Bezüglich des erkenntnistheoretischen Ausgangspunkts bemüht sich die Studie um einen historisch-materialistischen Ansatz.

I. Begründung des Forschungsinteresses: einige Bemerkungen zum Forschungsstand

Das Interesse am Thema ist aktuellen Anlässen geschuldet. Im Gefolge der gegenwärtigen strukturellen und konjunkturellen

Krise des kapitalistischen Systems erleben wir die massive Verdrängung erwerbstätiger Frauen aus dem Berufsleben durch Rationalisierungsmaßnahmen in der Industrie ebenso wie durch die Politik der Sparmaßnahmen auf den Gebieten der Sozialpolitik und der öffentlichen Investitionen. Begleitet wird dieser Prozeß von einer ideologischen Rechtfertigungskampagne, die Hausfrauendasein und Mutterschaftspflichten zum weiblichen Naturberuf erhebt und insbesondere verheirateten Frauen das Recht auf Arbeit streitig macht (Doppelverdienertum etc.).

Dagegen war in der Phase des wirtschaftlichen Aufschwungs nach 1960 die Rede davon, unerschlossene Begabungsreserven der Frauen zu nutzen und ihr berufliches Engagement zu fördern. In dieser Zeit erfolgte eine erhöhte Einbeziehung verheirateter Frauen ins Erwerbsleben, die wie die Mehrzahl der Frauen überhaupt ungelernte oder angelernte Berufe ausübten[1].

Blieb der Grad der Frauenerwerbstätigkeit seit 1882 relativ konstant (etwa ein Drittel der Erwerbstätigen), so hat die Berufstätigkeit verheirateter Frauen in Deutschland seit 1895 stetig absolut und relativ zugenommen:

1895 = 16,48%, 1907 = 26%, 1950 = 36,4%, 1970 = 56,0% der erwerbstätigen Frauen[2].

Die Quote verheirateter Arbeiterinnen dürfte entsprechend höher sein. Dem korreliert eine Zunahme der Verheiratetenquote. Waren 1871 nur 33% aller Frauen verheiratet und 58,8% von ihnen ledig, so stieg der Anteil der Verheirateten auf 43,6% (1950) und 47,3% (1970), während der Anteil der Ledigen auf 42,5% (1950) und 36,6% (1970) sank[3].

Einerseits bedeutet dies, daß die verheiratete Frau zunehmend zur »aktiven Arbeiterarmee« gehört. Die Trennung von Wohn- und Arbeitsgebiet trifft somit auch immer mehr für sie zu. Als angelernte und ungelernte Arbeitskraft ist sie jedoch in erster Linie zum »fließenden Teil der relativen Übervölkerung« zu zählen, der am ehesten von Arbeitslosigkeit bedroht und betroffen ist. Andererseits drückt sich hierin auch die veränderte Form des notwendigen finanziellen Beitrags einer bestimmten Schicht verheirateter Arbeiterinnen zum Familieneinkommen aus[4].

Noch bis in die dreißiger Jahre unterhielten viele Arbeiterfrauen, die nicht lohnabhängig waren, kleine Läden und Verkaufsbuden und erzielten geringe Einnahmen aus Verkäufen aller Art, von gebrauchten Kleidern und Haushaltsartikeln bis zu Obst und Gemüse aus Schrebergärten. Hinzu kam oft Verdienst aus

Untervermietung und Gelegenheitsarbeit, auch Prostitution[5].

Mit fortschreitender Entwicklung des Kapitalisierungsprozesses entfielen diese Verdienstmöglichkeiten weitgehend. Im Zuge technischer Entwicklungen und organisatorischer Rationalisierungen entstanden neben wenigen qualifizierten große Massen unqualifizierter Arbeitsplätze. Es ergab sich auch die Möglichkeit rationelleren Personaleinsatzes durch Einstellung von Teilzeitkräften[6].

Hinzu kommt, daß auch in Angestellten- und Beamtenkreisen offenbar die Aversion gegen die Erwerbstätigkeit der Ehefrau nachließ. Noch um die Jahrhundertwende wurde der Fehlbetrag zum notwendigen Familieneinkommen weniger durch die Mitarbeit der Ehefrau als durch Überstunden und Nebentätigkeiten des Mannes erbracht[7].

Zweifellos hat diese Entwicklung zu Veränderungen der innerfamiliären Beziehungen zwischen Mann und Frau geführt. Ihren logischen und historischen Ausdruck findet sie in der Ersetzung der patriarchalischen Familienideologie durch das Partnerschaftsmodell als gesellschaftliches Leitbild.

Für die Arbeiterklasse stellt sich primär das Problem, wie sie die Auswirkungen der Frauenarbeit auf ihre Reproduktionsbedingungen theoretisch verarbeitet und in praktische Politik umsetzt.

Außer der Produktion von Mehrwert kommt der Frauenarbeit im kapitalistischen System die Funktion der industriellen Reservearmee zu, d. h., während der Aufschwungphase werden verstärkt Frauen in den Produktionsprozeß einbezogen, mit dem Resultat, daß aufgrund des größeren Angebots an Arbeitskräften der Preis der Arbeitskraft insgesamt gedrückt wird. In Krisenzeiten erfolgt die Repellierung weiblicher Arbeitskräfte (als Teil der relativen Übervölkerung), wodurch wiederum die Position des Unternehmers gegenüber Lohnforderungen der beschäftigten Lohnarbeiter unter dem Druck hoher Arbeitslosigkeit gestärkt wird. Die Reservearmee – deren bevölkerungsmäßiges Potential in hohem Maße Frauen sind – bildet das »Kettenglied des wirtschaftlichen Wachstums- und Akkumulationsprozesses im Kapitalismus«[8].

Die These vom Doppelverdienertum und Naturberuf der Frau erhält in diesem Zusammenhang Integrierungsfunktion, die eine reibungslose psychologische Umstellung auf Haushalt und Familie, die Abwanderung in die »stille Reserve« gemäß den ökonomischen Systemzwängen gewährleisten soll[9].

Sie dient gleichermaßen dazu, die objektiven Interessen der Arbeiterklasse zu verfälschen und die Herausbildung von Klassenbewußtsein zu ihrer Wahrnehmung zu blockieren. Daß dies bei Teilen der Arbeiterklasse Erfolg hat, ist bekannt. Es sei nur an die feindselige Haltung führender Gewerkschafter zu Fragen der Frauenfabrikarbeit in der Inflationsphase nach 1919 erinnert[10].

Wir werden im Zusammenhang mit der Revisionismusdebatte darauf zurückkommen. In diesem Zusammenhang ist auch eine historische Analyse der in der Arbeiterklasse auftretenden ideologischen Konzeptionen zur Frauenfrage vorzunehmen, die deren konkreten gesamtgesellschaftlichen Bezugsrahmen berücksichtigt. Diese Konzeptionen sind nach ihren Entstehungsursachen und Funktionen zu erforschen. Die Wirkungsweise bürgerlicher Frauenideale innerhalb der Arbeiterbewegung müßte aufgezeigt werden, ihre philosophisch-weltanschaulichen und sozialen Bindeglieder sind im Kontext der Revisionismusforschung zu untersuchen. W. Thönnesen hat einen Anfang in dieser Richtung gemacht. Auch hier wäre komparativ zu verfahren, um strukturelle Kerngedanken zu erfassen.

Ein zweiter aktueller Bezugspunkt des Themas liegt darin, daß von feministischer Seite zunehmend die These vom »Geschlechterkampf« in der Arbeiterbewegung in den Vordergrund gerückt wird, mit der Implikation, Bourgeoisie und Proletariat würden sich aus den gleichen »patriarchalischen« Interessen im »Antifeminismus« in nichts nachstehen[11].

II.1 Ausmaß und Charakter der Lohnarbeit verheirateter Frauen 1895–1914 und ihr Verhältnis zu anderen gewinnbringenden Tätigkeiten

Für den untersuchten Zeitraum kann davon ausgegangen werden, daß die Mehrzahl der verheirateten ungelernten ebenso wie ein Teil der angelernten und Facharbeiter nicht in der Lage war, das notwendige Familieneinkommen allein zu erarbeiten. Sowohl für Großbritannien als auch für Deutschland haben Untersuchungen proletarischer Haushaltsbudgets die Notwendigkeit von Nebeneinkünften zur Sicherung des Existenzminimums und des traditionellen Lebensstandards, also der Reproduktionskosten der Familie, ergeben. Bei diesen zusätzlichen Einnahmequellen war die Lohnarbeit der Ehefrau von unterschiedlicher Wichtigkeit.

Während des genannten Zeitraums stiegen die Arbeitslöhne in Barrow und Lancaster, wo die Eisen-, Stahl- und Schiffsbauindustrie vorherrschte, nur minimal an. Die Facharbeiter- und Handwerkerlöhne bildeten keine Ausnahme. Während der gesamten Zeit lagen die Reallöhne sowohl unter dem von Rowntree[12] als auch dem von Oddy[13] errechneten Existenzminimum; dennoch traten signifikante Fälle von Unterernährung nicht auf. Roberts führt dies auf Nebeneinnahmen aus Gelegenheitsarbeit der Frau und Untervermietung, Inanspruchnahme von Suppenküchen und Nutzung von Schrebergärten und Gärten zurück[14].

In der Textilindustrie Lancashires lag der Prozentsatz der verheirateten erwerbstätigen Frauen bei 23,5%[15]. Es ist aber zu differenzieren zwischen den nördlichen Webereistädten und den Spinnereigebieten. In der Dampfstuhlweberei war die Mehrzahl der Beschäftigten überhaupt Frauen. Im Jahre 1901 gab es 152 000 weibliche und 60 000 männliche Weber. Die Anzahl der verheirateten Frauen betrug rund ein Drittel der Erwerbstätigen. Am höchsten war sie in Blackburn mit 77% der ledigen und 38% der verheirateten Frauen, bemerkenswert war die hohe Zahl von Frauen im gebärfähigen Alter (15 bis 35 Jahre) mit 59,7% in Burnley, 50,5% in Dreston, 63,9% in Blackburn und 44,8% in Bury.

In der Spinnindustrie hatte sich eine starke innerbetriebliche Arbeitsteilung zwischen gelernten und ungelernten Arbeitern, zwischen männlichen Mulespinnern, Vor- und Facharbeitern und weiblichen Hilfskräften, die in den vorbereitenden Arbeitsprozessen beschäftigt waren, ausgebildet. Die Löhne der männlichen Fachkräfte lagen erheblich über denen der weiblichen Beschäftigten, dementsprechend finden sich weniger verheiratete Frauen in den Betrieben.

Stearns nennt als Gründe für die Fabrikarbeit verheirateter Frauen Gewohnheit und den Wunsch, Langeweile und Isolation zu vermeiden. Dies war damals wohl kaum entscheidend, es dürfte der ökonomische Zwang an erster Stelle gestanden haben, entweder, weil der Ehemann zu wenig oder gar nichts verdiente oder aber unregelmäßiges Einkommen hatte[16]. In den Baumwollfabriken lagen bekanntlich die Löhne der Frauen über dem nationalen Durchschnitt, die der Männer dagegen darunter, mit Ausnahme der Vor- und Facharbeiterlöhne. 1906 betrug der Durchschnittslohn der Männer 29 s, ein männlicher Weber erhielt jedoch lediglich 25 s. Während der durchschnittliche Frauenlohn 13 s 6 d betrug, konnten in der Weberei ca. 21 s verdient werden, so daß annähernd gleicher Lohn für die gleiche Arbeit vorlag[17]. Es handelt sich hier um Regionalstudien, deren allgemeiner Aussagewert natürlich begrenzt ist.

Nach der Erhebung von Wirtschaftsrechnungen minderbemittelter Familien im Deutschen Reiche wurden im Jahre 1907 in 44,7% der Fälle Frauenverdienst und 15,26% Kinderverdienst festgestellt. Die Erhebung des deutschen Metallarbeiterverbandes von 1908 ergab 58% Frauen- und Kinderarbeit[18].

Nach der Enquete des Rechtsamtes des Inneren über die Fabrikarbeit verheirateter Frauen aus dem Jahre 1899 betrug die Zahl der verheirateten Fabrikarbeiterinnen in der Textilindustrie in einzelnen preußischen Bezirken über 40% der Erwerbstätigen. Insgesamt waren in den der Fabrikaufsicht unterstellten Betrieben 28% der beschäftigten Frauen verheiratet, davon entfiel die Hälfte auf die Textilindustrie, die andere Hälfte verteilte sich auf die Zigarren-, die Nahrungsmittelindustrie und auf die Industrie Bau, Steine, Erden[19].

Zwischen 1895 und 1907 stieg die Anzahl der verheirateten Erwerbstätigen von 15,4% auf 18,3%, die der verheirateten Lohnarbeiterinnen verdoppelte sich, so daß die Fabrikarbeit verheirateter Frauen um mehr als die Hälfte der Gesamtzunahmerate der Frauenfabrikarbeit anstieg[20].

Gemessen am Wachstum der weiblichen Bevölkerung wuchs die Zahl der verheirateten Fabrikarbeiterinnen zweimal so schnell. Auffällig ist auch die höhere Wachstumsrate der weiblichen Erwerbstätigen im Vergleich zu den männlichen in Bergbau und Industrie, gleichzeitig ist eine Zunahme der Zahl ungelernter Arbeiterinnen zu verzeichnen.

Martin führte Anfang der neunziger Jahre eine Fragebogenerhebung in der Krimmitschauer Streichgarnindustrie durch, die auch die Berufszugehörigkeit der Ehemänner verheirateter Lohnarbeiterinnen aufschlüsselte. Es ergab sich, daß 54,8% der Ehemänner als ungelernte Fabrikarbeiter tätig waren, die übrigen 45,2% waren zu ⅓ Handarbeiter, dann folgten Maurer und Handwerksgesellen. Laut Martin blieben in der Regel die Frauen der Fach- und Vorarbeiter der Fabrikarbeit fern, da deren Lohn ausreichte, die Familie zu ernähren, während dies bei den ungelernten und Handarbeitern (Webern, Färbereiarbeitern, Krempelausputzern etc.) nicht der Fall war. Bei den Maurern erzwang die saisonale Arbeitslosigkeit der Ehemänner die Fabrikarbeit der Frau[21].

Im Durchschnitt deckte der Verdienst des Mannes lediglich 80% der Reproduktionskosten der Familie; nach der Metallarbeiterstudie reichte er nur in 6% der Familien zur Deckung der Gesamtkosten. Der Verdienst der Ehefrau am Einkommen machte durchschnittlich 4,3%, bei den ungelernten Arbeitern 7,7%, bei den Handels- und Verkehrsarbeitern 6,4%, bei Arbeitern ohne nähere Angabe 6,2% aus.

An zweiter Stelle der Nebeneinnahmen stand die Untervermietung, sodann spielten sonstige Einnahmen aus dem Erlös verkaufter Gegenstände, aus Dividenden von Konsumvereinen, Streikunterstützungen, Sterbegeldern, Spiel- und Lotteriegewinnen usw. in mehr als ¾ aller untersuchten Budgets eine Rolle.

In den Fällen, in denen Frauenfabrikarbeit neben der Erwerbstätigkeit des Mannes vorkam, machte der Anteil des Frauenverdienstes am Gesamteinkommen zwischen 25% und 42% aus[22].

Zusammenfassend läßt sich sagen, daß sowohl in England als auch in Deutschland der finanzielle Beitrag der Arbeiterfrau – insbesondere bei ungelernten Haushaltsvorständen, aber auch bei Teilen der angelernten Arbeiter und wahrscheinlich auch der Facharbeiter – notwendiger Bestandteil des Familieneinkommens war. In Deutschland trat der Fall, daß der Männerlohn zur Deckung der Reproduktionskosten der Familie nicht genügte, wohl häufiger auf[23]. Lediglich in der Textilindustrie herrschten ähnliche Verhältnisse. In England wurde der notwendige Zuverdienst außerdem weniger durch die Fabrikarbeit der Ehefrauen erbracht.

Wie lassen sich nun diese Unterschiede begründen? Beim gegenwärtigen Kenntnisstand können zwar keine definitiven Aussagen gemacht werden, folgende Thesen scheinen mir aber der Überlegung wert:

Im Zuge der Ausweitung des Empire hatte England in der zweiten Hälfte des 19. Jahrhunderts das allgemeine Handelsmonopol auf dem Weltmarkt erreicht. Während dieses Stadiums konnten die gelernten und gutorganisierten Arbeiter – die Arbeiteraristokratie –, aber auch ein beträchtlicher Teil der Fabrikarbeiter überhaupt, die Teilhabe an den Extraprofiten des englischen Kapitals aus der kolonialen Ausbeutung und damit die Verbesserung der Lebens- und Arbeitsbedingungen erkämpfen[24].

Bei diesen Schichten der Arbeiterklasse dürfte der Zwang zur ganztägigen Lohnarbeit der Ehefrau, insbesondere in Form der Fabrikarbeit, gering gewesen sein. Die traditionelle Arbeitsteilung der Geschlechter in der Familie wurde daher wohl weniger in Frage gestellt. Hiermit könnte das starke Auftreten von »Mannesstolz« in der englischen Arbeiterklasse zusammenhängen[25].

Anders bei der Mehrheit der ungelernten Arbeiter und bei Teilen der gelernten und angelernten Arbeiter im Falle der Arbeitslosigkeit und Kurzarbeit. Der Übergang zum imperialistischen Stadium des Kapitalismus brachte eine Annäherung der alten Arbeiteraristokratie und der Masse der gelernten und angelernten Arbeiter mit sich. Es bildete sich eine »enlarged and diluted labour aristocracy«, die die gesamte obere Hälfte der Arbeiterklasse umfaßte[26].

Die verbesserten Lebensbedingungen dieser Schicht konnten auf Kosten der Arbeiter in den Kolonien weiter aufrechterhalten werden. Die Fabrikarbeit der Ehefrau wurde deshalb weiterhin nicht erzwungen.

Zwischen 1900 und 1913 verringerte sich die Reallohnentwicklung bei einer außerordentlichen Senkung der industriellen Produktionsrate. Es verlor die Textilindustrie zugunsten des Maschinenexports und vor allem des Kapitalexports an Bedeutung. Die größte Expansion fand im Bergbau, Baugewerbe und im Schiffs- und Maschinenbau statt. Hier stiegen die Beschäftigtenzahlen, während sie in der Bekleidungs- und Textilindustrie rückläufig waren. Gleichzeitig änderte sich die betriebliche Struktur nur geringfügig, Konzentrations- und Monopolisierungsprozeß schritten kaum voran. Dementsprechend unterblieben technische Neuerungen und Vereinfachungen im Arbeitsprozeß durch den Einsatz von Maschinen im größeren Maßstab. Chemische und Elektroindustrie blieben bis Ende der zwanziger Jahre unbedeutend.

Für den nicht zur Arbeiteraristokratie gehörenden Teil der Arbeiterklasse und auch für Teile der Arbeiteraristokratie kam zwar aufgrund des geringen Reallohnzuwachses die Fabrikarbeit der Ehefrau in wachsendem Maße in Frage. Wegen des Beschäftigungsrückgangs in den alten Frauenindustrien und des geringen Anfalls neuer (unqualifizierter) Arbeitsmöglichkeiten für Frauen in den übrigen Industriesektoren konnte sich das aber kaum auswirken.

Offenbar wurde auch von den Unternehmern der Rückzug verheirateter Frauen von der Fabrikarbeit erzwungen. Taylor berichtet dies u. a. für die Strumpf-, Wirkwaren- und Spitzenindustrie Nottinghams[27].

Bevölkerungspolitische Erwägungen unter sozialdarwinistischen Vorzeichen dürften angesichts der Stagnation der Geburtenrate und der hohen Sterblichkeitsrate männlicher Säuglinge eine Rolle gespielt haben. Aus diesen Erwägungen heraus wurde auch von den Fabianern die Gewährung eines Mutterschaftsgeldes gefordert[28].

Der Übergang zur monopolkapitalistischen Phase in Deutschland bedeutete für die deutsche Volkswirtschaft eine – wenn auch durch Krisen unterbrochene – Phase beschleunigten wirtschaftlichen Aufschwungs bei enormer Steigerung der industriellen Produktion und der Arbeitsintensität durch die Einführung neuer Arbeitstechniken. Der steigenden Nachfrage nach ungelernten Arbeitskräften folgte das Anwachsen der weiblichen Erwerbstätigkeit. Die steigende Zahl der Arbeiterinnen und auch der verheirateten unter ihnen[29] wurde in erster Linie von der Industrie absorbiert, sowohl von der Textil- und Bekleidungsbranche als auch von der Metallindustrie und den neuen Industriezweigen Chemie und Elektro[30]. Textil und Bekleidung wurden darüber hinaus immer mehr feminisiert, d. h., es wurden immer mehr männliche Arbeitskräfte durch weibliche ersetzt. Bei den Angestellten im Handel und Verkehr dominierten dagegen die ledigen Töchter des unteren Mittelstands und der Arbeiteraristokratie[31].

II.2 Bedingungen der Lohnarbeit von Frauen und deren Bedeutung für die Stellung der Frau in Familie und Gesellschaft

Die Auflösung der traditionellen Familienverhältnisse und Bewußtseinsformen steht im dialektischen Verhältnis zur Einbeziehung der Frau, resp. der verheirateten Frau, in den kapitalistischen Produktionsprozeß. Verbreitung und Art der Lohnarbeit richten sich wiederum nach Arbeitsangebot und -möglichkeiten in einem bestimmten Gebiet sowie nach dem jeweiligen Niveau der industriellen Entwicklung und der progressiven Akkumulation des Gesamtkapitals (Konzentrations- und Monopolisierungsprozeß).

Mit dem Einsatz von Maschinen in der Textilindustrie (Dampfwebstuhl) wurde die Fabrikarbeit von Frauen und Kindern als ungelernten Arbeitskräften ermöglicht. An die Stelle von beruflicher Qualifikation und großer Körperkräfte traten Anforderungen wie Fingerfertigkeit, hohe psychische Belastbarkeit, Gefügigkeit. Auf dem gegebenen Stand der historischen Entwicklung waren diese Merkmale vor allem Frauen und Kindern eigen. Die Nachfrage nach weiblichen Arbeitskräften überstieg die Zahl der ledigen Frauen, und bei dem durch die Frauenarbeit mit verursachten niedrigen Lohnniveau der Männer ergaben sich Zwang und Möglichkeit der Fabrikarbeit verheirateter Frauen.

Demgegenüber war z. B. in Schwerindustrie- und Bergbaugebieten die Anstellung einer relativ hohen Zahl von Handwerkern und Facharbeitern erforderlich. Bei den ungelernten Arbeitern wurden körperliche Höchstanforderungen gestellt, die Frauen nur auf Kosten ihrer Gebärfähigkeit erfüllen konnten. Dies hätte in diesen Gebieten langfristig die existentielle Vernichtung gerade jener Voraussetzung bedeutet, von deren Vorhandensein – historisch wie logisch – die Existenz des Kapitals abhängt, nämlich der Arbeiterklasse. Daher das Verbot der Frauenarbeit unter Tage.

Was fachliche Qualifikationen anbelangt, so können sie nur über einen längeren Zeitraum erworben werden. Solange genügend männliches Arbeitskräftepotential vorhanden war, griff der Unternehmer im Interesse kurzfristigen Profitstrebens auf dieses zurück. Die Funktion als Lohndrücker erfüllte dann hauptsächlich eine Reservearmee männlicher Erwachsener und Kinder. Dementsprechend fallen im Vergleich etwa zur Textilindustrie die geringere Verbreitung der außerhäuslichen Vollzeitbeschäftigung der Frauen überhaupt und auch der verheirateten Frauen sowie der höhere Männerlohn ins Auge. Je höher aber der Lohn des Mannes, desto geringer der Zwang zur außerhäuslichen Lohnarbeit und zur Auflösung der geschlechtsspezifischen Arbeitsteilung in der Familie[32].

Das Gros der verheirateten Lohnarbeiterinnen verrichtete im untersuchten Zeitraum unregelmäßig betriebene Lohnarbeit, vor allem in der Hausindustrie[33], obwohl die Bedeutung der Frauen als ungelernte Arbeitskraft in der Großindustrie Deutschlands im Wachsen begriffen war. Die in der Hausindustrie Beschäftigten zählten zum »stockenden Teil der relativen Übervölkerung«. Sie führten in der Regel die unangenehmsten und beschwerlichsten Arbeiten aus (sweating system), die keinerlei Schutzgesetzen unterlagen. Im Vergleich zur Fabrikarbeit erwies sich die Arbeit als Wäscherin, Büglerin, Konfektionsarbeiterin usw. als wesentlich mühseliger; der erhaltene Lohn lag erheblich unter den Reproduktionskosten. Marx hat diese Art der Arbeit als »Überarbeit« charakterisiert, die sich durch ein »Maximum der Arbeitszeit und Minimum des Salairs« auszeichnet[34].

Diese Ausbeutungsmethode führte auf die Dauer zum schnellen physischen Verbrauch der Arbeitskraft. Unter solchen Arbeitsbedingungen und in Anbetracht der hohen physischen Belastung der Arbeiterin durch häufige Schwangerschaft ergab sich der Zwang, diese Art von Lohnarbeit auf ein Minimum zu reduzieren und andere Einnahmequellen zu nutzen, z. B. die Untervermietung, Hökerei, gelegentliche Prostitution etc., oder aber bessere Arbeitsbedingungen zu erkämpfen. Dabei wirkten Vereinzelung und geringerer Organisationsgrad erschwerend.

Eine Beschränkung der Arbeit auf Dienstleistungen für die Familie dürfte angesichts der beschriebenen Ausbeutungsmethode als geringeres Übel empfunden worden sein, zumal die ökonomische Abhängigkeit vom Ehemann nicht unbedingt dessen Herrschaftsanspruch in der Familie bedeutete. Es überwog eher ein arbeitsteiliges partnerschaftliches Verhältnis zwischen Mann und Frau, das die weitgehend selbständige Verwaltung des Familieneinkommens in die Hände der Frau legte. Umgekehrt war die Entscheidungsgewalt der Frau in Privatangelegenheiten nicht selten größer als die des Mannes[35]. Numerisch beschränkte sich zudem der Fall, daß der Mann die Familie allein von seinem Lohn, ohne Ausschöpfung zusätzlicher Einnahmequellen, ernähren konnte, auf die Schicht der Arbeiteraristokratie und -bürokratie[36].

Die Fähigkeit, das Familieneinkommen möglichst effektiv zu verausgaben, sowie der finanzielle Beitrag der Ehefrau zum Einkommen waren entscheidende Voraussetzungen dafür, daß die Mehrzahl der Arbeiterfamilien ihre unmittelbaren materiellen Bedürfnisse befriedigen konnte. Beides räumte der Arbeiterin eine wichtige ökonomische Funktion und damit verbunden eine hohe Entscheidungskompetenz in der Familie ein. Ein mögliches Desinteresse an der Frauenemanzipation hat also weniger damit zu tun, daß die Arbeiter um ihre Macht in der Familie bangten, als mit der Furcht vor den Folgen, die sich durch den Einsatz einer industriellen Reservearmee verheirateter Frauen für den Facharbeiter ergaben (Existenzbedrohung, Senkung des Lohnes).

Ausschlaggebend für die Herausbildung von Klassenbewußtsein, für aktives politisches Engagement der Frauen in der Arbeiterbewegung, das über die spontane Unterstützung von Streikaktionen der Ehemänner[37] oder Wahlhilfe hinausging, war die regelmäßige und längerfristige Einbeziehung in den Produktionsprozeß. Dies geschah in der Textilindustrie, besonders in der Weberei, und in den neuen, stark monopolisierten Industriezweigen, die auch auf verheiratete Frauen als Arbeitskräftepotential zurückgriffen. Das politische Bewußtsein der Frauen war daher ausgeprägter und weniger rückständig[38]. Unter den Textilarbeiterinnen z. B. galt die Berufstätigkeit verheirateter Frauen als normal, und zu ihrer Verteidigung wurde die Forderung nach besserer Versorgung der Kinder berufstätiger Mütter durch öffentliche Einrichtungen erhoben[39].

II.3 Zur Rezeption der Frauenarbeit in der englischen und deutschen Arbeiterklasse 1895–1914

Es kann hier keine ausführliche Darstellung erfolgen; dies muß einer gesonderten vergleichenden Studie vorbehalten bleiben. Es sollen aber einige grundsätzliche Bemerkungen gemacht werden.

Der marxistischen Position ist ein metaphysischer Begriff vom Menschen, von seiner übergeschichtlichen Wesenheit, fremd. Die führenden Exponenten dieser theoretischen Richtung der Arbeiterbewegung, Engels, Bebel, Zetkin in Deutschland, Eleanor und Edward Marx Aveling in England, opponieren daher auch gegen ein Festschreiben überzeitlicher Wesensmerkmale der Frauen schlechthin[40].

Dieser Position stellt sich im Untersuchungszeitraum die revisionistische Auffassung entgegen. Im Unterschied zur marxistischen Forderung nach maximaler Vergesellschaftung familiärer Aufgaben propagiert sie die Zielvorstellung, die Frau der Familie »wiederzugeben«[41]. Mutterschaft und Haushaltsführung gewinnen absolute Priorität vor jeglicher Berufstätigkeit. Hierin führt der Revisionismus die kleinbürgerliche Tradition der Lassalleaner und Proudhonisten fort, wobei aufgrund der realen Bedeutung, die die Frauenfabrikarbeit im kapitalistischen Wirtschaftssystem inzwischen erhalten hat, Modifikationen vorgenommen werden. In Deutschland fordert z. B. Edmund Fischer nicht generell den Ausschluß der Frauen von der Fabrikarbeit, sondern er schlägt das Verbot der Fabrikarbeit für verheiratete Frauen vor[42]. Allgemeines Leitbild und ethisches Bezugssystem für die Identitätsfindung der Frau sind ihre »natürlichen« Familienpflichten. Dabei verbindet sich dieses Ideal durchaus mit einem ernsthaften Reformwillen, mit einem »scharfen Blick für die Mängel und Gebrechen« der Situation lohnabhängiger Arbeiterinnen[43].

Mit der Annahme einer spezifisch weiblichen Natur, die nicht als Ensemble der historisch veränderbaren gesellschaftlichen Verhältnisse, sondern als übergeschichtliche Substanz begriffen wird, gibt der revisionistische Ansatz die klassenspezifische Perspektive zugunsten einer Geltendmachung allgemeinmenschlicher bzw. allgemeinweiblicher Verbindlichkeiten auf. Er greift auf das bürgerliche Ideologem des »Geschlechtscharakters« der Frau zurück, das von der biologischen Konstitution wesensmäßige Charakterzüge und naturgemäße Funktionen ableitet. Die Entstehung dieser bürgerlichen Norm fällt in die Zeit der Herausbildung der kapitalistischen Produktionsweise, als sich die Produktion in Manufakturen und Fabriken und eine Teilung zwischen Produktions- und Reproduktionssphäre entwickelte.

Zum einen wird im Verlauf dieser Entwicklung die Frau des Bürgertums der Möglichkeit beraubt, sich eine eigene bürgerliche Existenz zu sichern. Die Ausübung traditionell weiblicher Handwerke und Handelsgeschäfte erfährt immer mehr Einschränkungen, während neu entstehende Berufe, wie die Juristerei oder der Arztberuf, Männern vorbehalten bleiben. Die Ehe als praktisch einziges Versorgungsmittel unterliegt größtem Konkurrenzdruck[44].

Zum andern erfolgt ein allmählicher Abbau der produktiven Funktion der bürgerlichen Familie. In dem Maße, wie das Verhältnis zwischen Kapital und Lohnarbeit zum dominanten Produktionsverhältnis wird, entwickelt sich die bürgerliche Familie zur Konsumtionsgemeinschaft. Die Hausarbeit erhält Dienstleistungscharakter. Die Verwaltung des Einkommens und Vermögens geht in die Hände des Mannes über; da die gröbere Arbeit vom Dienstpersonal erledigt wird, reduziert sich die Aufgabe der Frau auf die Repräsentation des Hauses und die Kindererziehung. Die ökonomische Zwangslage, auf den Mann als Ernährer und

Versorger angewiesen zu sein, ohne selbst materiell zum Familienunterhalt beizutragen, verleiht der Unterordnung der Bürgersfrau unter den Herrschaftsanspruch des Mannes das Fundament.

Seit dem letzten Drittel des 18. Jahrhunderts, in England wesentlich früher, werden die Hinorientierung der Frau auf die Privatsphäre und die weibliche Gehorsamspflicht gegenüber dem Manne mit Hilfe einer Polarisierung qualitativ unterschiedlicher, spezifisch weiblicher und spezifisch männlicher Charaktereigenschaften und Fähigkeiten ideologisch abgesichert[45].

Die bürgerliche Apologie fügt dem kirchlichen Dogma das eigene hinzu, indem sie sich angesichts der schwindenden theologischen Autorität nicht mehr primär auf das göttliche Gebot und die Schöpfungsordnung, sondern auf naturrechtliche und empirische Begründungszusammenhänge beruft[46].

In der zweiten Hälfte des 19. Jahrhunderts geschieht dann die »wissenschaftliche« Untermauerung des Geschlechtscharakters mit dem Hinweis auf evolutionsgeschichtlich-sozialdarwinistische, anthropologische und medizinische Untersuchungen[47].

Spiegeln zwar die Ernährerrolle des Mannes und die Festlegung der Frau auf Haushalt und Familie die reale Situation der verheirateten Frau des Bürgertums, so erweisen sie sich dort als Ideologie, wo sie mit dem Anspruch auf allgemeine Gültigkeit auftreten. Diese Argumentationsweise erfüllt hier zwei komplementäre Funktionen, sie rechtfertigt erstens die Entwertung der Arbeitskraft der Proletarierin dadurch, daß ihr Lohn als Zuverdienst zum Lohn des Ehemannes charakterisiert wird, sie dient zweitens als ideologisches Alibi für die Entwertung der Arbeitskraft des Mannes infolge der Konkurrenzsituation zwischen billiger weiblicher und teurer männlicher Arbeitskraft.

Die empirische Aufschlüsselung des Familieneinkommens in Arbeiterhaushalten hat ergeben, daß das bürgerliche Familienideal und das Postulat vom Naturberuf der Frau, wenn überhaupt, nur für die Schicht der Arbeiteraristokratie und -bürokratie reale Verwirklichungschancen bieten, da hier der Männerlohn die Reproduktionskosten der Familie deckt, wobei diese Schicht zugleich mit fortschreitender Akkumulation des Gesamtkapitals der strukturellen Veränderung, der Auflösung und Neubildung, ausgesetzt ist. Als Hebel dieser Veränderung wirkt nicht zuletzt der Einsatz un- und angelernter (verheirateter) Arbeiterinnen in der Funktion als Arbeitsplatzkonkurrenten bei Rationalisierungen und als Lohndrücker.

Die Auffassung vom »Geschlechtscharakter« als ideologischem Produkt der Bourgeoisie kann über das Medium der Lohnentwicklung in jenen Schichten der Arbeiterklasse Rückhalt finden, die durch ihre Teilhabe an kolonialen oder monopolistischen Extraprofiten des Kapitals eine relative Verbesserung ihrer Lebenshaltung auf Kosten der gesamten nationalen und internationalen Arbeiterklasse erfahren haben. Das Hausfrauenleitbild verbindet sich hier mit einer relativen Verbesserung der Lebensbedingungen. Unter kapitalistischen Produktionsverhältnissen ist diese relative Verbesserung allerdings gesetzmäßig bedroht. Diese objektive Entwicklung kann das Hausfrauenleitbild vernebeln, wenn keine bewußte Aufklärung und keine theoretische Durchdringung dieses Sachverhalts seitens der Arbeiterbewegung erfolgt.

Im Untersuchungszeitraum ist in Deutschland für ca. 45%, in England für einen erheblichen Teil der Arbeiterklasse, der finanzielle Beitrag der Ehefrau eine notwendige Voraussetzung, um die materiellen Bedürfnisse der Familie zu befriedigen. Insofern gibt sich das revisionistische Vorbild von der Ernährerrolle des Mannes als Fiktion zu erkennen, das Ideal vom Naturberuf der Frau erweist sich als Illusion. Die Auflösung und Abwehr bürgerlicher Ideologeme erhält damit eine subjektive Basis. In dem Maße, wie sich mit progressiver Kapitalakkumulation die Eingliederung verheirateter Arbeiterinnen in den Produktionsprozeß ausweitet, kann das bürgerliche Hausfrauenleitbild an Glaubwürdigkeit und Einfluß in diesem Teil der Arbeiterklasse verlieren[48].

Anmerkungen:

1 M. Konze: Für die Befreiung der Frau, Frankfurt/M. 1975, S. 40 f.

2 H. Fürth: Die Fabrikarbeit verheirateter Frauen, Frankfurt, 1902, S. 18.
G. Brandt, J. Kootz, G. Steppke: Zur Frauenfrage im Kapitalismus, Frankfurt 1973, S. 61, 65.
Diese Tendenz ist für England erst 1931 feststellbar, zwischen 1901 und 1911 liegt ein Rückgang der Prozentzahlen. 1901 = 13%, 1911 = 9,6%, 1931 = 10%, 1951 = 22%, 1971 = 42%. B. Hutchins, The Working Life of Women, Fabian Tract Nr. 157, London 1911, S. 8. J. W. Scott, A. A. Tilly, Women's Work and the Family in 19th Century Europe, in: Comparative Studies in Society and History, Bd. 17

(1975), Nr. 1 S. 12.

3 Gesellschaftliche Daten 1977, Hrsg. Presse- und Informationsamt der Bundesregierung, Stuttgart 1977, S. 17.

4 Häufig wird dies als bloßer Nebenverdienst bezeichnet und die Tatsache übersehen, daß die Arbeitskraft des Mannes unter ihrem Wert bezahlt wird und der finanzielle Beitrag der Ehefrau ökonomisch notwendiger Teil zur Deckung der Reproduktionskosten der Familie ist. Damals wie heute wurden als Hauptgründe für die Berufstätigkeit verheirateter Frauen wirtschaftliche, vor allem der unzureichende Lohn des Ehemannes genannt, wobei eine Erhöhung des »gesellschaftlichen Teiles der Lebenshaltung der Arbeiter« in Rechnung zu stellen ist. Fürth, S. 22. Brandt, u. a. ebda. J. Kuczynski, Die Lage der Arbeiter unter dem Kapitalismus, Berlin, Bd. 36, S. 71; Kuczynski hat auf die Wichtigkeit von Familienlohneinkommens- und Familieneinkommensuntersuchungen für die Berechnung der Lebenshaltung hingewiesen: ebda., S. 95 f.

5 Vgl. L. Braun, Die Frauenfrage. Ihre geschichtliche Entwicklung und wirtschaftliche Seite, Leipzig 1901, S. 366 f.

6 Konze, S. 50.

7 G. Albrecht: Das Einnahmebudget des Arbeiterhaushaltes, Zeitschrift für die gesamte Staatswissenschaft 1914, Nr. 3, S. 387 ff.

8 J. Goldberg, B. Günther, H. Jung, Arbeitslosigkeit, Ursachen, Entwicklung, Alternativen, Frankfurt/M. 1977, S. 9.
K. Marx, Das Kapital, Bd. 1, Berlin 1971, Kap. 23, Abschn. 3 und 4.

9 In der Aufschwungphase der deutschen Volkswirtschaft nach 1895 schrieb eine Gießener Firma: »Die Industrie würde durch Entziehung der verheirateten Arbeiterinnen einen geradezu vernichtenden Schlag erhalten, indem ihr durch diese Maßnahme das zuverlässigste, ernsteste, sittlich und intellektuell höchststehende Element geraubt würde.« Fürth, S. 48. Bekanntlich tauchte in der Demobilmachungsphase nach 1919 und in der Weltwirtschaftskrise die These vom Doppelverdienertum auf. Kuczynski, Die Lage der Arbeiter unter dem Kapitalismus, Bd. 18, Berlin 1963, S. 218, 255 ff.

10 Kuczynski, a.a.O. S. 218.

11 M. Janssen-Jurreit, Sexismus. Über die Abtreibung der Frauenfrage, München/Wien 1976, Kap. 12.
In diesem Erklärungsmuster wird die Unterdrückung der Frau durchweg durch biologistische Argumentationsweise gelöst. Der natürlichen Arbeitsteilung der Geschlechter wird somit als Kategorie geschichtlicher Erklärung vor sozioökonomischen Kategorien, wie etwa der Trennung zwischen Hand- und Kopfarbeit, der Verfügung über die Produktionsmittel etc., in Umkehrung des historischen Entwicklungsprozesses Priorität eingeräumt.
Es zeigt sich auch in C. Pinls Buch, Das Arbeitnehmerpatriarchat, Köln 1977, eben dieses Unvermögen einer sozioökonomischen Erklä-

rung des Frauenproblems, wenn die in »antifeministisches« Gewand gehüllte Kritik eines Gewerkschafters an der Einführung elektronischer Setzmaschinen in der Druckindustrie ausschließlich auf seine Frauenfeindlichkeit zurückgeführt wird, anstatt primär auf den Gegensatz zwischen Facharbeiter und einer Reservearmee ungelernter (weiblicher) Arbeitskräfte im kapitalistischen Wirtschaftssystem (S. 25).

12 B. Seebohm Rowntree, Poverty. A Study of Town Life, 1901. Rowntree schätzte, daß 9,9% der Yorker Bevölkerung unterhalb des Existenzminimums lebten und 17,9% gerade die notwendigsten materiellen Bedürfnisse befriedigen konnten. E. Roberts, Working Class Standards of Living in Barrow and Lancaster, 1890–1914, in: The Economic History Review, 2nd ser., Bd. XXX, Nr. 2 (1977), S. 309.

13 D. J. Oddy, Working Class Diets in Late Nineteenth Century Britain, in: Economic History Review, 2nd. ser., Bd. XXIII (1970). Booth hatte für London einen Prozentsatz von 30,7% der Bevölkerung errechnet, der in Armut lebte. Roberts, S. 309.

14 Roberts, ebda.

15 Für 1901; H. L. Hutchins, Statistics of Women's Life and Employment, Journal of the Royal Statistical Society, Bd. LXXII, June 1909, S. 225.

Der Prozentsatz bemißt sich an der Gesamtzahl der Arbeiterinnen, von denen ein ganz erheblicher Teil Kinder und Jugendliche im Alter von 15 bis 18 Jahren waren. Korreliert man die Zahl der erwachsenen Arbeiterinnen ab 18 Jahre mit der der verheirateten, so liegt er im Jahre 1894 in Lancashire und Cheshire bei 32,9%. Vgl. R. Martin, Die Ausschließung der verheirateten Frauen aus der Fabrik, in: Zeitschrift für die gesamte Staatswissenschaft, Bd. 52 (1896), S. 138.

16 Roberts, S. 315.

17 P. N. Stearns, Working-Class Women in Britain, 1890–1914, in: M. Vicinus (ed.), Suffer and be Still, Bloomington 1976, S. 114. J. Liddington, Working Class Women in the North West: II, in: Oral History, The Journal of the Oral History Society, Bd. 5, Nr. 2 (Autumn 1977), S. 32 f.

18 Albrecht, S. 376 f. L. Schneider, Der Arbeiterhaushalt im 18. und 19. Jh. Dargestellt am Beispiel des Heim- und Fabrikarbeiters, Berlin 1967, auszugsweise in H. Rosenbaum (Hrsg.), Seminar: Familie und Gesellschaftsstruktur. Materialien zu den sozioökonomischen Bedingungen von Familienformen, Stuttgart 1977, S. 336 f. M. Freudenthal, Gestaltwandel der städtischen bürgerlichen und proletarischen Hauswirtschaft unter besonderer Berücksichtigung des Typenwandels von Frau und Familie, ebda. S. 346.

19 Fürth, S. 9.

20 H. Maaß, Von Frauenarbeit zu Frauenfabrikarbeit. Untersuchungen über Ursache und Anfänge der industriellen Frauenarbeit, Diss. Hei-

delberg 1938, S. 105. Im Vergleich zu 1882 blieb der Anteil der Frauenarbeit im Jahre 1907 in der Landwirtschaft etwa gleich, er verdoppelte sich im Industrie- und Bergbaubereich, verdreifachte sich in Handel und Verkehr, im Dienstbotengewerbe nahm er ab.

21 Martin, S. 388 ff.

22 R. Otto, Über die Fabrikarbeit verheirateter Frauen, Albrecht, S. 383 f. 3, 378.

23 Bowleys Berechnungen von 23–24% lassen sich nur unter Vorbehalten mit denen im Deutschen Reich und der Metallarbeiterstudie vergleichen, da beide im Krisenjahr 1907/1908 erstellt wurden, Bowley sich dagegen auf 1912 bezog.

24 Kuczynski, Bd. 25, S. 2.

25 S. Lewenhak, Women and Trade Unions, London 1977, S. 91. Ben Tillett, Sekretär der Dockergewerkschaft, kritisierte die Fabrikarbeit verheirateter Frauen aus dem Blickwinkel des Facharbeiters. Ebenso H. Broadhurst, Sekretär der Gewerkschaft der Steinmetze und Mitglied des TUC Parlamentausschusses, der die Verbesserung des Lebensstandards der Arbeiterklasse auf den Ausschluß verheirateter Frauen als Konkurrenten vom Arbeitsmarkt zurückführte. Der natürliche Platz der verheirateten Frau sei in der Familie. H. Goldmann, Emma Paterson, London 1974, S. 70 f. Vgl. auch Stearns, S. 114.

26 A. L. Morton, G. Tate, the British Labour Movement, London rev. ed. 1973, S. 149.

27 Taylor, S. 54. In die neuen Frauenberufe im Tertiärbereich dürften wie in Deutschland vor allem ledige Frauen aus den unteren Mittelschichten und aus der neuen Arbeiteraristokratie eingedrungen sein, die sich bei der Heirat vom Berufsleben zurückzogen. S. Anm. 31.

28 H. D. Harben, The Endowment of Motherhood, Fabian Tract Nr. 149, London 1910.

29 Staude weist auf einen Mangel an ledigen Arbeiterinnen im Jahre 1907 hin (S. 111). Dabei ist der Rückgang der Ledigen- und die Zunahme der Verheiratetenquote zu berücksichtigen, s. o. S. 2.

30 Nach 1914 rangierten bereits Metall- und Maschinen-, elektrische und chemische Industrien an Wichtigkeit vor Textil- und Bekleidungsindustrie. Kuczynski, Bd. 1B, S. 191. Maaß, S. 104. D. Fricke, Die Deutsche Arbeiterbewegung 1869–1914, Berlin 1976, S. 315.

31 L. Braun, S. 355.

32 Vgl. Teil II.1.

33 Braun, S. 285 f. Für 1895. Aufgrund der Auswertung von Reichsstatistiken der Jahre 1882 und 1895 stellte Käthe Duncker in ihrer Broschüre über die Beteiligung des weiblichen Geschlechts an der Erwerbstätigkeit, Hamburg 1899, ein Anwachsen der Zahl verheirateter Arbeiterinnen in der Hausindustrie fest. Zit. n. R. Kirsch, Käthe Duncker. Eine biographische Studie über ihr politisch-pädagogisches Wirken. Diss. Dresden o. J., S. 48.

34 Marx, S. 673.

35 Scott, Tilly, S. 58. Freudenthal, S. 346. G. S. Jones, Working-Class Culture and Working-Class Politics in London, 1870–1900. Notes on the Remaking of A Working Class, in: Journal of Social History, Bd. 7, Nr. 4 (Summer 1974), S. 486 f.

36 Vgl. Teil II.1.

37 Vgl. die Bergarbeiterstreiks im Saargebiet und im Ruhrgebiet von 1893 und 1889 und den großen Streik von 1905. Kuczynski, Bd. 18. S. 189.

38 Signifikante Beispiele sind das Engagement der Textilarbeiterinnen in Lancashire und Cheshire für die Erringung des Wahlrechts der Frauen (Wahlrechtspetitionen) und ihre aktive politische Arbeit in der Independent Labour Party. Liddington, S. 38 f. M. Rendle, The Contribution of the Women's Labour League to the Winning of the Franchise, in: L. Middleton (ed.), Women in the Labour Movement, London 1977, S. 61.

39 Liddington, S. 34 f. Einen wichtigen Beitrag zur Förderung proletarischen Klassenbewußtseins leistete in England die Woman's Co-operative Guild. M. Llewelyn Davis (ed.), Life as We Have Known, It, repr. London 1977.

40 F. Engels, Der Ursprung der Familie, des Privateigentums und des Staates, Berlin 1953. A. Bebel, Die Frau und der Sozialismus, Frankfurt/M. 1976. E. Marx-Aveling, E. Aveling, The Woman Question, London 1887.

41 Vgl. die Auseinandersetzung um diese Frage in den Sozialistischen Monatsheften 1905: E. Fischer, Die Frauenfrage, in: Sozialistische Monatshefte, 1905, Bd. 1, S. 259. C. Zetkin, Aus Krähwinkel, in: Die Gleichheit, 1905, Nr. 6. Für England siehe die Diskussion um das Wahlrecht in der Zeitschrift The Social Democrat von 1909 und 1910. Phipson, Bax und Samuels rekurrieren ebenfalls auf den »Geschlechtscharakter«. Ebda., 1909, S. 114 ff. 1910, S. 38 ff., S. 70 f.

42 Fischer, S. 266. Hierin trifft er sich mit den Forderungen und Anschauungen der Zentrumsabgeordneten im Reichstag. Fürth, S. 10.

43 H. Cohen (Kant. 1896), in: Marxismus und Ethik, hrsg. v. H. J. Sandkühler und R. de la Vega, Frankfurt/M. 1974, S. 79. Fischer, S. 265 f., wo die Meinung vertreten wird, daß nur die ökonomische Notwendigkeit die Proletarierin zur Fabrikarbeit zwinge, daß dies aber dem »tief in der Natur des Weibes begründete(n) Lebensziel der Frauen«, Mutterschaft und Kindererziehung, widerspreche. Ähnlich Phipson, der vom Sozialismus fordert: (his) »aim should be rather to withdraw her« (woman, T. H.) from all work that can be done by men; and to substitute for it ample rest and leisure, also granting her every privilege to which she is entitled by virtue of her bounding love, her weakness, her sufferings, and the all-important role she has to play in the propagation and rearing of the race. Social Democrat, 1910, S. 40.

44 Dies aus mehreren Gründen: 1. Wegen des Bevölkerungswachstums, besonders des Anteils der weiblichen, ergibt sich ein erheblicher Frauenüberschuß. 2. Die Aushöhlung der ökonomischen Funktion der Hausarbeit hat die Tendenz zur späten Heirat und zum Zölibat zur Folge. Da Frauen kaum noch durch ihre Arbeit zum Unterhalt der Familie beitragen, erfordern Eheschließung und Familiengründung größere finanzielle Anstrengungen vom Mann. Da er für den Unterhalt allein zu sorgen hat, legt er verstärkt Wert auf die Mitgift der Frau. In der Tat läßt sich ein Ansteigen der Mitgift als Voraussetzung zur Eheschließung seit dem Ende des 17. Jh. in England beobachten. Dadurch mindern sich die Heiratschancen bürgerlicher und besonders kleinbürgerlicher Frauen erheblich. Die erste Forderung der bürgerlichen Frauenbewegung ist daher das Recht auf Arbeit (useful employment). Vgl. H. Martineau, Female Industry, Edinburgh Review (1859) Bd. 109, S. 293–336.
D. Schwab, Artikel »Familie«, in: C. Brunner u. a. (Hrsg.), Geschichtliche Grundbegriffe. Historisches Lexikon zur politisch-sozialen Sprache in Deutschland, Bd. 2, Stuttgart 1975, S. 253–301. L. Stone, The Family, Sex and Marriage in England 1500–1800, London 1977.

45 K. Hausen, Die Polarisierung der »Geschlechtscharaktere«. Eine Spiegelung der Dissoziation von Erwerbs- und Familienleben, in W. Conze (Hrsg.), Sozialgeschichte in Familie in der Neuzeit Europas, Stuttgart 1976, S. 363–393. Meine demnächst erscheinende Dissertation Geschichte des weiblichen Geschlechts. Bürgerliche Frauenleitbilder im Epochenumbruch. Im Gegensatz zu Hausen bin ich der Meinung, daß die Teilung von Produktions- und Reproduktionsbereich nicht absolut, als Trennung, zu verstehen ist, sondern daß auch der Konsumtionsbereich (hier die Familie als eine Seite der Lebensweise) in seinem Wesen von den Produktionsverhältnissen bestimmt wird.

46 Dagegen ziehen radikale Aufklärer wie Woollstonecraft oder Hippel die Konsequenz aus dem Gleichheitspostulat der Französischen Revolution; sie betonen wie auch später J. St. Mill und L. Otto-Peters die Veränderbarkeit menschlicher Verhaltensweisen durch den Erziehungsprozeß.

47 F. Alaya, Victorian Science and the »Genius« of Woman, in: Journal of the History of Ideas, Bd. 38 (1977), Nr. 2, S. 262–280. J. Conway, Stereotypes of Feminity in a Theory of Sexual Revolution, in: Victorian Studies, Bd. 14 (Sept. 1970), S. 41–62.
Zur Verbreitung sozial-darwinistischen Gedankenguts in der englischen Arbeiterklasse vgl. B. Semmel, Imperialism and Reform. English Social Imperial Thought 1895–1914, London 1960. In bezug auf die Frauenfrage vgl. R. J. Evans, The Feminist Movement, London 1977, S. 193 ff.

Vgl. L. Gomplowicz' Besprechung von Weiningers Buch Geschlecht und Charakter (1904) und Möbius' Über den physiologischen Schwachsinn des Weibes (1902) in den Sozialistischen Monatsheften 1904, Bd. 2, S. 901–912, wo er sich gegen den »Geschlechtscharakter« ausspricht. Siehe auch A. Bebel, Mutterschaft und geistige Arbeit, in: Die Neue Zeit, 1900/1, Bd. 19, 2, Nr. 28, S. 45–47 und C. Zetkins Polemik gegen Möbius, in: Die Neue Zeit, 1903, Bd. 21, 2, Nr. 29, S. 86–91.

48 Es handelt sich gewiß nicht um einen Automatismus. Der Herausbildung von Klassenbewußtsein im Hinblick auf die Frauenfrage wirken vielfältige Hemmnisse entgegen. Zu ihnen zählt die ungleichzeitige Entwicklung der kapitalistischen Produktion in verschiedenen Industriezweigen. Die Rückständigkeit der Arbeitsbedingungen in der Hausindustrie z. B. erschwert sowohl die Identifizierung mit der Berufstätigkeit als auch mit den Klassenorganisationen. Dies wirkt sich natürlich auch auf das Klassenbewußtsein der männlichen Arbeiter blockierend aus. Zu berücksichtigen ist ferner der Charakter der Frauenarbeit als weitgehend ungelernte oder angelernte Tätigkeit, wodurch eine hohe Disposition für die Zugehörigkeit zum fließenden Teil der Übervölkerung erzeugt und in Krisenzeiten der Rückzug der Familie erzwungen wird. Gleichermaßen hemmende Auswirkungen dürften Unterbezahlung und Doppelbelastung aufgrund fehlender öffentlicher Einrichtungen zur Entlastung der Einzelhaushalte hervorbringen.

HEINZ NIGGEMANN

Grundkonzeptionen deutscher Sozialdemokraten im Kaiserreich. Ihre Stellung im Prozeß der Flügelbildung der Partei und ihr Verhältnis zur bürgerlichen Frauenbewegung

Es gilt weiterhin als selbstverständlich, daß die sozialistische Frauenbewegung vor dem Ersten Weltkrieg dem linken Flügel der SPD zuzurechnen sei. Clara Zetkin schrieb 1928, die deutsche proletarische Frauenbewegung sei »von einer tapferen, zielklaren Kämpferin für den revolutionären Marxismus zu einer gehorsam dienstbaren, fleißigen Magd des Reformismus geworden«[1]. Ganz so radikal war die Metamorphose jedoch nicht. Zwar bekannten sich nur wenige Frauen offen zum Revisionismus, aber die meisten äußersten sich überhaupt nicht zu grundsätzlichen Fragen. Ein Überblick über die Beteiligung von Frauen an den Parteitagsdebatten zeigt, daß sich lediglich Clara Zetkin, Rosa Luxemburg und Luise Zietz häufiger zu Problemen jenseits der Sphäre besonderer Frauenfragen zu Wort meldeten[2]. In der praktischen Arbeit der Sozialdemokratinnen standen Lohnfragen, Arbeiterinnenschutz, Arbeitszeitverkürzung und schon vor 1914 kommunale Wohlfahrtsarbeit im Mittelpunkt; eine linke Alternative zum parlamentarisch-reformistischen Kurs der Partei ist nicht zu erkennen.

Dennoch scheinen zahlreiche Quellen den Radikalismus sozialistischer Frauen zu bezeugen. Polizeiliche Verfolgungen und der Mangel politischer Rechte ließen die Sprache der Agitatorinnen scharf und kompromißlos werden. Vor allem aber war Clara Zetkin die entscheidende Autorität in allen ideologischen Fragen; die Loyalität ihrer Gefolgschaft jedoch war labil, das Bekenntnis zu ihr beruhte nicht auf tieferem Verständnis der sozialistischen Theorie. Die relative Unabhängigkeit von der SPD und das Fehlen einer eigenen Bürokratie in der Frauenbewegung schufen Strukturen der Meinungsbildung und Entscheidungsfindung, die Clara Zetkin eine Schlüsselstellung zuwiesen. Sie redigierte die »Gleichheit« in alleiniger Verantwortung, und zusammen mit Luise Zietz und Ottilie Baader beherrschte sie die Frauenkonferenzen. Solange diese beiden Frauen Clara Zetkin unterstützten, und das war bis 1908 einschließlich der Fall, fand ihr Radikalismus Eingang in die offiziellen Verlautbarungen der Bewegung.

Clara Zetkins Auseinandersetzungen mit Lily Braun[3] und die Debatte von 1908 über die Selbständigkeit der Arbeiterjugendbewegung, in der Clara Zetkin nur dank ihrer Doppelfunktion als Vorsitzende und Referentin der Frauenkonferenz Zustimmung zu ihrer Resolution erhalten konnte[4], belegen ihre dominierende Position.

1908 war ein Übergangsjahr: Das Reichsvereinsgesetz ermöglichte den Frauen den Beitritt zur SPD, und Luise Zietz wurde – mit Zustimmung Clara Zetkins – Mitglied des Parteivorstandes. Zietz' neue Loyalität zum Parteivorstand geriet jetzt in Konflikt mit der alten Loyalität zu Clara Zetkin, und 1910 konnte es Clara Zetkin trotz einer heftig geführten Kontroverse nicht verhindern, daß die Frauenkonferenz vom Parteivorstand mit Zustimmung Luise Zietz' abgesetzt wurde[5]. Jetzt schon zeigte sich die Labilität der Führungsposition Clara Zetkins. Die Integration der Frauen in die Partei unterminierte ihren Einfluß, und 1917 schließlich entzog ihr der Parteivorstand die Redaktion der Frauenzeitschrift »Gleichheit«.

Die sozialdemokratische Frauenbewegung als solche war nie radikaler als die Partei. Die relative Autonomie der Bewegung und ihre unterentwickelte Organisationsstruktur gaben lediglich Repräsentanten des linken Flügels viel Raum, und Clara Zetkin konnte ihre Ansichten als die »der Frauen« durchsetzen. Ein Vergleich der Mitgliederzahlen von SPD, USPD und KPD in der Frühphase der Weimarer Republik und Analysen des Wahlverhaltens der Frauen zeigen, daß die Frauen auch prozentual weit weniger zur USPD und KPD neigten als zur SPD[6]. In ihren Beiträgen zur Emanzipationstheorie legte Clara Zetkin stets Wert auf die scharfe Abgrenzung zur bürgerlichen Frauenbewegung. Obwohl ihr heftiger Kampf gegen die bürgerlichen Parteien bei der Parteizeitung »Vorwärts« und auch bei August Bebel auf wenig Verständnis stieß[7] und den Widerspruch von Frauen wie Henriette Fürth und Lily Braun fand, konnte sie ihre Auffassung programmatisch durchsetzen[8].

1896 kam es nicht zu einer Zusammenarbeit des »Bundes Deutscher Frauenvereine« und der sozialdemokratischen Frauen bei der Beratung des Reichstags über das Bürgerliche Gesetzbuch, obwohl sich die Reformvorschläge der Sozialdemokratie nicht grundsätzlich von denen der bürgerlichen Frauen unterschieden. Hier brachte die Prinzipienpolitik die sozialistischen Frauen um die Möglichkeit, in Einzelfragen Erfolge zu erzielen, die einer revolutionären Politik nicht hätten schaden müssen. Mobilität in den Methoden muß nicht Reformismus sein.

Dennoch verkennt die scharfe Kritik mancher Feministinnen unserer Zeit, die Clara Zetkin »frauenfeindliche Politik« vorwerfen und in ihr eine Frau sehen, die »der Frauensache mehr geschadet als genutzt hat«[9], die historische Situation. Angesichts der Schwächlichkeit und übervorsichtigen Zurückhaltung der bürgerlichen Frauenbewegung[10] und der Haltung der liberalen Parteien – noch 1910 lehnte die Fortschrittliche Volkspartei das Frauenwahlrecht ab[11] – war die Zusammenarbeit mit bürgerlichen Frauen keine Alternative zu der Arbeit in der SPD. Trotz der Langlebigkeit traditioneller Vorurteile über die Rolle der Frau auch bei Sozialdemokraten trat die SPD als einzige Partei für die Gleichberechtigung der Frauen ein, und die sozialistische Empanzipationstheorie gab den Frauen eine Waffe, die sich gegen überkommene patriarchalische Denk- und Verhaltensweisen einsetzen ließ. Arbeiterinnen sahen sich durch die SPD besser vertreten als durch die bürgerliche Frauenbewegung, und die Zusammenarbeit mit der Partei gewann den Frauen die Unterstützung einer starken sozialen Macht.

Dennoch sprach Clara Zetkin der bürgerlichen Frauenbewegung eine wichtige historische Aufgabe zu – »alle gesellschaftlichen Hindernisse« zu beseitigen, »welche der Frau als Geschlechtswesen eine inferiore Stellung anweisen«[12] und konzedierte sogar die Möglichkeit einer »Parallelaktion« für den Fall, daß die »Frauenrechtelei sich mit ihrem Wirken aus dem engen, steinigen Gärtchen auf Wohltätigkeitsbestrebungen entschieden auf das weite, fruchtbare Feld der sozialen Reformarbeit begeben wollte«[13].

Wer heute die Spaltung in sozialistische und bürgerliche Frauenbewegung beklagt, darf nicht vergessen, daß auch der bürgerliche »Bund Deutscher Frauenvereine« (BDF) von Anfang an entscheidend dazu beigetragen hat. Schon zum Gründungskongreß dieses Dachverbands der Frauenvereine lud Helene Lange keine Vertreterinnen der Arbeiterinnenvereine ein, so daß der BDF von Anfang an von seinem rechten Flügel beherrscht wurde. In seiner »Überparteilichkeit« vereinigte er lediglich verschiedene Spielarten liberaler bis konservativer Ausrichtung, schloß aber die sozialistischen Frauen aus. Er tendierte dazu, bei Hoheiten und Behörden zu antichambrieren, um Audienzen zu ersuchen und Petitionen einzureichen. Unzufrieden mit dieser zurückhaltenden Strategie bildete sich dann allmählich ein »radikaler Flügel« heraus, dem Frauen wie Minna Cauer, Anita Augspurg und Lida Gustava Heymann zuzurechnen sind. Dieser Flügel grenzte sich jedoch weder theoretisch noch organisatorisch von der Mehrheit des BDF ab und war in sich über grundlegende Fragen zerstritten. Daß sich der Verein für Frauenstimmrecht mehrfach an der Frage spaltete, ob man für ein allgemeines gleiches oder ein Zensus-Frauenwahlrecht eintreten solle, zeigt die Grenzen auch dieses progressiven Flügels.

In Wahlkämpfen unterstützten die radikalen Frauen die liberalen Parteien, obwohl sie erklärte Gegner des Frauenstimmrechts waren[14]. Auch das machte den sozialistischen Frauen den Sinn einer eventuellen Zusammenarbeit nicht gerade einsichtig. Als gar bürgerliche Frauen in ihrer Eigenschaft als Arbeitgeber ihrer Dienstmädchen angesprochen wurden, stand die bürgerliche Frauenbewegung einschließlich ihres linken Flügels einträchtig gegen die Dienstboten: Man distanzierte sich demonstrativ von Bemühungen, die Dienstboten zu organisieren oder nur Material über deren soziale Lage zu sammeln, wollte die Gesindeordnungen beibehalten wissen und wandte sich entschieden gegen die Einführung eines Achtstundentages für Dienstmädchen[15].

Dennoch gab es zwischen sozialistischer und bürgerlicher Bewegung mehr Berührungspunkte, als Clara Zetkins häufig polemische Äußerungen erwarten lassen. August Bebel hatte Kontakte zu Luise Otto-Peters, der Gründerin der bürgerlichen Frauenbewegung[16], und Sozialdemokratinnen wie Gertrud Guillaume-Schack, Agnes Wabnitz, Emma Ihrer, Ottilie Baader, Lily Braun und Käthe Duncker waren von der bürgerlichen Bewegung zur Sozialdemokratie gekommen[17]. Sozialdemokratinnen sprachen in bürgerlichen Vereinen, bürgerliche Frauen unterstützten streikende Arbeiterinnen[18]. Gegen solche punktuelle Zusammenarbeit hatte Clara Zetkin nichts einzuwenden; sie schritt erst ein, wenn man Kooperation öffentlich propagierte und zur offiziellen Strategie erheben wollte.

Die Vertreterinnen des radikalen Flügels der bürgerlichen Frauenbewegung konnten sich weder mit dem BDF noch mit der Fortschrittspartei, aber auch nicht mit der SPD identifizieren. Lily Braun trat zur SPD über, blieb jedoch eine Außenseiterin und zog sich schließlich enttäuscht zurück. Anita Augspurg und Lida Gustava Heymann wurden Mitglieder der Freisinnigen Volkspartei, die sie jedoch bald wieder unzufrieden verließen[19]. Eine 1907 von Maria Lischnewska gegründete »liberale Frauenpartei« blieb erfolglos[20]. Besonders deutlich spiegelt sich das Dilemma fortschrittlicher demokratischer Frauen in Minna Cauers Tagebuch wider[21].

Das Versagen der SPD und der sozialistischen Frauenbewegung liegt nicht so sehr in der Frontstellung zur bürgerlichen Frauenbewegung wie darin, daß sie progressiven demokratischen Frauen keine Heimat bieten konnten und so ein wertvolles Potential zur Demokratisierung der Gesellschaft und Emanzipation der Frau weitgehend zur politischen Wirkungslosigkeit verurteilten. Trotz aller scharfen Abgrenzung zur bürgerlichen Bewegung teilten Sozialdemokratinnen zahlreiche überkommene Stereotypen über Wesen und Rolle der Frau, die das Frauenbild des 19. Jahrhunderts bestimmten. Der Glaube an eine naturgegebene »weibliche Eigenart«, an unveränderliche Charakterunterschiede zwischen Mann und Frau war Bestandteil der sozialistischen Emanzipationstheorie[22].

Die von Clara Zetkin herausgegebenen Frauenwahlrechtszeitungen[23] durchzieht ein Mutterkult, der in den dort aufgenommenen Gedichten von Ada Negri, Otto Krille und Klara Müller-Jahnke mythisch verklärt und religiös überhöht wird. Daß selbst Clara Zetkins Radikalismus seine Grenzen hatte und nicht frei von traditionellen Vorurteilen ihrer Zeit war, zeigt auch ihre Stellungnahme zu Fragen der Familie und Sexualmoral: In dem Wunsch vieler Frauen, ihre Kinderzahl zu beschränken, sah sie verdammenswerten Egoismus[23]. Die Bedeutung des privaten Bereiches, das Beharrungsvermögen überkommener Vorurteile und psychologische »Überbauphänomene« wurden in ihrer Bedeutung unterschätzt. Die sozialistische Frauenbewegung konzentrierte sich auf wirtschaftliche und politische Probleme und vernachlässigte den privaten Bereich, ohne dessen Veränderung die Emanzipation der Frau unvollendet bleiben mußte.

Anmerkungen:

1 Clara Zetkin: Zur Geschichte der proletarischen Frauenbewegung Deutschlands, Frankfurt 1971, S. 13.

2 Heinz Niggemann: Emanzipation zwischen Sozialismus und Feminismus. Die sozialdemokratische Frauenbewegung im Kaiserreich, Diss.

Bochum 1979, S. 289 ff., Tabellen 20 und 21.
3 Gleichheit März bis Juli 1897; Frauenkonferenz 1902, S. 298 ff.
4 Frauenkonferenz 1908, S. 518 ff., 543 f.
5 Gleichheit Januar bis Juni 1910; Sozialistische Monatshefte 1910, Bd. II, S. 918; 1911, Bd. III, S. 1248; Parteitag 1910, S. 208.
6 In der SPD waren 1920 21,27%, in der USPD 15,15%, in der KPD 1922 13,91% und 1923 12,57% der Mitglieder Frauen. Zum Wahlverhalten s. Hans Beyer: Die Frau in der politischen Entscheidung, Stuttgart 1933, und Gabriele Bremme: Die politische Rolle der Frau in Deutschland, Göttingen 1956.
7 Vorwärts 24. 1. 1895, 1. Beilage; zu Bebels Haltung s. die Briefe C. Zetkins an K. Kautsky, 24. 3. 1897, und an F. Engels, 22. 1. 1895, in: Internationaal Instituut voor Sociale Geschiedenis (Amsterdam), Nachlaß Kautsky D XXIII 315 und Marx-Engels-Nachlaß L 6475.
8 Z. B. auf dem Parteitag 1896: Parteitag 1896, S. 160 ff.
9 Frauenkalender 1975, 1976, 17 197B; Marielouise Janssen-Jurreit: Sexismus. Über die Abtreibung der Frauenfrage, München/Wien 1976, S. 228 ff., 252 f.
10 Dazu Margrit Twellmann: Die deutsche Frauenbewegung im Spiegel repräsentativer Frauenzeitschriften, Meisenheim 1972; Richard J. Evans: The Feminist Movement in Germany, 1844–1933, London 1976.
11 Fünfter Delegiertentag des Wahlvereins der Liberalen zu Berlin am 5. März 1910, Berlin 1910, S. 22 ff.; Wilhelm Mommsen: Deutsche Parteiprogramme, München 1960, S. 176.
12 Die Neue Zeit, 15. Jg., Bd. I, S. 786.
13 Gleichheit, 21. 11. 1900.
14 Evans, S. 82 ff., Johannes Schult: Geschichte der Hamburger Arbeiter 1890–1919, Hannover 1967, S. 276.
15 Gleichheit, 8. 7. 1896; Ute Gerhard: Verhältnisse und Verhinderungen. Frauenarbeit, Familie und Rechte der Frauen im 19. Jahrhundert, Frankfurt 1978, S. 60 ff.; Oscar Stillich: Die Lage der weiblichen Dienstboten in Berlin, Berlin/Bern 1902, S. 9, 77 ff.
16 Dazu Näheres bei Twellmann, S. 34 ff.
17 In meiner Diss. habe ich etwa 300 Biographien zusammengestellt: Niggemann: Emanzipation, S. 368 ff.; vgl. auch Ottilie Baader: Ein steiniger Weg, Stuttgart/Berlin 1921, S. 16; Ruth Kirsch: Käte Duncker, Diss. PH Dresden, S. 15.
18 Gleichheit, 23. 12. 1896; Die Neue Zeit, 15. Jg., Bd. II, S. 437; Frauenkonferenz 1908, S. 480; 1911, S. 414.
19 Lida Gustava Heymann/Anita Augspurg: Deutsche Frauen kämpfen für Freiheit, Recht und Frieden. 1850–1940, Meisenheim 1972, S. 101 f.
20 Programm der Partei, in: Helene-Lange-Archiv (Berlin), Eb 2 cc.
21 Z. B. Tagebuch 30. 3. 1912, Mai 1912, 17. 8. 1913, in: Else Lüders:

Minna Cauer. Leben und Werk. Dargestellt anhand ihrer Tagebücher und nachgelassenen Schriften, Gotha 1925, S. 158 ff.

22 Z. B. Luise Zietz: Gewinnung und Schulung der Frau für die politische Betätigung, Berlin 1914, S. 19; Henriette Fürth: Die Hausfrau. Eine Monographie, München 1914, S. 73 f.; Clara Zetkin: Die Frauen und die Kommunistische Partei, Leipzig 1921, S. 12.

23 Frauenwahlrecht 1911 ff.; Einzelexemplare in: Hauptstaatsarchiv Düsseldorf, RD 42 812 Bl. 173 ff., und in: Helene-Lange-Archiv (Berlin) Eb 2 ee.

24 C. Zetkin an K. Kautsky, 5. 6. und 25. 3. 1902, in: IISG (Amsterdam), Nachlaß Kautsky D XXIII 353, Kautsky-Familienarchiv 19, 5; Vorwärts, 24. 8. 1913; zu der Debatte um Geburtenrückgang und »Gebärstreik« s. Ulrich Linse: Arbeiterschaft und Geburtenentwicklung im Deutschen Kaiserreich von 1871, in: Archiv für Sozialgeschichte XII (1972), S. 205–271.

Jutta Menschik

Rolle und Situation von Frauen in der deutschen Sozialdemokratie 1900–1933

»Auf einer bedeutsamen, auf der besten Strecke ihrer Geschichte konnte die sozialdemokratische Frauenbewegung als proletarische der bürgerlichen entgegengestellt werden. In Theorie und Praxis war sie während dieser Periode, was jene scheinen wollte: Vorkämpferin für die volle soziale und menschliche Befreiung und Gleichberechtigung des gesamten weiblichen Geschlechts.« (Clara Zetkin[1])

1. Organisation der Frauenbewegung

These: Obwohl die Frauenbewegung stets integraler Teil der Sozialdemokratie gewesen ist, hat der Separatismus der Frauenorganisation dazu beigetragen, daß der radikale Sozialismus in der Frauenbewegung von der Gesamtpartei nicht adäquat verarbeitet wurde.

Der organisatorische Rückhalt der Frauenbewegung entfaltete sich zunächst in einem von außen gesetzten Spannungsbogen – zwischen dem preußischen Vereinsgesetz von 1850, das Frauen, Schülern und Lehrlingen die Mitgliedschaft in Vereinen und die Teilnahme an politischen Versammlungen verbot, und dessen wesentliche Aufhebung 1908. (Die dazwischen liegende Zeit der Sozialistengesetze erschwerte zudem die politische Arbeit von Frauen und Männern.) Mit zwei Hilfskonstruktionen bemühte sich die Partei, den Frauen die Möglichkeit zur Aufklärung, Agitation und innerparteilicher Mitwirkung zu geben:

1891 beschloß der Erfurter Parteitag die Einrichtung besonderer örtlicher »Agitationskommissionen« für Frauen, loser Verbindungen, die auf regionaler Ebene den Gedanken der Frauenemanzipation verbreiten, die Korrespondenz besorgen und Versammlungen einberufen sollten. Bereits 1895 waren diese Kommissionen schon wieder verboten worden. Um so wichtiger wurde das System der »Vertrauenspersonen«. Da die Vereinsgesetzgebung den Frauen zwar die *Zugehörigkeit* zu politischen Organisationen untersagte, jedoch nicht die *Tätigkeit* einzelner Personen betraf, wurde 1892 auf dem Berliner Parteitag der Terminus »Vertrauensmann« im Organisationsstatut der Partei durch »Vertrauensperson« ersetzt. So hatten die Frauen satzungsgemäß die Möglichkeit, ständige Vertreterinnen zu wählen. Als Aufgabe der Vertrauenspersonen wurde die Aufklärung unter den proletarischen Frauen in politischer und gewerkschaftlicher Hinsicht sowie Erweckung und Stärke des Klassenbewußtseins formuliert[2].

Die Agitation unter den Arbeiterinnen und den gesetzlichen Arbeiterinnenschutz behandelte auch die erste Konferenz sozialdemokratischer Frauen Deutschlands in Mainz 1900. 20 Frauen nahmen daran teil. Vorsitzende der Konferenz waren Clara Zetkin und Ottilie Baader, die zur Zentralvertrauensperson gewählt wurde. Die folgenden Konferenzen forderten das Wahlrecht für Frauen (1902), Kinderschutz und Bearbeitung der Schulfrage (1904). Auf der 6. Konferenz in Jena (1911) sprach Clara Zetkin über die allgemeine politische und wirtschaftliche Situation, wobei sie dem Parteivorstand vorwarf, in der Verurteilung kapitalistischer Kriegs- und Kolonialpolitik nicht grundsätzlich genug zu sein. Die nächste Konferenz fand erst 1919 in Weimar statt. Inzwischen hatte der Vorstand Clara Zetkin als Redakteurin der »Gleichheit« gekündigt (1917). Ihre Nachfolgerin Marie Juchacz betonte auf dieser 7. Frauenkonferenz, daß die Frauen ihre Interessen im Rahmen der Parteiorganisation zu vertreten hätten und keine Sonderorganisation bilden dürften.

Wie noch zu zeigen sein wird, ging mit dieser Disziplinierung auf Mehrheitsparteilinie auch eine Verwässerung des zentralen Emanzipationsgedankens einher, daß nur die Teilnahme der Frau an der gesellschaftlichen Arbeit ihr die Mittel an die Hand gibt, diese Gesellschaft radikal zu verändern. Die Ausgliederung der Frauenfrage aus der allgemeinen Tagesordnung des Parteivorstandes und ihre Übergabe in besondere Frauenorganisationen gab den Frauen zwar die Möglichkeit, ihre spezifischen Probleme konzentriert anzugehen und daraus resultierende Forderungen zu verbreiten, setzte dem ständigen Dialog zwischen überwiegend männlichen Parteiorganisationen und ausschließlich weiblichen »Sonderkommissionen« jedoch Schranken. Resultat war schließlich ein schmerzliches Auseinanderklaffen zwischen offizieller Theorie zur Frauenemanzipation und fortschrittlicher Praxis seitens der Frauen.

2. Die Entwicklung der Theorie

These: Obwohl die Sozialdemokratie als erste Partei die Genossin gleichberechtigt neben den Genossen stellen wollte, verhinderte letztlich ihr Schwanken zwischen den Positionen »Recht der Frau auf Erwerbsarbeit« und »Frau als Hüterin des Menschenlebens« dieses Ziel.

Wenngleich Marx keine explizite Theorie zur Frauenemanzipation erarbeitet hat, ist doch seine Analyse der Frauenarbeit innerhalb der »Kritik der politischen Ökonomie« die Grundlage, auf der die Orientierungen zur Frauenemanzipation von Engels, Bebel und Zetkin aufbauen. Sie alle sahen die Bedeutung des Privateigentums als Ursache der Versklavung von Arbeiter und Frau an, ordneten so die Frauenbefreiung der Arbeiterbewegung zu und sahen beider Zielsetzung erst im Sozialismus aufgehoben. Drei Erkenntnisstränge müßten sich in den Köpfen durch- und in der Praxis umsetzen lassen, damit die Frau die Möglichkeit ihrer Befreiung nutzen könne:

1. ihre Teilnahme am Produktionsprozeß,
2. die Einsicht in die historische Wandelbarkeit bürgerlicher Familienstruktur,
3. die praktische Durchsetzung der Idee von Frauenbefreiung durch Organisierung der Frau in der revolutionären Arbeiterbewegung.

Die Sozialdemokratie akzeptierte die von den marxistischen Theoretikern analysierten Zusammenhänge zwischen Frauenerwerbsarbeit, Auflösung bourgeoiser Familienideologie und Emanzipation der Frau und wollte (als einzige Partei) die soziale, geistige und politische Gleichstellung der Frau verwirklichen. Die Entwicklung der sozialistischen Frauenemanzipations-Theorie und deren versuchte Umsetzung in die Praxis durch die Sozialdemokratie ging zeitlich parallel vonstatten, da die Theorie erst 1896 auf dem Gothaer Parteitag als vollendet gelten kann.

Die Arbeiterbewegung in ihren Anfängen war aber überfordert. So erschien angesichts des Elends der Arbeiterinnen, der vernachlässigten Familien und verwahrlosten Kinder und des Lohndrucks, den die weibliche Konkurrenz ausübte, eine Verbesserung der Lage des Proletariats nur möglich durch ein Verbot der Fabrikarbeit der Frau und ihre Rückführung ins Haus. Diese Konzeption vertrat hauptsächlich der 1863 von Lassalle gegründete »Allgemeine Deutsche Arbeiterverein«. Die Lassalleaner forderten statt Fabrikarbeit der Frauen Erwerbsarbeit im Haus (Heimarbeit). Die Männer sollten den Frauen die Fabrikarbeit sogar verbieten und selbst in Abwehrstreiks treten. Sie erwarteten von der Ausschaltung der Frauen aus der industriellen Produktion eine vermehrte Beschäftigung männlicher Arbeitskräfte (Verminderung der Arbeitslosigkeit) und eine Erhöhung der Männerlöhne.

Ausschlaggebend für die Ablehnung der Frauenarbeit war jedoch noch ein anderes Moment: Es ging nicht nur gegen die Frauenarbeit unter kapitalistischen Verhältnissen, sondern vor allem für die Beschränkung der Frau auf die »weibliche Sphäre«. Diese Haltung, sich mit objektiven Argumenten subjektiv der Befreiung von männlicher Vorherrschaft zu widersetzen, bezeichnet Thönnessen zutreffend als »proletarischen Antifeminismus«[3]. Der von den Lassalleanern und Eisenachern so mühsam gefundene Konsens, nach dem unterschieden wurde zwischen der Frauenarbeit als solcher, die es zu fördern und den kapitalistischen Arbeits- und Produktionsverhältnissen, die es zu bekämpfen gelte, schien nach 1900 von der Arbeiterbewegung wieder verdrängt worden zu sein.

Den Auftakt zur Abkehr von der »alten« Emanzipationstheorie gaben zwei Artikel von Edmund Fischer, erschienen im Jahre 1905 in den »Sozialistischen Monatsheften«. (Die SM waren seit 1899 das Organ der Revisionisten.) Fischer schreibt: »Der alte Emanzipationsstandpunkt, der immer noch in vielen Köpfen spukt, läßt sich meiner Ansicht nach heute nicht mehr aufrecht halten. Die Entwicklung geht bei der Frauenarbeit nicht den Weg, den man bisher annahm, und die Staatsküchen und Hauswirtschaftsgenossenschaften bleiben ein utopischer Traum, der an der psychologischen Beschaffenheit des Menschen, des Weibes wie des Mannes, allezeit scheitern wird ... Die sogenannte Frauenemanzipation widerstrebt der weiblichen und menschlichen Natur überhaupt, ist Unnatur und daher undurchführbar«[4].

Die kontinuierliche Zunahme der Frauenarbeit widerlegte ebenso Fischers Argumentation wie die immer deutlicher werdende Kluft zwischen bürgerlicher Familienidylle und tatsächlicher Lage der Arbeiterfamilien. Doch die Abscheu vor jeglicher »Unnatur« siegte gegen die Wirklichkeit; die Perspektiven zur Überwindung der wirklichen Zustände schwanden hinter der wieder entdeckten »natürlichen« Rolle. Auch für Marie Juchacz lag »in der Mutterschaft und im mütterlichen Dienst ... die Erfüllung des Frauenlebens«[5].

Krise, Arbeitslosigkeit, Elend und daraus resultierend Geburtenrückgang waren der politische Nährboden für die Rückkehr zu reaktionären Wesensklischees in der ersten Phase der Weimarer Republik, der sich auch die Sozialdemokratie nicht versagte. Seit 1921 beherrschte der Gedanke von der »besonderen weiblichen Wesensart« die Diskussion der Frauenpolitik und war wesentliche Ursache für die »Wandlung der proletarischen Frauenbewegung zur Schulungsorganisation sozialer Nothelferinnen«[6].

Als Prophetin der Lobpreisung und Verklärung weiblicher Sozialarbeit tat sich Dr. Sophie Schöfer hervor, die den von der Sozialdemokratie gehegten Gedanken der Humanisierung in den der »Menschenökonomie« vulgarisierte. Auf dem Reichsfrauentag in Görlitz 1921 fand sie: »Menschenökonomie ist die Einsetzung des Menschen als Wertfaktor in die Wirtschaft . . . die Frau hat neben der Aufgabe, die Menschenleben zu vermehren, die Aufgabe, das einzelne Menschenleben möglichst produktiv und glücklich zu gestalten«[9].

Die SPD hat 10 Jahre gebraucht, um in diesen Verwirrungen aus den eigenen Reihen die Gefahr zu erkennen, das eigene Lager in Frauen und Männer mit so unterschiedlichen Wesen, Fähigkeiten, Bedürfnissen aufzuspalten, daß eine gemeinsame Kampffront gegen den sich massierenden Faschismus nur noch mit Mühe aufzubauen war. Die Faschisten hatten Mutterschaftswahn und Spaltung der Arbeiterklasse schon viel wirksamer vorbereitet, als daß dem die Resolution zur Frauenerwerbsarbeit vom Leipziger Parteitag 1931 Widerstand hätte leisten können.

3. Öffentlichkeitsarbeit

These: Der Weg der Frauenzeitschrift »Die Gleichheit« zur »Frauenwelt« ist Ausdruck des Abstiegs eines der scharfsinnigsten Organe der deutschen Arbeiterpresse zu einem unterhaltsamen Familienblatt.

Die »Gleichheit. Zeitschrift für die Interessen der Arbeiterinnen«, erschien zum ersten Mal 1891. Als Organ der sozialistischen Frauenbewegung trat sie die Nachfolge der von Emma Ihrer herausgegebenen »Arbeiterin« an (erschien seit 1890 und krankte an ständigem Geldmangel). »Die Gleichheit« wurde zunächst auch von E. Ihrer herausgegeben, das Profil bestimmte aber von Beginn bis zu ihrer Entlassung (1917) Clara Zetkin, die die Redaktion führte. Die Zeitschrift brachte regelmäßig anspruchsvolle theoretische Artikel, die geistiges Rüstzeug für den Klassenkampf sein wollten.

Zur politischen Zentrale der Arbeiterinnenbewegung Deutschlands wurde die »Gleichheit«, als sie 1896 nach der polizeilichen Auflösung der Berliner Arbeiterinnen-Agitationskommission auch die direkte organisatorische Leitung der Bewegung übernahm. »Die Gleichheit«, die die Einheit der Arbeiterinnenbewegung mit dem Emanzipationskampf der gesamten Arbeiterklasse stets betonte, führte in der Folgezeit einen konsequenten Feldzug gegen Revisionismus, Militarismus und Rüstungspolitik. Das Verbot jeglicher Diskussion der Kriegsursachen für die Presse hinderte die »Gleichheit« nicht, im Rahmen des Möglichen ihre Haltung auszudrücken. Wie oft sie dabei mit der Zensur in Konflikt geriet, zeigen die immer größer werdenden weißen Stellen in ihren Spalten, welche die Redaktion demonstrativ stehen ließ[8].

Selbstbewußt erinnert sich Clara Zetkin: »Ich erkläre mich schuldig, daß die ›Gleichheit‹ sich vom ersten Augenblick an, wo die sozialdemokratische Reichstagsfraktion die Grundsätze des Sozialismus als hinderlichen Ballast über Bord warf, in bewußten Gegensatz zu der entsprechenden ›Neuorientierung‹ gestellt hat. Ich erkläre mich schuldig, daß ›Die Gleichheit‹ die Mehrheitspolitik mit steigender Schärfe kritisiert und bekämpft hat – soweit Schärfe des geistigen Kampfes unter den heutigen Zuständen möglich ist (...) Ich erkläre mich schuldig, daß die ›Gleichheit‹ mit Zorn und Verachtung die Gewaltmaßregeln gebrandmarkt hat, die die sozialdemokratischen Mehrheitler an Stelle von überzeugenden, durchschlagenden Gründen gegen die Opposition einsetzten«[9].

Mitte Mai 1917 kündigte der Parteivorstand Clara Zetkin als Redakteurin, übernahm selbst die Redaktion und setzte die linientreue Marie Juchacz als verantwortliche Redakteurin ein. Der Bruch wurde nicht erst mit Zetkins Übertritt zur USPD sichtbar, sondern war spätestens 1915 eingeleitet worden. Am 26./28. März des Jahres tagte in Bern eine Internationale Frauenkonferenz, auf der 25 Delegierte aus fast allen kriegsführenden Ländern anwesend waren. Die Konferenz wandte sich gegen die Losung vom nationalen Verteidigungskrieg und forderte die sofortige Beendigung des Krieges. Der deutsche Parteivorstand und die französische Parteileitung lehnten es ab, offizielle Delegierte zu entsenden. Im August wurde Clara Zetkin verhaftet, nachdem sie (auch in der »Gleichheit«) kräftig mitgewirkt hatte, die Beschlüsse der Berner Frauenkonferenz in Deutschland illegal zu verbreiten.

Ab Juni 1917 erschien die »Gleichheit« dann unter neuer Redaktion und mit neuem Untertitel »Zeitschrift für Arbeiterfrauen und Arbeiterinnen. Mit der Beilage: Für unser Kind«. Das neue Programm lautete: »Politische Schulung, leichtverständliche Belehrung und wertvolle Unterhaltung«[10].

Clara Zetkin bemerkte dazu bitter: »Allerdings: Der Name der ›Gleichheit‹ wird von dem Organ weitergeführt, das fortan kraft Vorstandsbeschlusses in unversöhnlichem Gegensatz zu dem besten Teil ihres Wesens und Lebens den Proletarierinnen die Weisheit der Umlernesozialisten predigen soll. Also ermöglicht es das bürgerliche Eigentumsrecht, das damit die Enteignung geistiger Arbeit durch die brutale Geldgewalt besiegelt.«

Die neue »Gleichheit« erreichte nie mehr die alte Auflagenhöhe, obwohl es doch angeblich Zetkins »radikaler Phraseologie« zuzuschreiben war, daß eine effektive Öffentlichkeitsarbeit verhindert wurde. 1921, als Clara Bohm-Schuch die Redaktion übernahm und der Zeitschrift den Untertitel »Zeitschrift für die Frauen der Sozialdemokratischen Partei Deutschlands« gab, war nur jede 10. Sozialdemokratin Abonnentin der »Gleichheit« (25 000), während 1913 fast jedes weibliche Parteimitglied sich die Zeitschrift hielt (112 000)[11]. Nach der Vereinigung eines Teils der USPD mit der SPD 1922 fusionierte die »Gleichheit« mit dem Frauenorgan der USPD »Die Kämpferin« und erschien mit dem Untertitel »Zeitschrift für Frauen und Mädchen des werktätigen Volkes. Organ der Vereinigten Sozialdemokratischen Partei Deutschlands. Mit der monatlichen Beilage Kinderland.« 1923 stellte die »Gleichheit« ihr Erscheinen ganz ein, ab März 1924 gab die SPD als Presseorgan für die Frauen die »Frauenwelt« heraus. »Die Politik war so gut versteckt unter Feuilletons, Erbauungsgedichten, Schnittmustern und Modezeichnungen, daß keiner sie mehr richtig entdecken konnte. Diese Tarnung hielt man für äußerst geschickt und dem neuesten Stand der wissenschaftlichen Propaganda angemessen«[12].

Bezeichnend ist auch, daß die Redaktion der »Frauenwelt« von einem Mann besorgt wurde, bis erst 1927 auf die ausdrückliche Forderung der Kieler Frauenkonferenz hin Frau Toni Sender zur Redakteurin benannt wurde. Bis dahin glaubte Herr Dr. Lohmann zu wissen, was die sozialdemokratischen Frauen wünschten.

Das Verlangen des Parteivorstandes, das theoretische Niveau der »Gleichheit« herabzuschrauben, um einer angeblichen Forderung der Leserinnen nach populärer Gestaltung nachzukommen, wurde von Clara Zetkin stets abgewehrt und mit der Bitte um mehr qualifizierte Mitarbeit an der Zeitschrift erwidert. Bei der Kritik an den neuen Zeitschriften verlangten die Mitglieder ein anspruchsvolleres Niveau und mehr Vermittlung von Theorie, was vom Vorstand mit Rücksicht auf die angeblich so notwendige »Popularisierung des Sozialismus« und »geschickte Massenbeeinflussung« abgewehrt wurde.

4. Einschätzung

These: Revisionismus, Antifeminismus und das Fehlen jeglicher psychologischer Kategorien bei der Einschätzung der Frauenfrage sind Ursachen, daß die Subjektwerdung der Frau innerhalb der sozialdemokratischen Frauenbewegung nicht erreicht wurde.

Spätestens seit der Politik des 4. August 1914 war klar, welche Interpretation die Partei dem bevorstehenden Krieg geben würde. Die Frauen wurden gezwungen, sich der Staatsräson unterzuordnen, auch wenn der Staat noch so imperialistisch war. Es fällt schwer, den befreienden Charakter von Frauenarbeit ausgerechnet in der Rüstungsproduktion zu erkennen. Deshalb war es leicht, die Entlassung zahlreicher Frauen als etwas Widernatürliches zu beschreiben, dem nur durch die Schaffung eines heilen Familienlebens entgegengetreten werden konnte. Diese Haltung wurde auf dem reformistischen Flügel der Partei von Edmund Fischer vorbereitet. Wenn der Mann einen gesicherten und höheren Verdienst erhielte, »dann geht keine verheiratete Frau mehr in die Fabrik oder ist sonst beruflich tätig, und nicht die Emanzipation der Frau vom Manne wird dann erreicht sein, sondern etwas anderes: Die Frau wird der Familie wiedergegeben sein. Und dieses Ziel kann und sollte auch das Ziel der Sozialisten sein«[13].

Damit war der Anspruch aufgegeben, mit der Einbeziehung

der Frau in die gesellschaftliche Arbeit (die insgesamt nicht mehr rückgängig gemacht werden konnte) auch zugleich eine Revision der Familienverhältnisse in Angriff zu nehmen. So hat die Berufstätigkeit der Frau nicht zur Befreiung der Frau geführt, sondern zur Doppelbelastung, zum irritierten Hinundherschwanken zwischen Familie und Arbeitsplatz.

Bebel, der in seinem Buch »Die Frau und der Sozialismus« der Frau der Zukunft immerhin eine Entlastung von Haushalt und Kindererziehung durch die Gesellschaft zugesteht, wurde zwar immer noch gelesen (allein von 1878–1909 wurde sein Buch 50mal aufgelegt), aber nicht mehr beherzigt. Wie wenig er selbst aber frei war von bürgerlichen Anschauungen über die Frau, zeigt die Schilderung seiner Ehefrau in seiner Autobiographie, die er artig in eine Danksagung hüllt: »Ich habe meine Ehe nie zu bereuen gehabt. Eine liebevollere, hingebendere, allzeit opferbereite Frau hätte ich nicht finden können. Leistete ich, was ich geleistet habe, so war dieses in erster Linie nur durch ihre unermüdliche Pflege und Hilfsbereitschaft möglich«[14].

Obwohl es unbestritten das Ziel der Partei war, eine starke Frauenbewegung zu haben, lassen sich stapelweise Belege für die mangelhafte Unterstützung der Frauenbewegung durch die Genossen bis hin zu Versuchen, diese der Lächerlichkeit preiszugeben, finden.

Auf dem Stuttgarter Parteitag 1898 konterte Ignaz Auer einen Angriff Clara Zetkins: »Wenn das das unterdrückte Geschlecht ist, was soll dann einmal werden, wenn es frei und gleichberechtigt ist?«[15]

Und auf dem Parteitag in Mainz profilierte sich wiederum Auer: »Die nervöse Erregung unserer Frauen ist ja leider erklärlich, wenn man bedenkt, daß trotz jahrelanger aufreibender Tätigkeit ihre Erfolge nur minimal sind«[16]. (Das Protokoll vermerkte an solchen Stellen stets »Heiterkeit«.) In Mannheim 1906 stimmte die Delegierte Auer aus Reutlingen indirekt zu, als sie ausführte, daß die Frauenbewegung in Württemberg kaum Erfolge aufweisen könne: »Daran trägt die Hauptschuld die Gleichgültigkeit der männlichen Genossen in Württemberg, die der Meinung sind, die Frauen betrieben die Agitation nur als Sport«[17].

Offenbar müssen die Genossen die Frauenfrage so scherzhaft und überheblich behandelt haben, daß sich auf dem Jenaer Parteitag 1913 ein männlicher Delegierter zum Eingreifen genötigt sah: »Es wäre sehr zweckmäßig, wenn die Genossen sich ein klein wenig die Philisterhaftigkeit der Bürgerlichen abgewöhnen und die Frauenbewegung etwas anders beachten würden«[18].

Die sensible Toni Pfülf (Reichstagsabgeordnete von 1920 bis 1933), die 1933 wegen der politischen Verhältnisse Selbstmord beging, schrieb nach dem Leipziger Parteitag 1931 resigniert: »Intellektuell treten die Sozialdemokraten für die individuelle Entwicklung der Frauen ein, für ihre wirtschaftliche und soziale Befreiung; denn sie wissen, welche Gefahr für die sozialistische Entwicklung das Gegenteil bedeuten würde. Aber die große Masse der organisierten Arbeiterschaft ist in ihrem Herzen nicht für die Befreiung (...). Der Geschlechtsstolz trägt den Sieg über die Prinzipien davon«[19].

Insgesamt kann als Mangel der sozialdemokratischen Emanzipationstheorie festgehalten werden, daß eine Veränderung ausschließlich von der objektiven Seite her angegangen wurde und die subjektive Befindlichkeit oder Aufnahmebereitschaft für diese Veränderungen nicht systematisch in Betracht gezogen wurde. So mußten Frauen als defizitäre Wesen erscheinen, die *noch nicht* in dem Maße in den Erwerbsprozeß eingegliedert waren wie Männer, die *noch nicht* soviel verdienten oder gebildet waren, die *noch keine* so starke Bewegung hatten usw. Da trotz des richtigen Emanzipationsgedankens keine grundsätzliche Neubestimmung der Frauenrolle stattfand – im Gegenteil, den Frauen wurden in der politischen Arbeit Tätigkeitszweige wie Armenverwaltung, Kranken-, Waisen- und Siechenpflege, Schulwesen, Lebensmittelversorgung und Säuglingsfürsorge zugewiesen –, blieben Frauen das »schwache« Geschlecht, dem nur, wenn Not am Mann war, Stärke zugetraut wurde. »Die politische Zielsetzung führte zu einer immer stärkeren Vernachlässigung des Aspekts der Familie und der Notwendigkeit ihrer Veränderung für die Zukunftsgesellschaft. Ihre Funktion unter kapitalistischen Verhältnissen als Produzentin der Abhängigkeit und Unterordnung der Frau durch die Autoritätsstruktur in ihr, die dem Mann die Vorherrschaft nicht nur im gesellschaftlichen Leben, sondern auch in der Familie zusicherte, wurde nicht mehr reflektiert. Hier machte sich der entscheidende Mangel der sozialistischen Emanzipationstheorie bemerkbar, nämlich das Fehlen psychologischer Kategorien, das sie bei sozialen und politischen Postulaten stehenbleiben ließ, die von den Frauen eine Assimilation an die Männer erforderte und ihre Geschlechtlichkeit verleugnete«[20].

Anmerkungen:

1 Zetkin, Clara: Zur Geschichte der proletarischen Frauenbewegung Deutschlands, Berlin (DDR) 1958, S. 212.
2 Vgl. Thönnessen, Werner: Frauenemanzipation, Politik und Literatur der deutschen Sozialdemokratie zur Frauenbewegung 1863–1933. Frankfurt 1969, S. 52.
3 Thönnessen, Frauenemanzipation. a.a.O., S. 14.
4 Fischer, Edmund: Die Frauenfrage, in: SM Jg. 1905, 1. Bd. S. 262.
5 Juchacz, Marie: Die Frau als Staatsbürgerin, in: Frauenstimmen aus der Nationalversammlung. Beiträge der sozialdemokratischen Volksvertreterinnen zu den Zeitfragen. Berlin o. J. (1921), S. 13.
6 Thönessen, Frauenemanzipation, a.a.O., S. 7.
7 Protokoll Görlitz 1921, Reichsfrauentag S. 12.
8 Vgl. Thönnessen, Frauenemanzipation, a.a.O., S. 88.
9 Zetkin, Clara: Ausgewählte Reden ... Bd. 1, a.a.O., S. 761 f.
10 Gleichheit, Jg. 1906/17, Nr. 18.
11 Auflagenzahlen der sozialdemokratischen Frauenzeitschriften s. Thönnessen, a.a.O., S. 134.
12 Thönnessen, a.a.O., S. 135.
13 Fischer, Edmund: Sozialismus und Frauenfrage (Hrsg. Wally Zepler). Berlin 1919, S. 29.
14 Bebel, August: Aus meinem Leben. 1. Teil, Stuttgart 1910–1914, S. 110.
15 Protokoll Stuttgart, 1898, S. 112.
16 Protokoll Mainz, 1900, S. 185.
17 Protokoll Mannheim, 1906, S. 407.
18 Protokoll Jena, 1913, S. 379.
19 Protokoll Leipzig, 1931, S. 99.
20 Bölke, Gundula: Die Wandlung der Frauenemanzipationstheorie von Marx bis zur Rätebewegung. Berlin, München, Zürich o. J., S. 21.

Willy Albrecht/Friedhelm Boll/Beatrix W. Bouvier/Rosemarie Leuschen-Seppel/Michael Schneider

Frauenfrage und deutsche Sozialdemokratie vom Ende des 19. Jahrhunderts bis zum Beginn der zwanziger Jahre

Die vorliegende Studie versucht, auf der Basis der Forschungsliteratur sowie eigener Quellenstudien möglichst viele Aspekte des Beitrages der sozialdemokratischen Arbeiterbewegung zur Frauenemanzipation zu berücksichtigen. So geht es nicht nur um die Darstellung der Frauenerwerbsarbeit und der Organisationsentwicklung (I) und um die Analyse der sozialdemokratischen »Frauenpolitik« in Theorie und Praxis (II), sondern auch um die Untersuchung von Protest-, Streik- und schließlich Wahlverhalten der Frauen (III).

Der Untersuchungszeitraum liegt in der Phase der Hochindustrialisierung Deutschlands, die die soziale Lage der Frauen entscheidend prägte, aber auch den Gedanken der Emanzipation in Theorie und Praxis vorantrieb und als Grundlage einer Frauenbewegung innerhalb der sozialistischen Arbeiterbewegung ausformulierte. Die Behandlung der Kriegs- und Nachkriegszeit wirft insbesondere die Fragestellung auf, ob die im Kaiserreich vor 1914 angelegten Emanzipationspotentiale beschleunigt weiterentwickelt oder aber zurückgebildet wurden und wie sich die Erfahrungen mit der wirtschaftlichen Benachteiligung der Frauen durch die Demobilmachungsverordnungen der Nachkriegswirtschaft wiederum auf Emanzipationstheorie und praktische Politik ausgewirkt haben.

I. Frauenarbeit und Organisation

Mit dem Ende des 19. Jahrhunderts setzte in der Erwerbstätigkeit der Frauen eine starke Umschichtung ein. Während der Anteil der in Land- und Forstwirtschaft sowie in häuslichen Diensten beschäftigten Frauen zurückging, nahm die Frauenarbeit in Industrie, Handel und Verkehr stark zu. Diese Entwicklung wurde auch seit den 1890er Jahren von der Sozialdemokratie registriert und zunehmend in ihre Überlegungen einbezogen. Im folgenden sollen die gesamte Erwerbstätigkeit der Frau sowie die

Umschichtungsprozesse (Zunahme der Industriearbeit und der Angestelltenberufe) im einzelnen dargestellt werden, um deutlich zu machen, daß sich die gewerkschaftliche Organisationsarbeit im Grunde nur an einen kleinen Teil der arbeitenden Frauen richtete, und zwar den hauptberuflich industriell tätigen. Die speziellen Probleme der Werbung und Interessenvertretung der erwerbstätigen Frau werden erst auf dem Hintergrund der Struktur ihrer Erwerbstätigkeit deutlich.

Entgegen den amtlichen Statistiken ist davon auszugehen, daß der Anteil der weiblichen Beschäftigten an der Gesamtzahl der Erwerbstätigen im Kaiserreich und darüber hinaus konstant geblieben ist. Nach Hoffmann pendelte er immer um 35% (8) (1882: 35,9%; 1895: 34,9%; 1907: 34,9%; 1925: 37,4%). Wichtiger aber noch ist die Frage der Umschichtungsprozesse der Frauenerwerbstätigkeit und damit verbunden das Problem der sich wandelnden Qualität der Frauenarbeit. Als vorherrschende Trends der Umschichtung stellen sich dar: der Auszug der Frauen aus den »häuslichen Diensten« und – später einsetzend – aus der Landwirtschaft sowie eine starke Zunahme des Frauenanteils in den Angestelltenberufen und in den Verbrauchsgüterindustrien (Textil-, Bekleidungs-, Nahrungs- und Genußmittelindustrie sowie Metallverarbeitung)[1].

Während sich die sozialdemokratischen Organisationen – durch diese Entwicklung angeregt – verstärkt dem Problem der industriellen Frauenarbeit zuwandten, schätzten sie den großen Bereich der in Land- und Forstwirtschaft sowie in den häuslichen Diensten tätigen Arbeiterinnen (ca. 4,2 bzw. 1,5 Millionen im Jahre 1895) als für den wirtschaftlichen Kampf und die Gewerkschaftsbewegung kaum erreichbar ein[2]. Aber auch in der gewerblichen Wirtschaft stießen die sozialdemokratische und die gewerkschaftliche Agitation sehr schnell auf kaum verrückbare Grenzen. Die Zunahme der industriellen Frauenarbeit gliederte sich nämlich in sehr spezifische Bereiche auf, wobei die Angestellten und die Tätigkeit in Hilfsarbeiterfunktionen bzw. Anlernberufen bei weitem dominierten. Auch die bis 1925 sehr stark angewachsene Gruppe der weiblichen Angestellten war für die gewerkschaftliche Agitation weitgehend verschlossen. Als wichtigste Zielgruppe kamen somit die ca. 2,2 Millionen Arbeiterinnen in Industrie, Handel und Verkehr in Betracht (1907)[3], wobei sich einige Berufsgruppen mit sehr hohem Frauenanteil herausbildeten. Dies waren 1875 die drei Gruppen der Textilindustrie, der Bekleidungs- und Reinigungsindustrie sowie der Nahrungs- und Genußmittelindustrie, in denen für Preußen allein 90% aller industriell erwerbstätigen Frauen arbeiteten[4].

Die Entwicklung zu reinen »Frauenindustrien« setzte aber erst am Ende des 19. Jahrhunderts ein. 1875 hatte beispielsweise der Frauenanteil im Bekleidungs- und Reinigungsgewerbe erst knapp 40% erreicht[5]. Während in den vorgenannten Industriezweigen, vor allem in der Bekleidungs- und Textilindustrie, nicht selten männliche Arbeitskräfte von weiblichen verdrängt wurden[6], war die stärkere Verwendung weiblicher Arbeitskräfte in der Metall-, Chemie- und elektrotechnischen Industrie eng verbunden mit Rationalisierungsfortschritten und dem dadurch bedingten stark zunehmenden Bedarf an Hilfskräften. Damit tritt ein weiteres Charakteristikum der industriellen Frauenarbeit hervor: die Konzentration auf Hilfsfunktionen und Anlernberufe. Selbst in den sogenannten »Frauenindustrien« war der Anteil der Frauen bei Gesellen und Lehrlingen weit geringer als bei Hilfsarbeitern[7].

Für die gewerkschaftliche Agitation waren zwei weitere Kennzeichen der Frauenerwerbsarbeit von Bedeutung: die relativ kurze Erwerbstätigkeit der Frau und die relativ niedrige Zahl der Verheirateten unter den weiblichen Erwerbstätigen. Der größte Teil der weiblichen Erwerbstätigen war zwischen 20 und 30 Jahre alt (1907 32,2%), während die zwei Jahrzehnte umfassende Altersgruppe zwischen 30 und 50 Jahren nur 26,9% der arbeitenden Frauen stellte. Sehr viele Frauen schieden demnach schon in jungen Jahren wieder aus. Diese Erscheinung wurde als schweres Handikap für die Organisierbarkeit der Arbeiterinnen angesehen.

Schon vor dem Krieg ließen sich allerdings Tendenzen feststellen, die den Übergang der Frauenerwerbsarbeit zu einer Dauerarbeit deutlich anzeigten: Der Anteil der über 30jährigen Frauen nahm kontinuierlich zu, und ebenso stieg die Zahl der Verheirateten unter den weiblichen Beschäftigten an. Dies müsse die Frauen davon abbringen, die Berufstätigkeit nur als Übergangsbetätigung bis zur Ehe zu begreifen, so daß der Gewerkschaftsbeitritt sich als notwendig herausstelle, meinte Adolf Braun[8].

Für die gewerkschaftliche Arbeit weitgehend unerreichbar waren auch die Gelegenheitsarbeiterinnen, Saisonarbeiterinnen und von starken Konjunkturschwankungen betroffene Arbeitskräfte, über deren Zahl keine Aussage gemacht werden kann.

Der Weltkrieg und die sich anschließenden Krisenjahre brachten für die Frauenerwerbstätigkeit eine enorme Zuspitzung der bisherigen Umschichtungsprozesse und damit verbunden die vielfältigsten sozialen und politischen Probleme. Einem Anstieg der Frauenarbeit in der Industrie von 22% (1913) auf 34% (1918)[9] folgte bis 1925 eine starke Verdrängung der Frauen aus diesem Wirtschaftszweig, so daß ihr Anteil an den Beschäftigten in Industrie und Handwerk 1925 nur noch 24,9% betrug[10]. Verschärfend kam die Umschichtung zwischen »Kriegsindustrie« (Produktionszuwachs ca 44%) und »Friedensindustrie« (Produktionseinbuße ca 40%) hinzu[11]. Die Folgen waren: hohe Arbeitslosigkeit zu Beginn des Krieges (41,2% der Metallarbeiterinnen, 26,2% der Textilarbeiterinnen)[12], starke Fluktuation der Arbeitskräfte[13] und Verlust bestehender Kommunikationsnetze am Arbeitsplatz und in der Gewerkschaftsorganisation, soweit diese mit dem neuen Arbeitsplatz gewechselt werden mußte.

Die Frauenarbeit im Kriege stand unter außerordentlich harten Bedingungen. So wurden aufgrund der Kriegssituation die Anträge auf Überstunden und Nachtarbeit von den Gewerbeaufsichtsämtern weitgehend positiv beschieden. Falls dies nicht der Fall war, fehlten diesen Ämtern doch die personellen Mittel zu einer wirksamen Kontrolle. Die Propaganda für die Frauenarbeit muß eigens erwähnt werden, da sie in allen Medien der Öffentlichkeit (Tagespresse, Illustrierte, Film, Handzetteln) betrieben, von den Frauenvereinen getragen und vom Kriegsamt systematisch organisiert worden war. Bedenkt man weiter, daß auf der Basis des Hilfsdienstgesetzes auch wirtschaftliche Zwangsmaßnahmen wie Entzug der Kriegsunterstützung oder Entzug der Heimarbeiterlaubnis angewandt wurden, um Frauen zur Industriearbeit zu bringen, so wird verständlich, daß der Druck auf die arbeitenden Frauen den Haß gegen den Krieg und gegen die dafür Verantwortlichen verstärken mußte und schließlich in Streik und Protest mündete.

Die Entwicklung der Frauenerwerbstätigkeit in den ersten Jahrzehnten des 20. Jahrhunderts zeigte nicht nur den langfristigen Trend einer strukturellen Umschichtung; festzuhalten ist auch die Beschleunigung dieses Prozesses durch den Ersten Weltkrieg, in dem sich gezeigt hat, daß die arbeitenden Frauen nach wie vor als industrielle Reservearmee dienten.

Die Entwicklung zu reinen »Frauenindustrien« spiegelt sich

auch in der Entwicklung der Einzelgewerkschaften wider: Die meisten Frauen waren im Textilarbeiterverband organisiert (1913 ca. 55 000, 1925 ca. 200 000). Deshalb kann der Textilarbeiterverband in der Weimarer Zeit als die führende »Frauengewerkschaft« angesehen werden. Dahinter folgten mit weitem Abstand die beiden Großgewerkschaften der Metall- und Fabrikarbeiter, die 1913 zwischen 27 000 und 28 000, 1925 ca. 64 000 bzw. 85 000 Arbeiterinnen organisiert hatten. Dennoch blieben Frauen in diesen Gewerkschaften die Minderheit. Weitere wichtige Gewerkschaften mit starkem Frauenanteil waren (in der Reihenfolge ihrer Mitgliederstärke von 1925): die Verbände der Tabakarbeiter (Frauenanteil 76,2%), Schneider (53,4%), Schuhmacher (43,8%), Buchbinder (68,0%) und graphischen Hilfsarbeiter (67,0%)[14].

Die Mitgliedschaft von Frauen in Partei und Gewerkschaften zeigte für die Vorkriegszeit charakteristische Unterschiede. Während die Gewerkschaften schon in den 1890er Jahren mit der Werbung von Frauen einsetzen konnten und bis 1907 bereits ca. 137 000 Frauen in ihren Reihen zählten, konnte die SPD erst nach der Aufhebung des Alten Vereinsgesetzes 1908 mit einer intensiven Frauenagitation beginnen. Ihr Frauenanteil überholte mit 9,8% bereits 1909 den der Gewerkschaften (1909: 7,3%) und stieg bis 1913 auf 14,4%, was ca. 140 000 weiblichen Parteimitgliedern entsprach. Die Gewerkschaften erreichten 1913 ca. 230 000 weibliche Mitglieder, das sind 8,9% der Gesamtmitgliederschaft[15].

Dieses relativ stärkere Interesse von Frauen an der Parteimitgliedschaft gegenüber der Gewerkschaftszugehörigkeit sollte sich bis 1925 sehr stark verändern. 1925 wiesen beide sozialdemokratischen Organisationen einen gleichen Frauenanteil von 18,0% auf, in quantitativer Hinsicht aber hatten die Gewerkschaften einen großen Vorsprung errungen: Nach sehr starkem Zuwachs während und nach dem Kriege organisierten die Gewerkschaften 1925 gut dreimal soviel Frauen wie 1913, die SPD aber war etwa auf das Niveau von 1913 zurückgefallen. (Setzt man 1913 gleich 100, so erreichten die Gewerkschaften 1925 326, 3%, die SPD 108, 2%)[16].

Daß für die Mitgliedschaft in den beiden hier verglichenen Organisationen sehr unterschiedliche Motive anzunehmen sind, zeigt auch der Verlauf der Mitgliederbewegungen. Während sich bei der gewerkschaftlichen Mitgliedschaft von Frauen konjukturelle Einflüsse der Streik- und Konjukturentwicklung deutlich abzeichneten, läßt sich dies für die Parteientwicklung nicht so klar erkennen[17]. Die Zunahme der weiblichen Gewerkschaftsmitglieder folgt ziemlich genau den bekannten Streikwellen[18]: die Jahre 1895/96, 1899–1900, 1904–1906, 1909–1911, 1918–1920 zeigen starke Mitgliederzuwächse, die von Jahren der deutlich schwächeren oder gar zurückgehenden Mitgliederentwicklung gefolgt werden[19]. Im Vergleich der Bewegung der weiblichen SPD-Mitglieder fällt auf, daß die Gewerkschaften nur einen relativ schwachen Rückgang in den ersten beiden Kriegsjahren zu verzeichnen hatten (maximale Abnahme 1915: ca 23% der weiblichen Organisationsmitglieder), während die SPD bis 1917 einen Rückgang von fast 53% konstatieren mußte[20].

Die starke Mitgliederzunahme gegen Ende des Krieges und in der Revolutionszeit kann zweifellos als Zeichen der politischen Hoffnung gewertet werden, die die Arbeiterschaft insgesamt und gerade auch die arbeitenden Frauen in die Sozialdemokratie gesetzt hatten. Es folgte dann aber ein stark resignativer Trend, der sich in den Mitgliederzahlen der SPD deutlicher ausdrückte als in denen der Gewerkschaften. Daraus könnte man schließen, daß die Gewerkschaften als Kampfinstrumente höher eingeschätzt wurden als die SPD.

Die Steigerung der Anzahl der weiblichen Gewerkschaftsmitglieder betrug 1920 743%, 1925 noch 326% gegenüber 1913. (Bei der männlichen Gewerkschaftsmitgliedschaft 1920 264%, 1925 noch 145%.) Demgegenüber stieg die Zahl der Frauen in der SPD nur auf 136% (1920) und sank dann wieder auf 108% (1925), während die der männlichen Parteimitglieder 1925 nur noch 82% gegenüber 1913 ausmachte. Die Spaltungen der sozialdemokratischen und kommunistischen Parteien hat zu diesem negativen Ergebnis erheblich beigetragen, wie Wheeler nachgewiesen hat[21]. Zu beachten ist allerdings, daß die USPD vor ihrer Spaltung offensichtlich eine kaum geringere Attraktivität für Frauen besaß als die MSPD. Die Anzahl der Frauen in beiden Parteien zusammengenommen lag 1920 um 243% höher als 1913[22].

Setzt man die 18,1% des gewerkschaftlichen Frauenanteils in Beziehung zu der Zahl von ca. 25% des weiblichen Arbeitskräfteanteils in der Industrie[23], so zeigt sich, daß die gewerkschaftliche Organisationsteilnahme von erwerbstätigen Frauen ihrem Arbeitskräfteanteil bereits recht nahe gekommen war. Dies konnte für die politische Organisationsbereitschaft von Frauen in der

SPD nicht gesagt werden, da der Frauenteil an der SPD-Mitgliedschaft noch weit von der Zahl des weiblichen Bevölkerungsanteils innerhalb der Industriearbeiterschaft entfernt war. Um so erstaunlicher ist es, daß die innerorganisatorische Repräsentanz von Frauen in der SPD viel günstiger aussah als in den Gewerkschaften.

Während der Anteil weiblicher Parteitagsdelegierter bis 1907 über ihrem Anteil an der Mitgliedschaft, ab 1908 immerhin noch zwischen 5,1% und 8,8%, ab 1919 zwischen 10,0% und 15,3% lag, bewegte sich der Prozentsatz der weiblichen Delegierten auf Gewerkschaftskongressen bis 1920 – mit signifikanten Ausnahmen – fast immer um 1%[24]. Zweifelsohne hatten Frauen in beiden Organisationen gegen sehr starke Widerstände anzukämpfen, wobei die Konflikte eher latent blieben, als daß sie zum offenen Austrag kamen. In den Parlamenten machte sich die Benachteiligung der Frauen, die in den Parteien schon stark unterrepräsentiert waren, noch stärker bemerkbar. Gegenüber dem Anteil an der Parteimitgliedschaft (1919–1925 zwischen 15% und 20%) erreichte der Frauenanteil der sozialdemokratischen Reichstagfraktion 1919–1925 eine Höhe zwischen 11% und 13%. In diesen Zahlen wirkte sich über den vielfältigen Druck, der auf der Industriearbeiterin lastete (Doppelbelastung, ideologische Beeinflussung, Selbstvorwürfe wegen Vernachlässigung der Kinder, Minderbezahlung u. ä.) und zu ihrer relativ schlechten Organisierbarkeit führte, ein zweiter Filter negativ aus.

Da die Parlamentskandidaten größtenteils aus dem Kreis der Partei- oder Gewerkschaftsfunktionäre kamen, in dem Frauen schon stark unterrepräsentiert waren, wirkte dies ebenfalls negativ auf die parlamentarische Repräsentanz der Frauen ein[25]. Es kann daher nicht verwundern, daß die Reihe von Klagen politisch und gewerkschaftlich aktiver Frauen nicht abriß. Mal wurden die sogenannten Frauenfragen ins Lächerliche gezogen[26], mal wurde der relativ geringere Organisationsgrad als Vorwurf umgedeutet, mal wurden die Argumente von Frauenvertreterinnen als überspitzt und radikal überspannt abgetan[27] oder in den Vorwurf verkehrt, sie nutzen ihre vorhandenen Rechte nicht angemessen aus[28].

Noch gravierender war es, daß in Partei und Gewerkschaften vielfach konservative Frauenleitbilder vorherrschten, mit deren Hilfe die politisch aktiven Frauen auf Randthemen abgedrängt wurden: Arbeiterwohlfahrt[29], Kindererziehung, Frauenarbeitsschutz, die im Grunde aber nur die Ansicht bestätigten, daß Politik »Männersache« sei.

Besser als Parteitagsprotokolle spiegelte die sozialdemokratische Unterhaltungspresse (Wahrer Jacob, Sonderbeilagen der sozialdemokratischen Tagespresse) in ihren bildlichen Darstellungen konservative Frauenklischees wider. Diese die gesellschaftliche Stellung der arbeitenden Frau reflektierenden Massenmedien wiesen ein ungemein starkes Defizit auf. Die berufstätige Frau erschien meist nur in einer eindeutig negativen Akzentuierung als Dienstmädchen, Köchin oder in anderen Hilfsfunktionen Beschäftigte.

Die schwache innerorganisatorische und parlamentarische Repräsentanz der Frau in den sozialdemokratischen Organisationen und Gremien muß für die Weimarer Zeit gesehen werden auf dem Hintergrund einer gegenüber dem Kaiserreich unvergleichlichen politischen und ideologischen Kampagne gegen die Frauenarbeit. Die Ausgliederung von Frauen aus dem Produktionsprozeß mit Hilfe der Demobilmachungsverordnung (1919), die Propagierung von Frauenarbeitsplätzen in der Landwirtschaft und in häuslichen Diensten, die Entlassung von Beamtinnen und die Kampagne gegen die Doppelverdienerin Ende der 1920er Jahre zeigen an[30], daß aufgrund der Krisenlage des Weltkrieges ebenso wie zu Anfang und Ende der Weimarer Republik die wirtschaftliche Stellung der arbeitenden Frau sich insgesamt verschlechtert hatte, obwohl das Recht auf Arbeit zusammen mit dem Grundsatz der Gleichberechtigung der Frau in der Reichsverfassung verankert war.

II. Die Rolle der Frau in der Politik von SPD und Gewerkschaften

1. Grundzüge der sozialistischen Frauenemanzipationstheorie

Geht man davon aus, daß die sozialistische Arbeiterbewegung vor dem Ersten Weltkrieg als Trägerin des allgemeinen Emanzipationsgedankens gelten kann, so wird ihrer Haltung zum Problem der Frauenarbeit Beachtung geschenkt werden müssen.

Die Lassalleaner[31] forderten statt der Fabrikarbeit Erwerbsarbeit der Frauen im Hause. Sie verwarfen nicht jede Art der

Frauenarbeit, sondern lediglich die Beschäftigung von Frauen in solchen Berufen, die »außerhalb der weiblichen Sphäre« lägen. Um die Frauen vor Notwendigkeit und Anreiz einer eigenen Erwerbstätigkeit zu bewahren, sollten den Männern höhere Löhne gegeben werden[32]. Diese Einstellung, die die emanzipatorische Möglichkeit von Frauenarbeit negierte, ist zutreffend als »proletarischer Antifeminismus« bezeichnet worden[33].

Im Vereinstag deutscher Arbeitervereine, aus dem später die Eisenacher Partei hervorging, wurde einerseits der Standpunkt vertreten, daß die vollständige Emanzipation der Arbeiter die Voraussetzung für die Emanzipation der Frauen darstelle[34], andererseits die Frauenarbeit befürwortet, weil sie zur Veränderung der gesellschaftlichen Verhältnisse beitrage[35]. Jedoch konnten auch sie sich nicht von den bürgerlichen Idealen lösen: So befürwortet eine Denkschrift der Sektion deutscher Sprache der Internationalen Arbeiterassoziation die »Haus- und Familienarbeiten« und die »Pflege und Erziehung der Kinder« als dem Wesen der Frau entsprechende Aufgaben und behandelt als höheres Ziel dieser Betätigungen den veredelnden Einfluß auf den »Lebensgenuß der Menschheit«[36]. Dieser Denkschrift stand ein Entwurf des Generalrats zum Problem der Frauen- und Kinderarbeit entgegen[37], in dem die Differenzierung zwischen Frauenarbeit als solcher und ihren spezifischen Bedingungen unter dem Kapitalismus vorgenommen wurde. Demnach wurde die Einbeziehung der Frauenarbeit in den Produktionsprozeß als progressiv gewertet, wenn auch die Arbeitsbedingungen unter dem Kapitalismus insgesamt geändert werden müßten. Doch dieser Entwurf fand nicht die Mehrheit auf dem IAA-Kongreß.

Diese Ansätze sind für den Genfer Kongreß bemerkenswert; sie wurden von Marx im ersten Band des »Kapital« (1867) problematisiert. Die rollenspezifischen Veränderungen, denen die in den Produktionsprozeß eingegliederten Frauen unterlegen seien, schafften zugleich eine positiv zu wertende »neue ökonomische Grundlage für eine höhere Form der Familie und des Verhältnisses beider Geschlechter«[38] und damit eine Emanzipationsmöglichkeit für die Arbeiterschaft, selbst wenn sich durch die Mitarbeit aller Familienangehörigen die Ausbeutung verschärft habe und sich durch Frauen- und Kinderarbeit Tendenzen zur Auflösung der proletarischen Familie zeigten.

Wie sich unter dem Sozialistengesetz die Partei überhaupt aufgrund der Unterdrückung ihrer politischen Aktivität der theoretischen Fortbildung zuwandte, so wurde auch die Entwicklung einer sozialistischen Emanzipationstheorie durch zwei bedeutende Bücher vorangetrieben: August Bebel behandelt in seinem Buch »Die Frau in Vergangenheit, Gegenwart und Zukunft« (1879), bekannt unter dem späteren Titel »Die Frau und der Sozialismus«, die Entwicklung der Frau von der Urgesellschaft bis zur bürgerlichen Familie, die herrschenden sexuellen und sozialen Eheverhältnisse, Fragen der Prostitution, Frauenarbeit und Gleichberechtigung. Die zentrale These besagt, daß die Unterdrückung der Frau durch die ökonomische Entwicklung verursacht wurde und die Aufgabe der sozialistischen Bewegung darin bestehe, die verlorengegangene Freiheit der Frau auf der höheren Ebene der sozialistischen Gesellschaft wiederherzustellen. Aus der Unterdrückung der Frau aufgrund ihres Geschlechts wurde die Gemeinsamkeit mit dem Proletariat abgeleitet, so daß vom Sozialismus die Emanzipation der Frau und des gesamten Proletariats erwartet wurde.

Bebels Buch ist als wichtige und weit verbreitete Aufklärungsschrift für das weibliche Proletariat anzusetzen, ja es galt als »Mittler zu Marx«[39]. Die zweite wichtige Schrift jener Zeit zur Frauenemanzipationstheorie ist von Friedrich Engels: »Der Ursprung der Familie, des Privateigentums und des Staates« (1884). Engels stellt den Zusammenhang zwischen gesellschaftlicher Entmachtung, persönlicher Versklavung, der Entstehung des Privateigentums und der fortschreitenden Entwicklung des Privateigentums und der Produktivkräfte her. In diesem Prozeß stelle erst der Kapitalismus mit der Wiedereingliederung der Frau in den Produktionsprozeß die Voraussetzung für die Aufhebung der Ausbeutung und Versklavung in der sozialistischen Gesellschaft dar.

Die theoretische Präzisierung aller Erkenntnisse zur Frauenemanzipation in der Sozialdemokratie erfolgte 1889 durch Clara Zetkin auf dem Pariser Internationalen Arbeiterkongreß, wo sie mit der Italienerin Tochati, der Österreicherin Schack, der Polin Jankowska, den Französinnen Rigal, Archain und Baudin stellvertretend für die europäischen Arbeiterinnen auftrat. Clara Zetkin kennzeichnete die Frauenarbeit als Vorbedingung der Frauenemanzipation[40] und warf den Sozialisten vor, sie verträten in bezug auf die Abschaffung der Frauenarbeit eine den Reaktionären analoge Haltung. Die Sozialisten müßten erkennen, daß auf der ökonomischen Abhängigkeit oder Unabhängigkeit die soziale Sklaverei oder Freiheit beruhe. Solange die Frau nicht wirtschaftlich unabhängig sei, bleibe sie vom Mann unterjocht, ebenso wie der Arbeiter vom Kapitalisten unterjocht würde. Die unerläßliche Bedingung für die wirtschaftliche Unabhängigkeit der Frauen sei deshalb die Arbeit.

Sie sprach sich auch gegen einen besonderen Arbeiterinnenschutz aus: »Wir verlangen keinen anderen Schutz als den, welchen die Arbeit im allgemeinen gegen das Kapital fordert«[41]. Durch die Berufsarbeit würden die Frauen zwar nur einen Herrn gegen den anderen eintauschen, aber sie gewännen immerhin ihre Unahhängigkeit vom Mann und kämen in die gleiche Lage wie alle Lohnarbeiter unter dem Kapitalismus.

Wenn auch der Kongreß dem Zetkinschen Referat applaudierte, beschloß man doch, eine Reihe von Maßnahmen für den speziellen Frauenschutz zu verlangen. Gerade Fragen des Arbeiterinnenschutzes gehörten zeitlich gesehen zu den ersten Forderungen zur Frauenfrage von seiten der Sozialdemokratie. Sie waren bereits in den Programmen von Eisenach und Gotha und zählten neben dem Recht auf Arbeit, dem Wahlrecht und der bürgerlichen Gleichstellung mit dem Mann zu den in Erfurt beschlossenen Programmforderungen, von deren Verwirklichung sich die deutschen Sozialisten die einzige in der herrschenden Gesellschaft überhaupt mögliche Befreiung der Frau versprachen.

Wenn Clara Zetkin zur Zeit des Pariser Sozialistenkongresses noch eine dezidierte Gegnerin der Einschränkung der Frauenarbeit und aller weiblichen Sonderrechte war, so mußte sich dieses Prinzip doch als unhaltbar erweisen, denn die Lohn- und Lebensverhältnisse der Arbeiterinnen lagen unter dem Stand der Arbeiter. Unter den gegebenen Bedingungen keine Maßnahmen zum Frauenschutz zu ergreifen, hätte eine zusätzliche Ausbeutung um eines abstrakten Prinzips willen bedeutet.

1899 veröffentlichte Clara Zetkin die Broschüre »Die Arbeiterinnen- und Frauenfrage der Gegenwart«[42], in der sie alle bisher in der deutschen Sozialdemokratie vorhandenen Auffassungen über den Stand der Frauenfrage zusammenfaßte und auch die Arbeiten von Bebel und Engels verwertete. Diese kleine Schrift galt für lange Zeit als Richtschnur der Politik der Sozialdemokratie zur Frauenfrage.

Zetkin geht davon aus, daß die ökonomische Umwälzung

nicht nur die Grundlage des alten Familienlebens vernichtet, sondern gleichzeitig den Frauen die Möglichkeit zur Emanzipation eröffnet habe. Sie geht auf die Wirkungen der industriellen Frauenarbeit ein, vor allem auf den Lohndruck, betont aber die Analogie zur Maschinenstürmerei, wenn man die Beseitigung der industriellen Frauenarbeit anstrebe. Die einzige Möglichkeit, die nicht aus der Frauenarbeit selbst, sondern die aus ihren Bedingungen unter dem Kapitalismus entstehenden Schäden abzustellen, sei die Vergesellschaftung der Produktionsmittel. Da letztlich die volle Emanzipation der Frau eine ökonomische Frage sei und in enger Verbindung mit der Arbeiterfrage stehe, könne sie endgültig nur mit ihr zusammen gelöst werden. Ein erster wichtiger Schritt müsse von daher die Organisation und die politische und ökonomische Aufklärung der Industriearbeiterin sein.

Mit dieser Schrift lagen die Grundzüge einer sozialistischen Emanzipationstheorie der Frauen vor, die – in Übereinstimmung mit der Theorieentwicklung zur Zeit des Sozialistengesetzes – durch die Übernahme Marxscher Gedankengänge gekennzeichnet war. Die weitere Arbeit bestand in der theoretischen Präzisierung von Teilfragen, in der politischen Umsetzung in Agitation und in der organisatorischen Erfassung der Industriearbeiterinnen – eine Arbeit, die im wesentlichen bis zum Ausbruch des Ersten Weltkrieges geleistet wurde.

Die wichtigste und eigentlich letzte Etappe in der Entwicklung der grundsätzlichen sozialistischen Position zur Frauenfrage war nach Paris (1889) und Erfurt (1891) schließlich der Gothaer Parteitag von 1896. Dort hielt Clara Zetkin in Anlehnung an ihre Schrift von 1889 das Referat über die Frauenfrage, die sich nach ihrer Ansicht entsprechend der Klassenlage in der »Hochbourgeoisie«, im Mittel- und Kleinbürgertum und im Proletariat in jeweils verschiedener Weise stelle. Von daher leitete sie eine Unvereinbarkeit von – bereits deutlich früher entstandener – bürgerlicher und proletarischer Frauenbewegung ab, denn die bürgerlichen Frauen führten einen Kampf gegen die Männer ihrer eigenen Klasse, während die Proletarierinnen zusammen mit den Männern ihrer Klasse gegen den Kapitalismus kämpften[43]. Somit wurde die Emanzipation der Frau eindeutig dem Klassenkampf des Proletariats untergeordnet. Von nun an stand fest, daß die Agitation unter den Frauen in erster Linie eine sozialistische sein müsse, die das Klassenbewußtsein der proletarischen

Frau wecken und sie für den Klassenkampf gewinnen müsse, so daß die organisatorische Erfassung der Frauen eine der Hauptaufgaben und Ziele der Partei und Gewerkschaften der nächsten Jahre wurde.

Ähnlich wie in der Partei gingen die führenden Frauen in der Gewerkschaft bei der Frage Frau und Gewerkschaftsbewegung nicht von der Geschlechtertrennung aus. Vielmehr betonte Ida Altmann[44], daß auch die Frau in erster Linie »Arbeiterin«, d. h. Lohnarbeiterin gleich dem männlichen Lohnarbeiter sei, wenn auch nicht übersehen werden könne, daß jahrhundertealte Bräuche, Gewohnheiten und Begriffe unterschiedliche Verhaltensweisen und Reaktionen bei Männern und Frauen bewirkt hätten und sich immer wieder bemerkbar machten. Da letztlich die Arbeiter beider Geschlechter durch die gewerkschaftliche Organisation eine Regelung und Verbesserung der Arbeitsverhältnisse erstrebten, könne es gar keine unterschiedlichen Wünsche hinsichtlich der Verbesserungen geben[45]. Wie auch Clara Zetkin wies Ida Altmann darauf hin, daß von der Arbeit an sich emanzipatorische Impulse ausgehen[46].

Die letzten Jahre vor dem Ersten Weltkrieg waren gekennzeichnet durch ein stetiges Wachstum der Frauenbewegung. Dabei ist zu beobachten, daß eine Fülle von wichtigen tagespolitischen und sozialpolitischen Fragen in die Diskussion und Agitation einbezogen wurden, daß jedoch dabei das grundsätzliche Problem der Frauenemanzipation – wie es von Zetkin und Ida Altmann im historischen und ökonomischen Kontext vorgetragen worden war – nicht mehr als solches diskutiert wurde und immer mehr in den Hintergrund trat, allerdings auch nicht ausdrücklich revidiert wurde. Diese Tendenz gilt sowohl für die Partei als auch für die Gewerkschaften.

Vielfach sahen sich die führenden Frauen in der Arbeiterbewegung vor die Entscheidung gestellt, ob sie auf den »Kampf für die ursprünglich marxistische Emanzipationstheorie« verzichten sollten, »um die Unterstützung, die sie durch Gewerkschafter wie Legien bei ihrer Organisationsarbeit erhalten hatten, nicht zu verlieren, oder ob sie es wagen konnten, den Kampf aufzunehmen«[47]. Diesen tendenziellen Rückzug könnte man auch daran festmachen, daß z. B. Ida Altmann ihre Stelle in der Generalkommission am 4. März 1908 kündigte, andere sich wieder mehr der Parteiarbeit widmeten, sich nicht mehr an öffentlichen Diskussionen beteiligten und nicht mehr mit besonderen Aktionen offiziell hervortraten.

Die Nachfolgerinnen, wie etwa Gertrud Hanna, Helene Grünberg u. a., vertraten nur noch ihren engen Aufgabenbereich, der immer mehr beschnitten wurde, ohne dabei auf die emanzipatorische Wirkung der Frauenarbeit hinzuweisen[48]. So gab es z. B. bei Gertrud Hanna nur noch ökonomische Einzelfragen, die sich mit der jeweiligen Wirtschaftssituation grundsätzlich ändern konnten, gleichzeitig jedoch die unveränderte Behauptung von der Einstellung der Frauen, von ihrer »Lohndrückerei«, von ihrer »Schmutzkonkurrenz«, der Unstetigkeit im Beruf der doppelbelasteten Frau als unveränderliche Tatsache[49]. Zum einen wurden so die Rollenteilung der Geschlechter und damit verbundene Aufgabenbereiche immer wieder als gegeben hingenommen; dieses Argument spielte u. a. bei der Diskussion um die Verkürzung der Arbeitszeit eine Rolle: Die Frauen müßten mehr Zeit haben, um ihren häuslichen Verpflichtungen nachkommen zu können[50]; zum anderen tauchte das angesprochene »Wesen der Frau« trotz marxistischer Grundpositionen in der Reproduktion traditioneller Frauenleitbilder immer wieder auf.

Diese stereotypen Vorstellungen wurden nicht nur von Männern vertreten, sondern auch z. B. von Clara Zetkin und Ida Altmann, und wurden sogar als Agitationsmittel eingesetzt[51]. Da werden angeführt: Die »heilige Beziehung des Weibes, der Mutter zum Kinde«, »die beste Kraft des Weibes: die Aufopferungsfähigkeit« und die »mütterlichen Kräfte, die im Weibe schlummern, die es besonders zu dem Amt des Erziehers befähigen«[52]. Auch wenn Clara Zetkin diese Stereotypen übernahm[53], wies sie doch darauf hin, daß an dem Vererbten »das unter sozialen Einflüssen geschichtlich Gewordene ein gut Teil habe«[54], und argumentierte durchaus nicht undifferenziert. Sie legte vielmehr auch die psychischen und sozialen Mechanismen bloß, die bereits in früher Kindheit eine unterschiedliche Bewertung der Geschlechter erzeugen und damit die Autoritätsstruktur der gegenwärtigen Familie verfestigen[55].

Gleichzeitig kann man die undifferenzierte Betonung der »weiblichen Eigenart« als Anzeichen für eine Abkehr von der marxistischen Emanzipationstheorie ansehen, denn gerade sie ermöglichte die Zurückdrängung und Beschränkung der Frauen auf »weibliche« Gebiete und »weibliche« Betätigungsfelder, eine Tendenz, wie sie hauptsächlich nach dem Krieg festzustellen ist.

2. *Agitation und Programmatik zur »Frauenfrage«*

Etwa seit Mitte der 90er Jahre des vorigen Jahrhunderts gehörte die »Frauenfrage« zu den mal mehr, mal weniger intensiv diskutierten Standardthemen der Parteitage und Gewerkschaftskongresse; ihr eigenes Forum boten überdies die seit 1900 im Zusammenhang mit der Parteitagen abgehaltenen Frauenkonferenzen. Dabei ging es nicht nur um die Form einer erfolgversprechenden Agitation, sondern – immer eng damit verbunden – auch um Tagesforderungen zur Verbesserung der wirtschaftlichen, sozialen und politischen Lage der Frauen.

Ausgehend von der zunächst dominierenden Theorie, nach der die Gleichberechtigung der Frau nur im Zuge der allgemeinen Emanzipation der Arbeiterklasse zu erringen sei, mußte die Organisierung der Frauen höchste Priorität genießen. Dies machte vor allem das für die Frauenagitation wegweisende Referat Clara Zetkins auf dem Gothaer Parteitag 1896 deutlich, in dem – übereinsteimmend mit der »herrschenden« Frauentheorie – betont wurde, daß keine spezielle Frauenagitation, sondern eine sozialistische Agitation unter den Frauen zu betreiben sei[56].

Gerade die Geschichte der organisatorischen Fundierung der Frauenagitation in den Gewerkschaften zeigt, welche Bedeutung dieser Frage zugemessen wurde – und welche Hindernisse es zu überwinden galt. Im Juli 1904 teilte das »Correspondenzblatt« die Gründung eines Frauenagitationskomitees (Vorsitz: Emma Ihrer) mit, das seitens der Generalkommission durch die Überlassung eines Büroraumes unterstützt werde. Auf der Konferenz der Zentralvorstände vom 26. Oktober 1904 wurde insbesondere von Cohen kritisiert, daß die Generalkommission damit entgegen dem Kongreßbeschluß von 1902 nun doch einem (nichtgewerkschaftlichen) Komitee einen offiziellen Anstrich gebe.

Legien wies diese Kritik zurück und kündigte die Anstellung einer Arbeiterinnensekretärin an. Im Juli 1905 schlug er dem Gewerkschaftsausschuß vor, Ida Altmann, die bisher Übersetzungen im Rahmen seiner IGB-Verpflichtungen erledigte, mit diesem Amt zu betrauen[57]. Gemäß ihrer politischen Orientierung betrieb Ida Altmann die Zusammenarbeit von Frauenagitationskomitee und Arbeiterinnensekretariat. Ziel war dabei die verstärkte Agitation für die ökonomische Besserstellung, für die gewerkschaftliche, soziale und allgemeine Bildung, für die rechtliche Gleichstellung der Frauen und – insgesamt – für die Befreiung der Arbeit. In ihrem Rechenschaftsbericht auf dem Kongreß 1908 konnte Ida Altmann auch auf die Erfolge der großen, von Frauen durchgeführten Agitationskampagne 1905/06 hinweisen; so sei z. B. die Zahl der organisierten Textilarbeiterinnen durch die Agitationsoffensive von gut 200 Veranstaltungen mehr als verdoppelt worden[58].

Es wurde bereits darauf hingewiesen, daß gerade die Bereiche, in denen Frauen verstärkt tätig waren – z. B. Landwirtschaft und häuslicher Dienst – die sozialdemokratisch-gewerkschaftliche Werbung vor größere Probleme stellten: Erst 1908/09 wurde eine eigenständige Landarbeiterorganisation geschaffen; noch 1914 beklagte sich Luise Kähler über die mangelhafte Unterstützung der Dienstbotenagitation und -organisation seitens der Kartelle; auch die Organisation der Kellnerinnen im Gastwirtsgehilfenverband traf auf Widerstand der männlichen Kollegen, der mit »sittlichen Bedenken« motiviert wurde[59].

Dabei war man sich sowohl in Gewerkschaften als auch in der SPD durchaus der Schwierigkeiten bewußt, diese Gruppen zu organisieren[60]: Zunächst wurde auf den »provisorischen«, d. h. von den Betroffenen zumeist als vorübergehend intendierten Charakter der Frauenarbeit als »Zwangsarbeit« hingewiesen[61]. Zum zweiten schien die Art der Tätigkeit eine Rolle zu spielen: Je mehr diese einem traditionellen Rollenbild der Frau entsprach und je isolierter (untereinander und von Männern) die Arbeit ausgeübt wurde (z. B. Dienstboten und Landwirtschaft), desto schwieriger war die Ansprache[62].

Zu berücksichtigen war auch die finanzielle Problematik; d. h., die niedrigen Frauenlöhne sowie die Motive der Arbeitsaufnahme, etwas »dazuverdienen« zu wollen, führten zu geringer Bereitschaft, Mitgliedsbeiträge zu bezahlen, bzw. zu niedrigen Frauenbeiträgen. Da in den Gewerkschaften gerade das Unterstützungswesen als wertvolles »Agitationsmittel« geschätzt wurde, beurteilte man hier die Frage der Frauenbeiträge durchaus zwiespältig: Niedrige Beiträge führten zu geringen Unterstützungsleistungen, hohe Beiträge wirkten indessen abschreckend; so betrugen die Eintrittsgelder für Frauen (um 1910) bei ⅔ der Verbände nur 50% des Eintrittsbeitrages der Männer; bei ⅓ waren sie für Männer und Frauen gleich hoch; die laufenden Beiträge waren nur bei 5 Verbänden (je nach Lohnhöhe) für beide Geschlechter gleich – bei den Bäckern, Buchdruckereihilfsarbeitern, Gastwirtschaftsgehilfen, Porzellanarbeitern und Schuhmachern. Dementsprechend lagen die gewerkschaftlichen Unterstützungsleistungen insgesamt für Frauen um ca. 50% niedriger als für Männer[63].

Daß überdies rollenspezifische Hindernisse – Hausarbeit, Vorurteile der Männer und der Frauen – zu berücksichtigen waren, zeigen nicht nur die zahlreichen Aufrufe, die Männer sollten für die Organisation ihrer Ehefrauen sorgen bzw. dieser keinen Widerstand entgegensetzen[64], sondern speziell die Diskussion um die Formen der Agitation. Genannt wurden in diesem Zusammenhang immer wieder – so auch auf dem Kongreß 1902 sowie dem Parteitag samt Frauenkonferenz 1904 – die Haus- und Werkstattagitation, aber auch gesellige Veranstaltungen; der Schwerpunkt der Agitation sollte überhaupt auf möglichst persönlicher Ansprache der Frauen durch Frauen liegen. Vor allem schien es nötig, Versammlungen nicht in Wirtshäusern, sondern möglichst in Gewerkschaftshäusern abzuhalten[65]. In der SPD wurde zudem – z. B. auf dem Parteitag 1906 in Mannheim – der Nutzen von Lese- und Diskussionsabenden betont, die – wie auf der Frauenkonferenz 1911 in Jena festgehalten wurde – der programmatisch-theoretischen Information und damit der Heranbildung von Agitatorinnen dienen sollten[66].

Entsprechend dem Schwerpunkt der Agitation auf direkter Kontaktnahme wurde dem Ausbau des weiblichen Vertrauenspersonensystems größte Bedeutung beigemessen. Zwar scheiterte eine Umfrage der Generalkommission an der geringen Auskunftsbereitschaft der Kartelle, so daß für die Gewerkschaften keine Angaben gemacht werden können[67]; in der SPD wurde demgegenüber auf nahezu jedem Parteitag die Zahl der Vertrauenspersonen bekanntgegeben; sie betrug 1901: 25; 1907: 407. Ihre Aufgabe sollte – nach den Vorstellungen der Frauenkonferenz 1900 – die Einberufung von Versammlungen mit wirtschaftlichen und politischen Themen, die Herausgabe von leichtfaßlichen Broschüren und Flugblättern sowie die Sammlung von Material über Stimmung und soziale Lage der Arbeiter(innen) sein[68]. In dieser Form haben die Vertrauenspersonen dann Eingang in das Jenaer Organisationsstatut (1900) gefunden (§ 10). Seit 1. 7. 1904 gab es überdies die Instanz einer (besoldeten) Zentralvertrauensperson; dieses Amt übernahm Ottilie Baader.

In der Diskussion des Jenaer Parteitages bestand Einigkeit darüber, daß man auf die Vertrauenspersonen selbst dann, wenn man ein freies Vereins- und Versammlungsrecht für ganz

Deutschland hätte, nicht verzichten könnte, da sie eine der Hauptstützen der Frauenagitation bildeten. Diesen Vertrauenspersonen kam auch insofern eine besondere Bedeutung zu, als der Parteitag in Jena 1905 den wegen der Vereinsgesetze nicht offiziell organisierten Frauen die Möglichkeit gab, an die Vertrauenspersonen freiwillige Beiträge zu zahlen, die besonders quittiert wurden[69].

Höhepunkte der sozialdemokratisch-gewerkschaftlichen Agitation bildeten die (sozialistischen) Frauentage. Dabei ist nicht an die Internationalen Frauenkonferenzen gedacht, die 1907 erstmals in Stuttgart und dann 1910 in Kopenhagen stattfanden. 1910 wurde eine Resolution angenommen, einen internationalen sozialistischen Frauentag zu veranstalten, der in erster Linie der Agitation für das Frauenwahlrecht dienen sollte[70]. Diese Forderung stand dann auch im Mittelpunkt der (deutschen) Frauentage am 19. März 1911 und 12. Mai 1912.

Neben der Frage des Frauenwahlrechts finden sich als Themen der Frauenagitation nahezu alle programmatischen Einzelforderungen von SPD und Gewerkschaften. Der Schwerpunkt der Frauenagitation lag jedoch offenbar bei speziellen »Frauenthemen«: Arbeiterinnenschutz, Lebensmittel- und Wohnungsnot, Schulverhältnisse, Kinderarbeit, Mutterschutz usw. Zentrale Themen des Forderungskatalogs waren zudem das Wahl- und Vereinsrecht, speziell die Wahl für Kaufmanns- und Gewerbegerichte.

Auf dem Parteitag der MSPD im Oktober 1917 betonte Marie Juchacz, daß die durch den Krieg verursachte Mitwirkung sehr vieler Genossinnen in allen Bereichen der Kriegsfürsorge eine gute agitatorische Wirkung habe, da sie bei den noch abseits stehenden Frauen Sympathien erwecke. Weiter hatte die Partei versucht, durch besondere Versammlungen über die durch den Krieg bewirkten Probleme bei den Frauen zu agitieren[71]. Doch der Erfolg war ausgeblieben; auch die Zahl der weiblichen Mitglieder ging während des Krieges immer mehr zurück, was sicherlich u. a. eine Folge der innerparteilichen Auseinandersetzungen über die Kriegspolitik der Parteiführung bzw. der Reichstagsfraktion war.

In diesen Konflikt wurde auch das zentrale Agitationsinstrument der führenden Frauen hineingezogen: die von Clara Zetkin redigierte »Gleichheit«. Diese Zeitschrift war immer wieder –

obwohl schon damals umstritten – auch zur Massenagitation eingesetzt worden. So wies Umbreit auf dem Kongreß 1908 darauf hin, die Textilarbeiter hätten mit der »Gleichheit« erfolglos Hausagitation betrieben[72]. Indessen hatte die Redakteurin der »Gleichheit«, Clara Zetkin, schon 1896 betont, daß dieses Blatt vor allem für »Fortgeschrittene« gedacht sei, also keine Massen mobilisieren könne[73]. Dennoch war die Verbreitung in der Vorkriegszeit beachtlich. 1908 wurden 85 000 Abonnenten gezählt, so daß die Leserschaft auf 170 000 geschätzt werden konnte[74]. Die Auflage fiel dann jedoch von Juli bis Dezember 1914 von 124 000 auf 58 000.

Der Rückgang der Mitgliederzahlen und wohl auch die politische Haltung in den Parteiauseinandersetzungen, die zu einer bewußten Boykottierung durch manche mehrheitssozialdemokratisch orientierte Parteiorganisationen führte, verursachten diesen erheblichen Schwund der Auflagenziffern. Und als die Gewerkschaften im Jahre 1916 eine eigene, von G. Hanna redigierte Frauenzeitung, die »Gewerkschaftliche Frauenzeitung«, herausgaben, da konnte diese die »Gleichheit« bald in der Auflagenhöhe übertreffen; auch nach der Ablösung Clara Zetkins als Redakteurin der »Gleichheit« vergrößerte sich der Abstand dieser Blätter voneinander weiterhin[75]. Im Gegensatz zur »Gleichheit«, die stets die politische Schulung in den Vordergrund gestellt hatte, beschäftigte sich die »Gewerkschaftliche Frauenzeitung« überwiegend mit sozialpolitischen Fragen.

Die Haltung der »Gewerkschaftlichen Frauenzeitung«, die dem Oppositionskurs der »Gleichheit« entgegenwirken sollte, blieb bei den Gewerkschaften nicht ohne Widerspruch. Dies wurde auf dem ersten Gewerkschaftskongreß nach dem Kriege im Juli 1919 deutlich. Nach dem Referat von Gertrud Hanna über die »Organisation der Arbeitnehmerinnen«, in dem sie auch über die Gründung und die Schwerpunkte der Zeitung berichtete, wurden deren einseitige Stellungnahmen zugunsten der Mehrheitssozialdemokratie kritisiert[76]. Diese Kritik führte dann dazu, daß sich die Schneiderinnen von dieser Zeitung lossagten und das Frauenblatt der USPD, die »Kämpferin«, abonnierten[77].

Die »Kämpferin« war im Frühjahr 1919 gegründet worden und wollte die Tradition der früheren »Gleichheit« fortsetzen, d. h. primär der politischen Aufklärung der Arbeiterinnen dienen, sich jedoch auch mit speziellen »Frauenfragen« beschäftigen. In welchem Ausmaß auch die Frauenbeilagen der sozialdemokratischen Tagespresse zur Agitation benutzt wurden oder auch in diesem Sinne wirkten, bildet im übrigen ein wichtiges Desiderat der Forschung.

Im Mittelpunkt der sozialdemokratischen Frauenagitation stand, wie gesagt, die Wahlrechtsfrage; dabei blieb die Forderung des Frauenwahlrechts immer eingeordnet in die Frage des allgemeinen, gleichen und geheimen Wahlrechts. Überdies betonte Clara Zetkin auf der Frauenkonferenz 1902, die Forderung des Frauenwahlrechts könne nur dann in den Vordergrund gestellt werden, wenn dadurch die Erweiterung und Sicherung des politischen Rechts der Arbeiterklasse nicht gefährdet werde[78]. Clara Zetkin war es auch, die auf dem Parteitag 1903 (Dresden) darauf hinwies, man dürfe nicht einer allgemeinen Frauenrechtlerei verfallen und damit den grundsätzlichen Zusammenhang von proletarischem und Frauenrecht außer acht lassen[79].

Schließlich hob sie auf der Frauenkonferenz 1906 (Mannheim) hervor, daß – nachdem die prinzipielle Klärung dieser Frage längst vorliege – das Frauenwahlrecht nun zu einer Forderung des praktischen Aktionsprogramms werden müsse[80]. Diese zentrale Forderung der sozialdemokratischen »Frauenpolitik« der Jahre vor 1914 trat während des Weltkrieges zunächst hinter die durch die Notsituation bedingten (sozialen) Probleme zurück[81]. Mit der im Verlaufe des Krieges zunehmenden Politisierung der Frauen wurde das Postulat des Frauenwahlrechts jedoch bald wieder offensiv vertreten.[82].

Die Novemberrevolution brachte den Frauen die Erfüllung ihrer politischen Hauptforderung, das aktive und passive Wahlrecht. Die Mehrheitssozialdemokratie sah damit die politische Gleichberechtigung der Frauen durchgesetzt. Die politische Agitation bei den Frauen sollte in den folgenden Jahren hauptsächlich dem Ziele dienen, deren Wahlverhalten zu ändern, damit sie nicht wieder, wie bei den ersten nachrevolutionären Wahlen, den bürgerlichen Parteien zu einer Mehrheit verhelfen würden.

Anders stellte sich das Problem für die linkssozialistischen Parteien, die die parlamentarische Demokratie durch ein Rätesystem ersetzen oder ergänzen wollten. Da die Räte nur von den im Produktionsprozeß stehenden Arbeiterinnen und Arbeitern in den Betrieben gewählt werden sollten, bot sich den Nur-Hausfrauen zunächst keine Wahlmöglichkeit. Zwar sollte im künftigen sozialistischen Staat diese Gruppe wegfallen, aber zunächst gab es ja noch viele »proletarische Hausfrauen«, die, wegen des Mangels an Arbeitsplätzen sowie an Gemeinschaftseinrichtungen (z. B. Kinderhorte), nicht am Produktionsprozeß partizipieren konnten. Sollte man diese nun einfach auf diesen sozialistischen Staat vertrösten oder für eine »Zwischenlösung« sorgen, die ihnen auch jetzt schon die volle politische Gleichberechtigung bringen könnte?

Während die an der Jahreswende 1918/19 neu gegründete KPD auf die bald beginnende soziale Revolution setzte und solche Übergangslösungen deshalb für überflüssig hielt, beschäftigte sich die USPD auf ihrer ersten Reichsfrauenkonferenz Ende November 1919 sehr ausführlich mit diesem Problem. Toni Sener legte der Konferenz eine Resolution vor, in der die Schaffung besonderer Wahlverbände für proletarische Hausfrauen gefordert wurde[83]. Die politische Entwicklung ging mit der Entmachtung der Räte über diese Vorschläge hinweg. Und nach der Abspaltung des linken Flügels entwickelte sich die Rest-USPD immer mehr zu einer Partei, die das parlamentarische System der Weimarer Republik bejahte.

Lag die Bedeutung der Frauenwahlrechtsforderung angesichts der Machtverhältnisse im Kaiserreich vor Beginn des Weltkrieges wohl vor allem in ihrem agitatorischen Wert, so war die Frage des Vereins- und Versammlungsrechts bereits in dieser Zeit von durchaus praktischer Relevanz.

Schon auf dem Gothaer Parteitag 1896 berichtete die Reichstagsfraktion über ihr Eintreten für die Koalitionsfreiheit, gleichermaßen für Mann und Frau[84]. Das schließlich am 8. April 1908 verabschiedete, am 15. Mai 1908 in Kraft getretene Reichsvereinsgesetz löste die bundesstaatlich unterschiedlichen Gesetze ab und gestattete den Frauen die Teilnahme an Vereinen und Versammlungen; Jugendlichen unter 18 Jahren blieb sie indessen untersagt.

Eine zentrale Stellung in der gewerkschaftlichen Politik hätte, so sollte man meinen, nächst dem »Recht auf Arbeit« die Realisierung der Forderung »gleicher Lohn für gleiche Leistung« haben müssen. Gerade in dieser Frage zeigt sich jedoch am deutlichsten die defensive Haltung der (organisierten) Arbeiterinnen; durchaus in Übereinstimmung mit der Realität des Arbeitsmarktes, auf dem die arbeitende Frau als Billig-Arbeitskraft in Konkurrenz zu den Männern trat, äußerte Gertrud Hanna (die Nachfolgerin Ida Altmanns als Leiterin des Arbeiterinnensekretariats)

Verständnis dafür, daß sich die Arbeiter »sträuben, Arbeiterinnen aufrücken zu sehen in andere Stellungen als die als Hilfsarbeiterinnen, weil das ja verbunden ist mit einem Zurückgehen der Löhne«. Als Ausweg schien sich nur zu bieten: »verstärkte Agitation unter den Arbeiterinnen«, so daß »die Arbeiterin aus der Rolle der Lohndrückerin in die Rolle der organisierten Kollegin aufrückt, für die und mit der gemeinsam Lohnkämpfe geführt werden nach dem für die Gewerkschaften geltenden Grundsatz: Gleicher Lohn für gleiche Leistungen. (Sehr richtig)«[85].

Doch gerade die Praktizierung dieses Grundsatzes mochte nicht eben attraktiv für die Arbeiterinnen gewesen sein, blieben doch während der Jahre 1890 bis 1913 die Frauenlöhne – trotz zunehmender gewerkschaftlicher Organisierung der Frauen – nahezu konstant niedriger als die Löhne der Männer[86].

Erst die Kriegsjahre brachten hier eine gewisse Änderung: Während in den ersten beiden Kriegsjahren die Männerlöhne noch stärker stiegen, kehrte sich diese Tendenz gegen Kriegsende um. Nach einer Berechnung von Kuczynski[87] stieg der durchschnittliche Nominallohn für Männer vom März 1914 bis September 1918 um 241%, der der Frauen um 264%. Am meisten aufholen konnten die Frauen in der Metallindustrie (von 37% auf 51% des durchschnittlichen Männerlohns), in der Nahrungsmittelindustrie (von 37% auf 50%) und in der Chemischen Industrie (von 45% auf 55%). Dort, wo sie schon vor dem Kriege verhältnismäßig günstig lagen, konnten sie kaum noch aufholen. (Bekleidungsgewerbe: von 59% auf 60%; Webstoffindustrie gleichbleibend 55%). Von gleichen Löhnen für Männer und Frauen konnte also auch am Ende des Krieges nicht die Rede sein. Auch nach dem Kriege wurde der alte gewerkschaftliche Grundsatz »gleicher Lohn für gleiche Leistung« bei Männern und Frauen nicht durchgesetzt[88]. Auf der Gewerkschaftskonferenz von 1919 beklagte sich Gertrud Hanna darüber, daß bei Tarifverhandlungen für Frauen oftmals sehr viel niedrigere Löhne verlangt wurden – manchmal nur etwas mehr als die Hälfte – als für Männer[89].

Durchaus erkannt wurde die Tatsache, daß eine der wichtigsten Voraussetzungen für die Erreichung des Ziels »gleicher Lohn für gleiche Leistung« eine verbesserte (Berufs-)Ausbildung für Mädchen ist; daß die Grundlagen dafür bereits durch eine rollenspezifische Muster überwindende Kindererziehung gelegt werden müßten, wurde ebenfalls klar gesehen[90]. Doch wie schwer sich vor allem die Gewerkschaften mit der Konkretisierung dieses Ziels taten, zeigen die Auseinandersetzungen um das Ausbildungsgesetz vom 1. Oktober 1913, d. h. um die Frage einer 2- bis 3jährigen Lehrzeit auch für Frauen[91].

Als ähnlich problematisch kann das gewerkschaftliche Engagement in der Arbeitszeitfrage gelten. Der Gothaer Parteitag 1896 empfahl – wie nach ihm der Parteitag in Hannover (1899) – die Agitation für den Achtstundentag zunächst wenigstens für die Arbeiterinnen durchzuführen; diese Forderung wurde von den folgenden Parteitagen und Frauenkonferenzen wiederholt. Neben besonderen Schutzfristen für Schwangere und Mütter wurde zudem ein Verbot der Nacht-, Sonntags- und Nachfeierabendarbeit gefordert. Gerade mit Rücksicht auf die häusliche Belastung der Frau sollte untersagt werden, den Frauen nach Dienstschluß noch Arbeiten zur häuslichen Erledigung mitzugeben.

Ebenfalls mit Rücksicht auf die Hausarbeit, die offenbar nach wie vor allein als Frauenaufgabe angesehen wurde, wurde auf dem Hannoveraner Parteitag 1899 und der Frauenkonferenz in Mainz 1900 die Freigabe des Sonnabendnachmittags für Arbeiterinnen gefordert[92]. Als Übergangsregelung – so Gesetzesanträge der SPD-Fraktion – war die Einführung eines 10-Stunden-Arbeitstages vorgesehen[93]. Wie gering der Erfolg dieser Bemühungen war, zeigt die Tatsache, daß z. B. die Frauen in der Bekleidungs- und Reinigungsindustrie um 1900 durchschnittlich 14 bis 16 Stunden pro Tag arbeiteten[94].

Die zunehmende Einbeziehung der Frau in die industrielle Kriegsproduktion führte dazu, daß die speziellen Arbeiterinnenschutzforderungen von der sozialdemokratischen und gewerkschaftlichen Frauenbewegung wieder aufgenommen wurden. Vor allem drängte diese auf Aufhebung des Notgesetzes vom 4. August 1914, durch das einige bereits erreichte Schutzmaßnahmen (u. a. Einschränkungen der Nacht- und Sonntagsarbeit) für Kriegsdauer wieder rückgängig gemacht worden waren. Weiter forderte sie die Einführung des Achtstundentages für Industriearbeiterinnen[95]. Erfolg hatte sie nicht.

Dabei erzwang die Arbeitsmarktlage keineswegs Überstunden der Arbeiterinnen, um die Produktion der Rüstungsindustrie nicht zu gefährden, denn die Kriegswirtschaft war auch 1917 noch nicht in der Lage, allen arbeitsuchenden Frauen einen Arbeitsplatz zu beschaffen[96]. Erst das Novemberabkommen 1918 sicherte Männern wie Frauen den achtstündigen Arbeitstag zu; daß sich diese Übereinkunft nicht als dauerhaft erwies, vielmehr mit dem Arbeitszeitnotgesetz von 1923 wieder »Überstunden« zugelassen wurden[97], gehört zu den Mißerfolgen sozialdemokratisch-gewerkschaftlicher Politik der Nachkriegsjahre.

Daß in den gewerkschaftlich-sozialdemokratischen Forderungen ein guter Schuß patriarchalischen Gedankenguts enthalten war, machen die – auch von Frauen vertretenen – Forderungen des Arbeiterinnenschutzes deutlich. Die zu diesem Problemkreis von Clara Zetkin und Lily Braun auf dem Hannoveraner Parteitag 1899 aufgelisteten Forderungen lauteten außer den bereits genannten Arbeitszeitbestimmungen: Verbot der Verwendung von Frauen bei allen Beschäftigungsarten, die dem weiblichen Organismus besonders schädlich sind; Ausdehnung der Schutzbestimmungen für Schwangere und Wöchnerinnen; Ausdehnung der gesetzlichen Schutzbestimmungen auf die Hausindustrie. Ergänzt wurde der Katalog durch die Forderung nach Anstellung weiblicher Fabrikinspektoren[98].

Dabei wurde, wie gesagt, nicht nur die gesetzliche Realisierung, sondern auch die Überwachung des Arbeiterinnenschutzes dem Staat überantwortet. Gerade bei der Überwachung sollten jedoch die Arbeiterorganisationen mitbeteiligt sein[99]; gedacht war hier an die neuzuschaffenden Beschwerdekommissionen unter Beteiligung von Frauen; sie wurden 1902 erstmals eingerichtet, gingen dann 1904 in den Arbeitersekretariaten auf, um 1911 erneut eigenständig tätig zu werden. 1911 bestanden an 56 Orten derartige von gewerkschaftlichen Ortskartellen und örtlichen Parteiorganisationen getragene Beschwerdestellen[100].

Ebenfalls den Staat als Adressaten hatten die Forderungen nach Verbesserung des Versicherungswesens. Dabei ging es zunächst um den Ausbau der Mutterschaftsfürsorge bei den Krankenkassen; d. h., – so Clara Zetkin auf der Frauenkonferenz 1902 – eine selbständige Mutterschaftsversicherung könne erst in der sozialistischen Gesellschaft realisiert werden[101]. Gerade in dieser Frage bestanden sehr detaillierte Vorstellungen: Die Mainzer Frauenkonferenz (1900) forderte die Erhöhung des Tagesgeldes während der Schutzzeit auf den durchschnittlichen Tageslohn[102]. Die Mannheimer Frauenkonferenz 1906 verlangte – so auch die von 1911 – zusätzlich freie Gewährung der Hebammen- und Arztversorgung[103].

Die Maßnahmen der Arbeitszeitverkürzung, des Arbeiterinnen- und des verbesserten Versicherungsschutzes sollten ergänzt werden durch kommunale Aktivitäten zur Entlastung der Arbeiterin von »Frauenpflichten«. Da war einerseits gedacht an kommunale Volksküchen und Speisehallen, Wasch- und Trockenhäuser sowie kommunale Vorschriften über die Ausstattung von Wohnungen, z. B. mit Zentralheizung und Beleuchtung; andererseits wurde von den Kommunen die Einrichtung von Kindergärten und Kinderhorten gefordert, um die Berufstätigkeit der Frau zu ermöglichen bzw. zu erleichtern[104].

Daß das Eintreten für diese Forderungen vor allem den Frauen zugewiesen wurde, dürfte nicht nur darin begründet sein, daß die Lösung dieser Fragen (vorgeblich) insbesondere in deren Interessen zu liegen schien; vielmehr zeigt sich darin auch die Auswirkung der traditionellen Rollenteilung zwischen Mann und Frau, die letzterer – dank des »mütterlichen Empfindens« – den Bereich der Sozialpolitik bzw. »Gemeindepolitik«, wenn es um Fragen der Frauen- und Kinderarbeit ging, zuwies[105]. Gerade der »Gemeindepolitik«, d. h. der Wohlfahrtshilfe und Fürsorge, sollten sich die Frauen verstärkt annehmen[106]; auch der Kinderschutz – u. a. 1904 und 1906 Thema von Frauenkonferenzen – wurde als politische Aufgabe den Frauen übertragen[107].

Von Kriegsbeginn an wurde die Einspannung aller Frauen, die nicht durch ihre wirtschaftliche Notlage zu einer Erwerbstätigkeit gezwungen waren, in die verschiedenen Bereiche der Kriegsfürsorge gefördert[108]. Hierbei war vor allem an die Mitwirkung in kommunalen Unterstützungskommissionen für die Unterstützung hilfsbedürftiger Kriegerfamilien und Arbeitsloser sowie an eine Auskunftserteilung an Hilfesuchende durch die deshalb auszuweitenden Arbeitersekretariate gedacht. Schon bald kamen die Aufgaben der Hinterbliebenenfürsorge hinzu. Das zentrale Arbeiterinnensekretariat der Gewerkschaften mit seiner hauptamtlichen Leiterin Gertrud Hanna widmete sich fast ausschließlich diesen Aufgaben[109].

Bei diesen Tätigkeiten kam es in einem zunehmendem Maße zu einer Zusammenarbeit mit den kommunalen Behörden und mit Vertreterinnen der bürgerlichen Frauenbewegung[110]. Die daran beteiligten Sozialdemokratinnen konnten so teilweise nachholen, was ihnen bislang an Ausbildung und Praxis fehlte. Das war für ihre spätere Mitwirkung an der Sozialgesetzgebung und am Ausbau der Wohlfahrtseinrichtungen während der Weimarer Republik von großer Bedeutung. Es war aber auch einer der Gründe dafür, daß sie, als sie nach der Gewinnung des Wahlrechts an der Gesetzgebung teilnehmen konnten, allzusehr auf ihr angebliches Spezialgebiet, die Wohlfahrtspflege, abgeschoben wurden, ja, sich auch gerne abschieben ließen, da sie sich dort sicherer fühlten als auf anderen Gebieten[111].

Ein Blick auf die Frauenkonferenzen der SPD nach 1918 zeigt, in welchem Maße sich die sozialdemokratische Frauenarbeit auch nach dem Kriege auf die Wohlfahrtspflege konzentrierte. Im Juni 1919 forderte Marie Juchacz in ihrem allgemeinen Referat eine bessere Ausbildung der Frauen für die zunehmenden kommunalen und sozialen Aufgaben[112], und auf der nächsten Frauenkonferenz im Oktober 1920 wurden »Wohlfahrtspflege und Jugendwohlfahrt« in einem besonderen Referat behandelt[113]. Die Frauenkonferenz vom September 1921 widmete sich dann ausschließlich Problemen der Kommunalpolitik, wobei die »Soziale Frauenarbeit in der Gemeinde« im Mittelpunkt der Diskussion stand[114]. Und auf dem anschließenden Parteitag der SPD wurde im Vorstandsbericht darauf hingewiesen, daß die Errichtung des Hauptausschusses für Arbeiterwohlfahrt, aus dem die heute noch bestehende Hilfsorganisation »Arbeiterwohlfahrt« hervorging, vor allem dem Drang der Genossinnen zur positiven Mitarbeit entgegenkomme[115].

Auch die in der USPD organisierten Frauen wandten sich, nachdem sich der linke Flügel der USPD mit der KPD zur VKPD vereinigt hatte, in verstärktem Maße Problemen der Wohlfahrtspflege zu. Auf ihrer Reichskonferenz im Januar 1922 wurde auch bei ihnen der »Jugendwohlfahrt« ein eigener Tagesordnungspunkt gewidmet. Doch mehr als bei den Frauenkonferenzen der MSPD wurde die Wohlfahrtspflege, hier speziell die Hilfe für Kinder und Jugendliche, in den gesamtgesellschaftlichen Zusammenhang gestellt[116].

Noch während des Krieges wurde den Repräsentantinnen der sozialdemokratischen Frauenbewegung ein Problem bewußt, das sich mit der Demobilmachung stellen würde: der dann drohende Konkurrenzkampf um die, wenigstens in der Übergangszeit von der Kriegs- und Friedenswirtschaft, zu geringe Zahl von Arbeitsplätzen. Auf dem Parteitag der MSPD vom Oktober 1917 wurde dieses Problem von zwei Seiten angesprochen. Der Nürnberger Delegierte Adolf Braun legte das Problem dar, hatte aber keine Lösung parat, zumal »wir ... mit dieser Einschränkung (der

Frauenarbeit) nicht so weit kommen können, daß wir allen zurückkommenden Arbeitern Beschäftigung schaffen können«[117].

Im Namen der weiblichen Delegierten des Parteitages stellte dann Anna Blos den Antrag, das Problem auf dem nächsten Parteitag, zusammen mit Fragen des Arbeiterinnenschutzes, ausführlich in einem besonderen Tagesordnungspunkt zu behandeln. In ihrer Begründung des Antrags, der dann ohne Diskussion angenommen wurde, wies sie darauf hin, daß die Frau während des Krieges den Wert der außerhäuslichen Arbeit erkannt habe und deshalb nicht ohne weiteres bereit sei, ihren Arbeitsplatz für einen heimkehrenden Kriegsteilnehmer freizumachen, auch wenn sie nicht aus Not, z. B. weil sie ihren gefallenen oder kriegsinvaliden Mann als Familienernährer ersetzen müsse, zum Weiterarbeiten gezwungen sei[118].

In der Tat wurden zahlreiche Frauen mit der Demobilmachung aus ihren Arbeitsplätzen verdrängt. Die führenden Repräsentantinnen der Gewerkschaftsbewegung und der MSPD bedauerten zwar die Entlassung der Frauen, die gerne weiterarbeiten wollten, betrachteten sie aber in den meisten Fällen als Notwendigkeit und als Selbstverständlichkeit, um den heimkehrenden Kriegsteilnehmern wieder einen Arbeitsplatz zu schaffen[119]. Doch forderten sie, daß bei diesen Entlassungen nicht schematisch vorgegangen werde, daß Härtefälle berücksichtigt würden und besonders, daß die Frauen selbst bei diesen Entlassungen mitwirken sollten.

Ganz anders reagierte die USPD. Auf ihrer ersten Frauenkonferenz Ende November 1919 wurde nicht nur das Vorgehen der Behörden und der Arbeitgeber bei der Durchführung der Verordnungen scharf gerügt, sondern auch das Verhalten der männlichen Genossen, die oftmals die Entlassung von Frauen unterstützt hatten[120].

Auch in den folgenden Jahren blieb dieses Problem aktuell, da es weder in der wirtschaftlichen Nachkriegskrise noch in der anschließenden Inflationszeit gelang, eine ausreichende Zahl von Arbeitsplätzen für Männer und Frauen zu schaffen. Auch innerhalb der MSPD wurden die Forderungen nach einer Revision der Demobilmachungsverordnungen immer lauter. Auf der Frauenkonferenz der MSPD im September 1921 in Görlitz artikulierte besonders Frau Bohm-Schuch diese Forderung, wobei sie vor allem auf die frauenfeindliche Haltung vieler Betriebsräte bei Entscheidungen über Entlassungen hinwies[121]. Allerdings wurde dann in dem Görlitzer Parteiprogramm diese Forderung nur sehr vage formuliert: »Allgemeines Recht der Frau auf Erwerb«[122].

III. Streik- und Protestverhalten von Frauen

Entgegen der bürgerlichen Auffassung und dem bis 1908 gültigen Recht, das die Frau weitgehend aus dem öffentlichen Leben verbannte, zwang die zunehmende Industrialisierung auf kapitalistischer Basis die Frau in die öffentliche Auseinandersetzung. Die industriell arbeitende Frau war nur durch härtesten Arbeitskampf in der Lage, ihre Situation verbessern zu können. Schon ältere Schilderungen berichten von der Beteiligung der Frau an Streik- und Protestaktionen, wobei G. Hauptmanns literarische Verarbeitung der Lage der Weber in Schlesien nur die bekannteste Darstellung ist. Helene Lange/Gertrud Bäumer weisen auf verschiedene Streiks hin, die ausschließlich von Frauen getragen waren (1896 Konfektionsarbeiterinnen, 1897 Isenburger Wäscherinnen- und Plätterinnenbewegung von 1900)[123]. Gerade diese ab den 1890er Jahren als industrielle Frauenberufe sich durchsetzenden Branchen der Bekleidungs-, Textil- und Nahrungsmittelindustrie zeigen eine beachtenswerte Streikaktivität.

Solange aber das Streik- und Demonstrationsverhalten von Frauen noch zu den am wenigsten erforschten Bereichen der Geschichte der Arbeiterbewegung gehört, müssen einige globale Zahlenangaben über die Streikfreudigkeit von Frauen genügen. Nach der Gewerkschaftsstatistik nahmen in der Zeit von 1900 bis 1914 insgesamt 270 024 Frauen an Streiks teil; die Entwicklung fiel mit den allgemeinen Streikzyklen der Zeit zusammen und erreichte 1905 mit ca. 35 000 und 1911 mit ca. 51 080 ihre Höhepunkte[124]. Im Vergleich zur Zahl der streikenden Männer sind diese Zahlen gering, denn trotz eines Frauenanteils von 18,2%[125] an der gesamten Arbeiterschaft betrug ihr Anteil an den Streikenden nur 8%. Geht man davon aus, daß 1907 ca. 1,5 Millionen Frauen als Arbeiterinnen in der Industrie tätig waren, so hätte rein rechnerisch nur knapp jede 6. in dem angegebenen Zeitraum einmal an einem Streik teilgenommen.

Eine genauere Betrachtung der Frauenbeteiligigung an Streiks zeigt aber auch die Probleme der Gewerkschaften angesichts der Zurückhaltung der Frauen vor den Organisationen: Insgesamt entsprach der Anteil der Frauen am Streik ihrer gewerkschaftlichen Organisation. Beide Verhältniszahlen siegen von ca. 6% um 1905 auf ca. 9% um 1913. Die statistischen Angaben, die den Mitgliederbestand der Gewerkschaft 6 Monate vor dem Streik und zu Beginn des Streiks festhalten, machen deutlich, daß die Frauen in der Vor-Streik-Phase bedeutend stärker in Organisationen strebten als die Männer. D. h., in der zugespitzten Arbeitskampfatmosphäre holten Frauen statistisch gesehen ihren Rückstand in der Gewerkschaftsmitgliedschaft auf[126].

Die relativ niedrige Beteiligung der arbeitenden Frauen an Gewerkschaftsorganisation und Streik insgesamt (ca. 8% im Durchschnitt der Jahre 1900–1914) im Vergleich zu ihrem Anteil an der Gesamtarbeiterschaft (1907 etwa 18%) differiert allerdings stark nach einzelnen Berufsgruppen bzw. Gewerkschaften.

Vergleicht man die Streikbeteiligung von Frauen mit ihrem Anteil an den Gewerkschaftsmitgliedern, so fällt auf, daß ihre Streikbeteiligung bei Metall- und Fabrikarbeitern deutlich hinter ihrem Anteil an der Mitgliedschaft dieser Einzelgewerkschaften zurückbleibt. Bei den Fabrikarbeitern steigt der Frauenanteil von 9,4% (1900) auf 14,4% (1914), die Beteiligung von Frauen an Streiks dieser Organisation aber nur von 7,7% im ersten Jahrfünft über 10,0/% im zweiten auf 11,6% in den Jahren 1910–1914 (Durchschnitt 1900–1914 ca. 10,4%). Aus der hier im statistischen Mittel errechneten geringeren Streikbeteiligung von Frauen kann aber nicht geschlossen werden, daß Frauen als Streikbrecher aufgetreten seien. Vielmehr ist davon auszugehen, daß die Fabriken mit höherem Frauenanteil weniger gestreikt haben als die mit niedrigem Frauenanteil, bezogen auf ein und dieselbe Branche.

In den Gewerkschaften mit hohem Frauenanteil, für die eine qualifiziertere und/oder für die industrielle Produktion wichtigere Tätigkeit der Frauen charakteristisch war, wie etwa in den Berufen der Buchhinder und Schneider, überstieg die weibliche Streikbeteiligung häufig die Organisationsbeteiligung, manchmal sogar beträchtlich. So blieb z. B. bei den Buchbindern die Streikbeteiligung konstant über dem Organisationsanteil. In der Schneidergewerkschaft nahm nach anfänglicher Zurückhaltung ab 1907 die Streikbeteiligung von Frauen rapide zu, wobei 1911 mit einer Zahl von ca. 16 000 streikenden Frauen gegenüber nur ca. 5 000 streikenden Männern ein gewisser Höhepunkt erreicht wurde. Bei Tabak- und Textilarbeitern lag die Streikbeteiligung von Frauen anfangs weit über dem Organisationsgrad, pendelte sich 1905 bzw. 1914 etwa auf gleichem Niveau ein.

Wenn sich auch ohne intensive berufs- und branchenspezifische Forschung noch keine Schlüsse ziehen lassen, so ist zumindest der Hinweis wichtig, daß die industriell arbeitende Frau dann, wenn sie nicht nur Hilfsfunktionen, sondern eigenständige und teilweise qualifizierte Arbeiten ausführte, sich dem Zwang der Arbeitskämpfe voll und ganz anpaßte, auch wenn sie sich gegenüber den gewerkschaftlichen Organisationen noch zurückhielt. Dabei darf nicht vergessen werden, daß vor 1914 die an gewerkschaftlicher Arbeit interessierten oder von Streik und Aussperrung betroffenen Frauen eine Minderheit der industriell beschäftigten und vor allem der erwerbstätigen Frauen überhaupt darstellten.

Es muß davon ausgegangen werden, daß die Frauen in häuslichen Diensten und in der Landwirtschaft dem Gedanken an Gewerkschaft oder Streik denkbar fern standen, ja, daß die zunehmende Einbeziehung von Industriearbeiterinnen in die Arbeitskämpfe bei vielen nicht betroffenen Frauen eher auf Ablehnung denn auf Sympathie gestoßen sein dürfte. Die Zunahme der industriellen Erwerbstätigkeit der Frau und ihre Politisierung durch den Arbeitskampf hat die Kluft zu der in häuslichen Bereichen verbleibenden Frau eher vertieft als vermindert, denn die Masse der Arbeiterinnen war doch zumeist durch die Verpflichtungen des Haushalts und der Kindererziehung auf Gelegenheitsarbeiten, Saison- oder Heimarbeit angewiesen oder verrichtete vor der Eheschließung kurzzeitig Hilfsfunktionen in Branchen, in denen die qualifizierten Berufe Männern vorbehalten blieben. Positive Erfahrungen mit gewerkschaftlicher Arbeit waren angesichts dieser strukturellen Voraussetzungen nur wenigen vorbehalten, wobei die Zeiten verschärften Arbeitskampfes offensichtlich besonders politisierend wirkten. Diese insgesamt ambivalente Entwicklung wurde durch den Weltkrieg verschärft.

Der Erste Weltkrieg bewirkte in Deutschland eine Nivellierung der Standes- und Klassenunterschiede[127]. Der Arbeitskräftebedarf der Kriegswirtschaft zog nicht nur Arbeiterfrauen verstärkt in die Fabrik, sondern auch Frauen aus anderen Bevölkerungsschichten. Die Probleme und Erfahrungen vieler Frauen waren unabhängig von ihrer gesellschaftlichen Stellung weitgehend die gleichen: materielle Not aufgrund der unzureichenden öffentlichen Unterstützung der Kriegerfamilien, alleinige Verantwortung für Ernährung und Erziehung bei gleichzeitiger Berufstätigkeit, Verwahrlosung der Jugendlichen, die aufgrund der Krise des Handwerks keine Lehrstellen fanden und deshalb als Ungelernte Arbeit suchen mußten.

Darüber hinaus standen diese Probleme und Erfahrungen unter einem zunehmenden ideologischen Druck, der politisierend und radikalisierend wirkte. Die entstehende Massenbewegung wurde, zumindest bis zur Novemberrevolution, sehr stark von Frauen getragen[128]. Anschließend machten sich sehr divergierende Entwicklungen bemerkbar. Während für viele Frauen eine durch den Krieg bedingte Episode zu Ende ging und die Rückkehr ins Private einsetzte, wirkten die Nachkriegsprobleme auf einen kleineren, aber aktiven Teil von gewerkschaftlich und/oder politisch interessierten Frauen weiterhin radikalisierend. Dies dürfte gerade für die zutreffend gewesen sein, für die die Erwerbstätigkeit eine bittere Notwendigkeit war, aber auch hier gab es resignative Tendenzen.

Über die Teilnahme von Frauen an der seit 1916 entstehenden Massenbewegung liegen bisher nur Einzelbeobachtungen aufgrund der Lokal- und Regionalstudien vor[129]. Zusammenfassende Darstellungen mit repräsentativen Ergebnissen fehlen[130]. Allgemein lassen sich vier Bereiche unterscheiden, in denen Massenbewegungen entstanden[131]:

1. Öffentliche Straßen und Plätze, die vor allem im Umkreis von Lebensmittelgeschäften, öffentlichen Verkaufsstellen, und Kommunalverwaltungen größere Menschenmengen zusammenführten und dadurch Ausgangspunkt für sogenannte spontane Unruhen und Demonstrationen wurden.

2. Betriebe, vor allem industrielle Großbetriebe, die die kommunikativen Voraussetzungen für die Entstehung von Streiks und Demonstrationen zur Durchsetzung betriebsspezifischer, sozialer und politischer Forderungen (Lohnerhöhung, Lebensmittelversorgung, Ruf nach Frieden, Systemveränderungen) darstellten.

3. Organisationen der Arbeiterbewegung, in denen sich oppositionelle Basisbewegungen, revolutionäre Zirkel und organisatorische Verselbständigungen (neue Parteien, Räte etc.) entwickeln konnten.

4. Heer und Marine, die gegen Ende des Krieges zu den Kernzellen des Umsturzes wurden.

In dem zuerst genannten Bereich, der durch seinen relativ

spontanen Charakter und geringe Organisation charakterisiert war, haben Frauen und auch Jugendliche eindeutig dominiert. Diese Bewegungen traten auch zeitlich gesehen (ab 1915) zuerst auf und bereiteten den Boden für die Wiederaufnahme von Arbeitskämpfen im betrieblichen Bereich. An den Streik- und Demonstrationsbewegungen, die vom betrieblichen Bereichen ihren Ausgang nahmen, waren Frauen ebenfalls beteiligt. Die Organisation dieser Bewegung lag aber meistens in den Händen von gewerkschaftlich und/oder politisch geschulten Männern (Revolutionäre Obleute, Vertreter von politischen oder gewerkschaftlichen Organisationsgruppen). Gerade die Entwicklung zur Novemberrevolution wurde entscheidend von der Stimmung der Bevölkerung beeinflußt, die nicht nur von den militärischen Erfolgen bzw. Mißerfolgen abhing, sondern auch von der Ernährungslage, der Reformunfähigkeit des Systems und dem mit kriegerischen Mitteln nicht lösbaren Friedensproblem.

Der Einfluß von Frauen aus dem proletarischen Milieu wurde im Verlauf der Unruhen deutlich. Diese Unruhen zeigten, daß es sich nicht nur um Probleme des Hungers, sondern auch um sozialen und politischen Protest handelte. Das Bewußtsein bei den Teilnehmern, daß Demonstrationen und Unruhen wegen schlechter Lebensmittelversorgung und ungerechter Verteilung politische Proteste gegen die Durchhaltepolitik darstellten, ließ sich immer wieder beobachten[132]. Aus dieser Protesthaltung erwuchs ab 1917 eine durch Streikbewegungen verstärkte Grundströmung, die über den reinen Protest gegen das Durchhalten und die Forderung nach Frieden hinausging und systemverändernde Reformen verlangte.

Die vor allem von Frauen und Jugendlichen getragenen Massenbewegungen im Lebensmittelbereich der Jahre 1916 und 1917 waren von daher eine wichtige Voraussetzung für die politischen Streiks gegen Ende des Krieges, weil sie das psychologische Terrain ebneten, auf dem dann die von Männern initiierten Oppositionsbewegungen das traditionelle Kampfmittel der Arbeiterbewegung zum Einsatz bringen konnten: den Streik. An diesen primär politischen Streikbewegungen zwischen April 1917 und Januar 1918 waren Frauen ebenfalls beteiligt, es fehlen aber gerade hierüber nähere Angaben, da der betriebliche Bereich und seine Bedeutung für die Entstehung der Massenbewegungen bisher am schlechtesten erforscht sind[133].

Die veränderte Position der Frauen in der industriellen Produktion zeigte sich zunächst an der Entwicklung der gewerkschaftlichen Mitgliedschaft von Frauen. Trotz der Umschichtung der Arbeitskräfte von den »Friedensindustrien«, die vor 1914 den stärksten Frauenanteil stellten, auf die Kriegsindustrien und trotz des dadurch vielfach bedingten Organisationswechsels sanken die Mitgliederzahlen der Frauen in Gewerkschaften nur um 15,6% (von 210 314 im Jahre 1914 auf 177 535 im Jahre 1915), um von da an erst langsam, ab 1917 wieder rapide anzusteigen (422 957 im Jahre 1918). Dies bedeutete eine Zunahme von 101,1% innerhalb von 4 Jahren[134]. Demgegenüber sank die Zahl der weiblichen Parteimitglieder von 1914 bis 1917 ständig (von 174 754 auf 66 608), d. h. um 61,9%[135]. Ein verhaltener Aufschwung setzte erst 1918 wieder ein.

Deutlicher zeigte sich das rapide Ansteigen des weiblichen Interesses an den Gewerkschaften am Organisationsgrad. Während die industrielle Frauenarbeit von 1913 bis 1918 um ca. 52% anstieg (nur Frauen über 16 Jahre)[136], nahm die Zahl der gewerkschaftlich organisierten Frauen im gleichen Zeitraum um 83,6% zu. Berechnet man den Anteil der organisierten Frauen auf der Basis der Angaben der Gewerbeaufsichtsämter, die nur Industriebetriebe mit 10 und mehr Beschäftigten umfassen, so stieg der Organisationsgrad von 16,38% auf 19,77% (1913 waren von 1,406 Millionen Frauen 230 347 organisiert, 1918 von 2,139 Millionen 422 957; jeweils nur Frauen über 16 Jahre)[137]. Das gleichzeitige Absinken der Mitgliederzahlen der Männer ließ den Organisationsanteil der Frauen an der Gewerkschaftsmitgliedschaft von knapp 9% (1913) auf 25,4% (1918) hochschnellen.

Diese innerorganisatorischen Veränderungen, die noch verstärkt wurden durch den Verlust gewerkschaftlich geschulter Arbeiter, die der Einberufung folgen mußten und durch eine Kriegsgeneration von jugendlichen Arbeitern ersetzt wurden, wird vielfach als wichtiger Grund für eine wachsende Spontaneität und Radikalisierung der Gewerkschaftsbasis angesehen[138]. Insgesamt muß beachtet werden, daß das rapide Ansteigen der Mitgliederzahlen in den Organisationen nach 1918 – dabei handelte es sich um eine Zunahme auf das Drei- bis Zehnfache der Vorkriegsmitgliederzahl – sicher auch Ausdruck einer stark angewachsenen Politisierung der Arbeiterschaft war, die allerdings mit einer inneren Unsicherheit im Vergleich zu den Friedensjahren vor 1914 einherging. Darin drückte sich der revolutionäre Elan der Jahre 1919–1923 aus.

Im Hinblick auf die Frauenarbeit im Weltkrieg bedeutete die innere Umstrukturierung der Arbeitskräfte sowie der Gewerkschaften, daß in einzelnen Gewerkschaften die älteren, gewerkschaftlich geschulten Mitglieder in die Minderheit gerieten, so wie dies auch in vielen Großbetrieben der Fall war. Gerade Rüstungsbetriebe beschäftigten 1917 und 1918 vielfach mehr Frauen als Männer, wobei Frauen sehr häufig Tätigkeiten verrichteten, wie sie früher ausschließlich Männern vorbehalten waren.

Die veränderte Stellung der Frau im Industriebetrieb läßt sich aber auch an den Kriegsstreiks nachweisen. Vergleicht man wieder (wie für die Vorkriegszeit) den Frauenanteil an Streiks und Aussperrungen mit dem Anteil der Frauen in den Gewerkschaften, so zeigt sich gegenüber einer im ganzen parallelen Entwicklung bis 1914 für die zweite Hälfte des Weltkrieges ein (1917 sogar deutlicher) Vorsprung der weiblichen Streikbeteiligung gegenüber der Organisationsmitgliedschaft. Mit 34,6% erreichte die weibliche Streikbeteiligung 1917 schon ihren Anteil an der Gesamtarbeiterschaft, der etwa bei 34% für 1918 lag[139]. Ob aus diesen Ergebnissen bereits eine gestiegene Streikbereitschaft der Frauen im Weltkrieg gefolgert werden kann, sei dahingestellt. Es muß nämlich beachtet werden, daß diese relativ hohe Streikbereitschaft der Frauen auch auf die Einschränkung der Streikbereitschaft der Männer zurückgeführt werden kann, die darin gründet, daß Männer ständig mit der »Drohung mit dem Schützengraben« seitens der Militärbehörden zu rechnen hatten.

Die Jahre 1919/20 brachten die größte Streikbewegung, die Deutschland bis dahin erlebt hatte. Insgesamt nahmen 1920 etwa doppelt so viele Arbeiterinnen und Arbeiter an diesen Kämpfen teil wie in den beiden streikintensivsten Vorkriegsjahren 1905 (507 964 Beteiligte) und 1912 (479 489 Beteiligte). An dieser quantitativen Ausweitung des Streiks waren die Frauen stärker beteiligt als vor dem Krieg, denn ihr Anteil an den Beteiligten stieg von 8,9% (im Durchschnitt der Jahre 1910–1914) auf 13,5% jeweils in den Jahren 1919 und 1920[140]. In absoluten Zahlen berechnet, wird diese anteilmäßige Steigerung noch deutlicher. Gegenüber einer durchschnittlichen Streikbeteiligung von ca. 27 000 Frauen in den Jahren 1910–1914 nahmen 1920 126 604 Frauen an Streiks und Aussperrungen teil; dies kommt einer Steigerung um fast das Fünffache gleich. Bei den beteiligten Arbeitern betrug die Steigerung (von ca. 277 000 auf 813 477) nur knapp das Dreifache.

Daß der Frauenanteil an Streiks und Aussperrungen 1919/20 gegenüber der Kriegszeit von 29,9% auf 13,5% zurückging, scheint auf zwei Faktoren zu beruhen: Einmal muß davon ausgegangen werden, daß der relativ hohe Frauenanteil an den Kriegsstreiks durch die bereits erwähnte Zurückhaltung der Männer bedingt zu sein scheint, zum anderen hat sich wohl bei den Frauen schon 1919/20 eine gewisse Resignation abgezeichnet. Vergleicht man nämlich den Frauenanteil an Arbeitskämpfen (jeweils 13,5%) mit dem weiblichen Mitgliederanteil in den Gewerkschaften (21,8% bzw. 21,7%), so fällt ein deutliches Zurückbleiben gegenüber der Organisationsbeteiligung auf. In der Vorkriegszeit waren beide Anteile noch etwa gleich hoch, so daß geschlossen werden kann: Der Trend der Frauen, in die Gewerkschaften einzutreten, war in der revolutionären Nachkriegsphase 1919/20 stärker als die Streikbeteiligung.

Die verstärkte Frauenarbeit und die politisierende Wirkung des verschärften Klassenkampfes im Weltkrieg bildeten aber auch die Voraussetzung für die Verbesserung der Lage der Frau in einzelnen Bereichen: In manchen Branchen, z. B. der Metallverarbeitung, konnten Frauen eine entscheidende Stellung in der Produktion erringen[141], der Abstand von Frauen- und Männerlöhnen wurde geringer[142], die Bereitschaft der Frauen zur gewerkschaftlichen Organisierung war sprunghaft angestiegen, da die Gewerkschaften offensichtlich sehr erfolgreich Lohnbewegungen durchführen konnten[143], ihre Tätigkeit in allen Bereichen des öffentlichen Lebens, der kommunalen Sozialfürsorge wie in den Dienstleistungsberufen hatte ihre gesellschaftliche Stellung verbessert und eine wichtige Voraussetzung für die politische Gleichberechtigung (Wahlrecht) geschaffen[144]. Diesen Verbesserungen haftete allerdings ein entscheidender Mangel an: Sie waren aus einer Notsituation heraus entstanden und wurden vielfach in der öffentlichen Meinung wie von den betroffenen Frauen selbst als Übergangserscheinung, als Episode, ja manchmal sogar als schreckliche Erinnerung aufgefaßt, die möglichst bald vergessen werden sollte.

Die politische Gleichberechtigung blieb aber erhalten. Auch stiegen die Mitgliederzahlen der Gewerkschaften und Parteien noch einmal rapide an (bis 1920). Doch die Zurückdrängung der Frauenarbeit oder – wo dies nicht möglich war – ihre Eindämmung auf spezielle »Frauenindustrien« (Bekleidungs-, Textil-, Nahrungs- und Genußmittelindustrie) und »Frauenberufe« (im sozialen Bereich und in der Angestelltenschaft) setzte 1919 wieder voll ein. An dieser Eindämmung der Frauenarbeit beteiligten sich auch die sozialdemokratischen Organisationen, wobei die Demobilmachungsverordnung an erster Stelle zu nennen ist, während die Gewerkschaftskampagnen für verstärkte Ausbildung der Frauen und Mädchen in Fragen des Haushalts unterstützend eingriffen.

Gerade von staatlicher Seite wurde sehr viel unternommen, Frauenarbeitsplätze im Haushalt und in der Landwirtschaft zu schaffen, so daß die Frauenarbeitslosigkeit zwar bekämpft, die effektive Chancengleichheit der Frau zu qualifizierter Arbeit aber beschnitten wurde[145]. Die Verdrängung der Frauen aus der Industrie infolge der Demobilmachung ergibt sich aus den Angaben der Gewerbeaufsichtsämter über die Metallindustrie in Preußen: Betrug hier der Frauenanteil 1918 noch 32,2%, sank er bis 1924 auf 11,8%. Es nimmt also auch nicht Wunder, daß nach 1918 die begonnene Nivellierung der Frauen- und Männerlöhne stagnierte[146].

Als Gesamtergebnis ist daher ein Überwiegen der negativen, die Frau in ihrer minder qualifizierten und -qualifizierenden Rolle festschreibenden Trends zu konstatieren. Die Frauen hatten während des Krieges ihre Rolle als industrielle Reservearmee erfolgreich gespielt, ohne genügend politischen Willen und erst recht politische Macht zu entwickeln, um aus dieser Rolle ausbrechen zu können. Einen Aspekt dieses Problems verdeutlicht das Wahlverhalten der Frauen. Mit der Gewährung des Frauenwahlrechts war eine zentrale Forderung nicht nur der Frauenbewegung erfüllt worden. Die von den Sozialisten damit verknüpften Erwartungen erwiesen sich jedoch als zu optimistisch.

Die dürftigen Statistiken über das Wahlverhalten von Frauen[147] vermitteln das Bild, daß diese eher als die Männer dahin tendierten, selbst bei hoher Wahlbeteiligung[148] den bürgerlichen Parteien ihre Stimme zu geben, aber auch weniger zur Wahl von KPD und NSDAP neigten als die Männer. Jedenfalls wandten sie sich nach 1919 wieder aus Enttäuschung von der Sozialdemokratie ab, weil sie geneigt waren, der SPD als Regierungspartei die sie bedrückenden Mißverhältnisse anzulasten: Ausbleiben der gesellschaftlichen Umgestaltung 1918/19, hohe weibliche Arbeitslosenquote, Wirtschaftskrise.

Über die im Frauenwahlverhalten liegenden Gründe für den

Mißerfolg der sozialistischen Parteien lassen sich kaum konkrete Aussagen treffen, weil Untersuchungsmaterial fehlt und nur in einigen wenigen Gemeinden die Wahlen getrennt nach Geschlechtern vorgenommen wurden. In jedem Falle gaben die Frauen aber nicht in dem Maße der SPD ihre Stimme, wie es die Partei aufgrund ihres Kampfes für die politische Gleichberechtigung der Frauen erwartet hatte.

Übereinstimmend mit zeitgenössischen Analysen aus den Reihen der SPD[149] ist allerdings festzuhalten, daß man den Frauen nicht eine grundsätzlich konservative Einstellung attestieren darf, sondern sich vielmehr politische Machtverhältnisse, wirtschaftliche Lage, nicht zuletzt aber mangelnde politische Schulung und die negativen Auswirkungen des patriarchalischen Standpunktes der Familienväter und Parteigenossen als ausschlaggebend für das Wahlverhalten der Frauen vorstellen muß[150].

Zusammenfassung

Der langfristige Umschichtungsprozeß in der Frauenerwerbstätigkeit, der sich auszeichnete durch den Auszug der Frauen aus den patriarchalischen Abhängigkeitsverhältnissen in der Landwirtschaft, den häuslichen Diensten und der Heimarbeit, d. h. aus den vielfach die Ehelosigkeit voraussetzenden Berufen, und durch den Einzug in Fabrik und Büro, hatte eine gewisse ökonomische Besserstellung, erhöhte persönliche Mobilität und ein verstärktes Gewicht der Frauen in der Öffentlichkeit zur Folge. Bis 1914 konnten die Frauen aufgrund der rapiden Zunahme der industriellen Frauenarbeit einen festen – wenn auch untergeordneten – Platz in den Organisationen der Arbeiterbewegung und in beschränkterem Umfang auch in der Öffentlichkeit erreichen.

Diese Fortschritte wurden eingeschränkt durch die Konkurrenz der Geschlechter auf dem Arbeitsmarkt: Die Folgen zeigten sich in der Beschränkung der Frauen auf schlechter entlohnte und weniger qualifizierte Arbeitsplätze, auf sogenannte Frauenberufe des Sozialsektors und auf den Angestelltenbereich, der für die sozialistische Arbeiterbewegung weitgehend verschlossen blieb. Diese Stellung der Industriearbeiterinnen auf dem Arbeitsmarkt, die durch die verschiedensten biologistischen und politischen Ideologien gestützt wurde, brachte es mit sich, daß Krisenfolgen zunächst auf das schwächste Glied der Kette, die Frauen, abgewälzt wurden.

Die Zunahme der außerhäuslichen Erwerbsarbeit und die Verschärfung des Problems der Kindererziehung und der Doppelbelastung von Haus und Beruf entwickelten sich zu zentralen Kennzeichen der industriellen Frauenarbeit. Die Folgen dieser Situation haben die Berufswünsche und die Organisationsmotivation vieler Frauen stark beeinträchtigt und zu der schwachen gewerkschaftlichen Organisation von Industriearbeiterinnen beigetragen.

Eine Untersuchung des Frauenanteils in Einzelgewerkschaften zeigt aber auch, daß die typischen Frauenindustrien durchaus gut organisiert waren und dort, wo Frauen eine starke Stellung in der Produktion einnahmen, auch einen hohen Anteil an gewerkschaftlicher Organisation und an gewerkschaftlichen Arbeitskämpfen aufwiesen. Gegenüber der Masse der arbeitenden Frauen blieben diese Organisationsleitungen der Buchbinderinnen, Textilarbeiterinnen, Schneiderinnen oder Tabakarbeiterinnen aber eine Ausnahme.

Fragt man nach der Stellung der sozialistischen Arbeiterbewegung zum Problem der Frauenarbeit, so ist zunächst festzuhalten, daß die frühe sozialdemokratische Emanzipationstheorie im Rahmen ihrer marxistischen Ausfaltung von einer fundamentalen Einsicht gekennzeichnet war: *Die Emanzipation der Frau bedarf der wirtschaftlichen Unabhängigkeit der Frau.* Statt diese Einsicht aber als praktische Forderung zu begreifen und in den politischen Tageskampf einzubeziehen, glaubte man, dieses Ziel erst im Kontext der Gesamtemanzipation des Proletariats erreichen zu können. Dies bedeutete die Unterordnung der Frauenemanzipation unter die der Klasse. Die Schlechterstellung der Frau innerhalb der Klasse wurde dadurch perpetuiert. Insofern Klassenemanzipation vornehmlich den Arbeiter betraf und erst in zweiter Linie auch die Hilfsarbeiterin, die »mitverdienende Ehefrau« oder »die mithelfende Familienangehörige«, wurden im entscheidenden Punkt der Frauenemanzipation, in dem Recht auf gleiche Arbeit, gleichen Lohn und gleiche Berufschancen, immer wieder Kompromisse zu Lasten der Frauen gemacht.

Im Ergebnis ist daher festzustellen, daß es der sozialdemokratischen Politik nicht gelungen ist, das Konkurrenzverhältnis zwischen Mann und Frau auf dem Arbeitsmarkt durch solidarisches Handeln aufzuheben. In vielen Fällen gingen Verbesserungen für den Arbeiter sogar zu Lasten der Arbeitskollegin (Demobilmachung) oder zementierten bestehende Ungleichheiten (Ausbildungsgesetz 1913, tarifvertragliche Absicherung der Minderbezahlung). Daher ist Thönnessen zuzustimmen, wenn er schreibt: »Der Doppelcharakter der Frauenemanzipation unter dem Kapitalismus besteht also darin, daß diese durch die Frauenarbeit gefördert, durch die Konkurrenz zugleich beschränkt wird ... Es gelang der sozialdemokratischen Theorie der Frauenbefreiung nicht, den Arbeitern bewußt zu machen, daß sie die Geschäfte der Unternehmer besorgten, wenn sie den vom Kapital ausgespielten Gegensatz von Männer- und Frauenarbeit auch in die Arbeiterbewegung hineintrugen.«[151]

Die Widersprüchlichkeit der Frauenpolitik der Sozialdemokratie muß im Kontext der gesamten Parteigeschichte gesehen werden. Das Zurücktreten der Systemkritik zugunsten der Propagierung und sukzessiven Durchsetzung programmatischer Einzelforderungen ist ein entscheidender Grund für die Festschreibung der Benachteiligung der Arbeiterin. Damit trat nämlich das Ziel der vollen beruflichen Gleichberechtigung als vorläufig nicht erreichbar zurück hinter den konkreten Einzelforderungen wie Arbeitszeitverkürzung, Lohnausgleich, Arbeiterinnen- und Mutterschutz und auch Minderung der Lebensmittel- und Wohnungsnot.

Ohne die unbezweifelbaren Erfolge der gewerkschaftlichen Arbeit auf diesem Gebiet – auch schon vor 1914 – negieren zu wollen, wird man doch sagen müssen, daß derartige Reformen eine sehr ambivalente Funktion hatten:

1. Die besonderen Schutzvorschriften für Frauen wurden in den 20er Jahren als Argument für die Minderbezahlung der Frauen ins Feld geführt.

2. Die Sonderstellung der Frau im Produktionsprozeß führte zur Ausbildung spezieller Frauenthemen, auf die die politische und gewerkschaftliche Arbeit von Frauen eingeschränkt werden konnte, und die

3. gefährliche Zugeständnisse an ideologische Vorstellungen vom »Wesen der Frau« implizierten, die wiederum den Emanzipationsprozeß behinderten.

Eine eindeutige Antwort auf die Frage, ob der Erste Weltkrieg den Prozeß der Frauenemanzipation gefördert oder gehemmt hat, läßt sich noch nicht geben. Zweifelsohne haben der Zusammenbruch des Wilhelminischen Reiches und die Folgen der Revolution mit der politischen Gleichberechtigung einen wesentlichen Fortschritt gebracht, der zum größten Teil der Sozialdemokratie als Verdienst angerechnet werden kann, selbst wenn er im Augenblick der Novemberrevolution etwas unverhofft eintrat. Dieser politische Erfolg wurde aber durch einen eklatanten Rückschritt in der Entwicklung zur ökonomischen Gleichberechtigung konterkariert, ja fast möchte man sagen, daß die Verweigerung der wirtschaftlichen Gleichberechtigung der arbeitenden Frau stärker ins Gewicht fällt als der Erfolg der politischen Gleichberechtigung.

Die Demobilmachungsverordnung war nur der erste Schritt einer Entwicklung, die sich im Verlauf der nächsten zwanzig Jahre zu einer großen, gegen die arbeitende Frau gerichteten Kampagne steigerte, die alle Parteien rechts von der Sozialdemokratie umfaßte und in der Propaganda gegen die sogenannte Doppelverdienerin sowie in dem widerrechtlichen Ausschluß von Beamtinnen und weiblichen Angestellten aus dem öffentlichen Dienst gipfelte.

Diesem politischen und mehr noch ideologischen Druck, der mit der Idealvorstellung von der »Frau am Herd« arbeitete, und dem Faschismus den Boden bereitete, war die Sozialdemokratie um so weniger gewachsen, als sich infolge der Krisensituation des Weltkrieges und der Nachkriegszeit die Konkurrenzsituation auf dem Arbeitsmarkt verschärft hatte und somit die Widerstandskraft der Arbeiterbewegung gegen die Einschränkung des Rechts auf Arbeit der Frau sehr vermindert war.

Zum vollen Verständnis der Probleme der Frauenarbeit gehört auch die Berücksichtigung des psychischen Drucks, dem sich die arbeitende Frau ausgesetzt sah. Die konservativen Frauenleitbilder, denen die sozialdemokratische Politik Vorschub leistete, erzeugten bei der erwerbstätigen Frau Selbstvorwürfe, durch die die Widerstandskraft gegen alle Formen der Ausbeutung geschwächt wurde[152].

Auf dem Hintergrund der besonderen Benachteiligung der arbeitenden Frau ist es nicht verwunderlich, daß viele der politisch oder gewerkschaftlich aktiven Frauen auch mit besonderer Radikalität auf Veränderungen drängten. Der Schritt zur gewerkschaftlichen oder politischen Arbeit mußte einer Arbeiterin viel schwerer fallen als einem Arbeiter. Um so mehr sind die Erfolge zu würdigen, die durch die verstärkte Frauenarbeit und die politisierende Wirkung der verstärkten Klassenauseinandersetzungen im Weltkrieg und in der Revolutionszeit erreicht wurden, wenn auch insgesamt die Trends überwogen, die die Frauen auf ihre traditionelle Rolle festlegten.

Anmerkungen:

1 Siehe Tabelle 1 und 2.
2 Correspondenzblatt, 2. 8. 1897, Die Ergebnisse der Berufszählung vom 14. Juni 1895, S. 187. – Zahlenangaben nach Hoffmann, S. 210; s. Tabelle 1.
3 Siehe Tabelle 3.
4 Jürgen Kuczynski, Die Geschichte der Lage der Arbeiter unter dem Kapitalismus, Bd. 18, Studien zur Geschichte der Lage der Arbeiterin in Deutschland von 1700 bis zur Gegenwart, Berlin 1965, S. 107.
5 Ebenda, S. 106, Tabelle.
6 Siehe Tabelle 4.
7 Siehe Tabelle 5.
8 Adolf Braun, Die Arbeiterinnen und die Gewerkschaften, 2., umgearb. u. erg. Aufl., Berlin 1923, bes. S. 26 ff.
9 Jürgen Kocka, Klassengesellschaft im Krieg 1914–1918, Göttingen 1973, S. 12 f. (nur Betriebe mit mindestens 10 Mitarbeitern).
10 Berechnet nach Hoffmann, Wachstum der deutschen Wirtschaft, S. 205, 210.
11 Kocka, Klassengesellschaft, S. 13. Siehe auch Tabelle 6.
12 Gisela Losseff-Tillmanns, Frauenemanzipation und Gewerkschaften (1800–1975), Phil. Diss. Bochum 1975, S. 310 f.
13 Bis zu achtmal während des Krieges, siehe Kocka, Klassengesellschaft, S. 13.
14 Siehe Tabelle 7.
15 Siehe Tabelle 8.
16 Siehe Tabelle 8.
17 Zur Streikentwicklung siehe unten.
18 Zu den Streikwellen siehe: Heinrich Volkmann, Modernisierung des Arbeitskampfes? Zum Formwandel von Streik und Aussperrung in Deutschland 1864–1975, in: Hartmut Kaelble u. a., Probleme der Modernisierung in Deutschland, Opladen 1978, S. 110–170.
19 Siehe Tabelle 8.
20 Siehe Tabelle 8.
21 Siehe Robert F. Wheeler, Die »21 Bedingungen« und die Spaltung der USPD im Herbst 1920. Zur Geschichte der Basis, in: Vierteljahreshefte für Zeitgeschichte 1975, H. 2., S. 17–154.
22 Siehe Tabelle 8.
23 Siehe Tabelle 7 und 2.

24 Siehe Tabelle 9 und 10.
25 Siehe Tabelle 11.
26 Protokoll Parteitag Gotha 1896, S. 170; Protokoll Parteitag Berlin 1898, S. 112, Rede Ignaz Auers, Protokoll Parteitag Mainz 1900, S. 137 ff.
27 a.a.O., S. 177.
28 Protokoll Parteitag Heidelberg 1925, S. 333; zu den Klagen über die Vernachlässigung bei Kandidatenaufstellungen siehe Reichsfrauenkonferenz in Prot. PT. Berlin 1924, S. 224.
29 Prot. PT. Heidelberg 1925, S. 119.
30 Losseff-Tillmanns, S. 444 ff.
31 Zum Standpunkt der Lassalleaner vgl. Hilde Lion, Zur Soziologie der Frauenbewegung, Berlin 1926, S. 24 ff.
32 Vgl. die Ausführungen Wilhelm Brackes auf der Generalversammlung des ADAV am 24. Nov. 1867 in Berlin, in: Erste Beilage zum Social-Demokrat Nr. 130, 29. Nov. 1867; siehe auch Social-Demokrat Nr. 142, 6. Dez. 1867, Nr. 143, 8. Dez. 1867.
33 W. Thönnessen, Frauenemanzipation, S. 14. Vgl. auch Molly Nolan, Proletarischer Anti-Feminismus. Dargestellt am Beispiel der SPD-Ortsgruppe Düsseldorf, 1890–1914, in: Frauen und Wissenschaft. Beiträge zur Berliner Sommeruniversität für Frauen. Juli 1976, Berlin 1977, S. 356–377.
34 Der delegierte Frei (Stuttgart). Bericht über die Verhandlungen des dritten Vereinstages deutscher Arbeitervereine, abgehalten zu Stuttgart am 3., 4. und 5. Sept. 1865, S. 50 f.
35 Vgl. die Ausführungen Moritz Müllers auf dem Vereinstag Stuttgart zu Punkt 4 (Frauenarbeit).
36 Der Vorbote, Jg. 1866, S. 44 f.
37 Ebda., S. 149 ff.
38 Karl Marx, Das Kapital, Bd. I, MEW 23, S. 514.
39 Vgl. H. Lion, Zur Soziologie der Frauenbewegung, S. 33 f., speziell S. 38.
40 Vgl. Clara Zetkin, Ausgewählte Reden und Schriften, Bd. 1: Auswahl aus den Jahren 1889 bis 1917, hrsg. vom IML beim ZK der SED, Berlin 1957, S. 10.
41 Ebda., S. 10.
42 Clara Zetkin, Die Arbeiterinnen- und Frauenfrage der Gegenwart. Berlin 1889 (= Berliner Arbeiterbibliothek. Hrsg. von Max Schippel, 3. Heft).
43 Vgl. Protokoll Parteitag Gotha 1896.
44 Vgl. Correspondenzblatt der Generalkommission der Gewerkschaften Deutschlands, vom 2. 6. 1906.
45 Vgl. Correspondenzblatt vom 16. 6. 1906.
46 Vgl. Correspondenzblatt vom 30. 6. 1906.
47 Gisela Losseff-Tillmanns, Frauenemanzipation, S. 265 f.

48 a.a.O., S. 266.
49 a.a.O., S. 275.
50 Vgl. z. B. Adolf Braun, Die Arbeiterinnen und die Gewerkschaften, S. 43 f.
51 Vgl. Beispiele aus dem Feuilletonteil der Gleichheit 1905–1914.
52 Zit. nach G. Losseff-Tillmanns, Frauenemanzipation, S. 277.
53 Vgl. a.a.O., S. 160 f.
54 a.a.O., S. 161.
55 Vgl. z. B. ihre Ausführungen zum Thema »Volkserziehung und Sozialdemokratie« auf dem Mannheimer Parteitag von 1906; Protokoll Parteitag Mannheim 1906, S. 348 f.
56 Siehe Parteitag Gotha 1896, S. 160–168, bes. S. 165.
57 Siehe dazu G. Losseff-Tillmanns, S. 242 ff.
58 Siehe I. Altmann, Gewerkschaftskongreß Hamburg 1908, S. 109 bzw. 112 ff.
59 Siehe G. Losseff-Tillmanns, S. 555 ff.; zum Problem der Buchdrukkereihilfsarbeiterinnen und der Dienstbotenbewegung siehe auch Quaraert, S. 58 ff.
60 Siehe dazu grundsätzlich: Die Gleichheit Nr. 19, 1898, S. 146.
61 Siehe I. Altmann, Die Gewerkschaftsbewegung und die Frauen (IV), in: Correspondenzblatt Nr. 25 vom 30. 6. 1906, S. 425 ff.
62 So schon Lily Braun, Die Frauenfrage, S. 444.
63 Siehe dazu: Zur Förderung der gewerkschaftlichen Arbeiterinnenagitation, in: Correspondenzblatt vom 27. 8. 1904, S. 560 f. Vgl. die Diskussion auf dem Gewerkschaftskongreß Köln 1905, S. 117 ff. Siehe dazu: Lilly Hauff, Die deutschen Arbeiterinnen-Organisationen, Halle a. S., 1912, S. 38 ff.
64 Z. B. auf den Gewerkschaftskongressen Köln (1905), Dresden (1911), München (1914), Nürnberg (1919) und Breslau (1925).
65 Siehe I. Altmann, Die Gewerkschaftsbewegung und die Frauen, in: Correspondenzblatt Nr. 24 vom 23. 6. 1906, S. 408 f.
66 Siehe O. Baader, Frauenkonferenz Jena 1911, S. 430.
67 Siehe L. Hauff, S. 20 f.
68 Siehe Frauenkonferenz Mainz 1900, S. 248 ff.
69 Siehe Thönnessen, S. 71.
70 Siehe G. Bölke, S. 32.
71 Siehe Parteitag Würzburg 1917, S. 12 f.
72 Siehe Umbreit, Gewerkschaftskongreß Hamburg 1908, S. 154.
73 Siehe C. Zetkin, Parteitag Gotha 1896, S. 167; vgl. auch dies., Parteitag Stuttgart 1898, S. 131.
74 Siehe Zietz, Frauenkonferenz Nürnberg 1908, S. 481.
75 Vgl. Tabelle Nr. 12.
76 Siehe Gewerkschaftskongreß Nürnberg 1919, S. 421, 423 und 425.
77 Siehe USPD-Parteitag Jan. 1922, S. 207. Von insgesamt 35 000 Abonnenten kamen zu dieser Zeit 15 000 aus dem Schneiderver-

band.

78 Siehe Zetkin, Frauenkonferenz München 1902, S. 303 f.

79 Zetkin, Parteitag Dresden 1903, S. 294 ff., Zitat S. 296.

80 Frauenkonferenz Mannheim 1906, S. 441.

81 Vgl. auch die Aktivitäten gegen den Krieg, die in der Internationalen Sozialistischen Frauenkonferenz Ausdruck fanden.

82 Vgl. Landsberg, Parteitag Würzburg 1917, S. 140.

83 Siehe USPD-Parteitag Nov./Dez. 1917, S. 481 ff.

84 Siehe Parteitag Gotha 1896, S. 42 f.

85 G. Hanna, Gewerkschaftskongreß München 1914, S. 197; vgl. zur Tradition dieser Forderung M. Lichey, Sozialismus und Frauenarbeit, S. 27 ff.

86 Siehe Tabelle Nr. 13.

87 Siehe J. Kuczynski, S. 176.

88 Vgl. dazu G. Losseff-Tillmanns, S. 490 f.

89 Siehe Gewerkschaftskongreß Nürnberg 1919, S. 416 f.

90 Siehe die Referate von C. Zetkin und H. Schulz zum Thema »Sozialdemokratie und Volkserziehung«, Parteitag Mannheim 1906, S. 323ff.

91 Siehe G. Hanna, Neue Gründe zur Förderung der Agitation unter den Arbeiterinnen, in: Correspondenzblatt vom 18. 4. 1914, S. 238 f.; vgl. auch Hanna, Gewerkschaftskongreß München 1914, S. 194 ff. Siehe dazu M. Lichey, Sozialismus und Frauenarbeit, S. 29 ff.

92 Siehe auch Adolf Braun, Die Arbeiterinnen und die Gewerkschaften, S. 43 f.

93 Siehe Parteitag Dresden 1903, S. 125 f. u. Parteitag Leipzig 1909, S. 159.

94 Siehe Kuczynski, S. 176.

95 Die Gleichheit 1915/16, Nr. 16; vgl. Losseff-Tillmanns, S. 311 f.

96 Gew. Frauenzeitung 1917 Nr. 10; vgl. Thönnessen, S. 93.

97 Siehe Gerald D. Feldman/Irmgard Steinisch, Die Weimarer Republik zwischen Sozial- und Wirtschaftsstaat. Die Entscheidung gegen den Achtstundentag, in: AfS XVIII, 1978.

98 Siehe Parteitag Gotha 1896, S. 42; Parteitag Hannover 1899, S. 75; Parteitag Dresden 1903, Antrag 85, S. 125 ff.; vgl. M. Lichey: Sozialismus und Frauenarbeit, S. 19 f.

99 Siehe Gewerkschaftskongreß Frankfurt/Main 1899, S. 161.

100 Siehe M. Lichey, Sozialismus und Frauenarbeit, S. 26 f. und L. Hauff, Die deutschen Arbeiterinnen-Organisationen, S. 25.

101 Siehe Frauenkonferenz München 1902, S. 300.

101 Siehe Frauenkonferenz Mainz 1900, S. 254; Parteitag und Frauenkonferenz München 1902, S. 115 bzw. 296.

103 Siehe Frauenkonferenz Mannheim 1906, S. 465.

104 Siehe M. Lichey, Sozialismus und Frauenarbeit, S. 22 f.

105 Siehe Parteitag Magdeburg 1910, S. 23.

106 Siehe Frauenkonferenz Jena 1911, S. 454 ff.; Parteitag Chemnitz 1912, S. 16; Parteitag Jena 1913, S. 15.
107 Siehe z. B. Zietz, Parteitag Jena 1913, S. 353.
108 Vgl. den gemeinsamen Aufruf des Parteivorstandes und der Generalkommission vom 6. 8. 1914, abgdr. u. a. in: Correspondenzblatt Nr. 32 v. 8. 8. 1914 und den »Leitartikeln«, Correspondenzblatt Nr. 33 v. 15. 8. 1914.
109 Vgl. den Bericht über die Tätigkeit des Arbeiterinnensekretariats für den Gewerkschaftskongreß 1919, Protokoll Gewerkschaftskongreß 1919, S. 244–248 und Losseff-Tillmanns, S. 345 ff.
110 Vgl. Hedwig Wachenheim, Vom Großbürgertum zur Sozialdemokratie. Memoiren einer Reformistin, Berlin 1973, S. 57–60.
111 Vgl. Bericht des Parteivorstandes, Parteitag der SPD Thema »Sozialdemokratie und Volkserziehung«, Parteitag Mannheim 1906, S. 323 ff.
112 Parteitag SPD 1919, S. 464.
113 Chronik der deutschen Sozialdemokratie, Berlin/Bonn 1975, Bd. II, S. 73.
114 Reichsfrauentag der SPD 1921, S. 11–21 und 28–45.
115 Parteitag der SPD 1921, S. 17.
116 Siehe USPD-Parteitag Jan. 1922, S. 208–228, 235–239 (Referentin: M. Wurm).
117 Ad. Braun, Parteitag Würzburg 1917, S. 435.
118 Parteitag Würzburg 1917, S. 470.
119 Gewerkschaftskongreß vom Juli 1919, S. 412 f. Vgl. d. Referate von G. Hanna auf der Frauenkonferenz der SPD vom Juni 1919, S. 486–491. Die wichtigste Demobilmachungsverordnung v. 28. 3. 1919 sah u. a. vor, daß Arbeitnehmer entlassen werden konnten, die nicht auf Erwerb angewiesen und bei Kriegsausbruch noch keinen Erwerbsberuf hatten. Vgl. Losseff-Tillmanns, S. 399 ff.
120 Prot. USPD Nov./Dez. 1919, S. 511–521.
121 Prot. SPD 1921, Anhang Reichsfrauentag 1921, S. 30.
122 Programmatische Dokumente, S. 199.
123 Helene Lange/Gertrud Bäumer (Hrsg.), Handbuch der Frauenbewegung, Berlin 1901–1902, I. II, S. 247.
124 Berechnet nach den Statistischen Beilagen des Correspondenzblattes. Alle folgenden Streikzahlen entstammen diesem Material. Vgl. Tabelle 14.
125 Vgl. Hohorst, Kocka, Ritter, S. 67.
126 Für die genaue Entwicklung in den Jahren 1900 bis 1920 vgl. Tabelle 14.
127 Vgl. J. Kocka, Klassengesellschaft im Krieg, S. 96 f.
128 Zur Entstehung und Entwicklung der Massenbewegungen siehe Gerald D. Feldman/Eberhard Kolb/Reinhard Rürup, Die Massenbewegungen der Arbeiterschaft in Deutschland am Ende des 1. Welt-

krieges, in: Politische Vierteljahresschrift XIII, 1972, S. 84–105 sowie Friedhelm Boll, Spontaneität der Basis und politische Funktion des Streiks 1914–1918. Das Beispiel Braunschweig, in: AfS XVII, 1977, S. 337–366.

129 Die bisher beste Integration von Sozialgeschichte, Organisations- und Ideologiegeschichte, in die die Entstehung der lokalen Massenbewegung eingeschlossen ist, liegt für Hamburg vor. Volker Ullrich, Die Hamburger Arbeiterbewegung vom Vorabend des Ersten Weltkrieges bis zur Revolution 1918/19, 2 Bde., Hamburg 1976, vor allem S. 254 ff. – Die zahlreichen DDR-Dissertationen stehen leider unter dem Primat der Ideologiegeschichte. Sie enthalten reiches Material zum Thema.

130 Zu erwähnen ist Rolf Helbig/Wilhelm Langbein/Lothar Zymara. Beiträge zur Lage des weiblichen Proletariats und dessen aktive Einbeziehung in den Kampf der deutschen Arbeiterklasse gegen Imperialismus, Militarismus und Krieg in der III. Hauptperiode der Geschichte der deutschen Arbeiterbewegung. Phil. Diss. PH Leipzig 1974, mit reichem sozialgeschichtlichem Material, aber ohne systematische Berücksichtigung des Anteils und der Bedeutung der Frauen in den Massenbewegungen. Dazu fehlen noch zu viele einschlägige Lokalstudien.

131 Vgl. Boll, Spontaneität, a.a.O., S. 337–345.

132 Vgl. V. Ullrich, S. 355.

133 Einzelne Hinweise auf die Bedeutung der Betriebe finden sich für die Revolutionären Obleute in Berlin bei R. Müller, Zwischen Kaiserreich und Republik; Ullrich, Hamburger Arbeiterbewegung sowie in der Studie über das Leuna-Werk; Eberhard Stein, Die Entstehung der Leuna-Werke und die Anfänge.

134 Vgl. Tabelle Nr. 8.

135 Vgl. Tabelle Nr. 8. Die USPD blieb hier unberücksichtigt.

136 Vgl. Kocka, Klassengesellschaft im Krieg, S. 13.

137 Vgl. Tabelle Nr. 6.

138 Siehe Feldman/Kolb/Rürup, Die Massenbewegungen, S. 86.

139 J. Kocka, Klassengesellschaft im Krieg, S. 13.

140 Für die genaue Entwicklung vgl. Tabelle 14.

141 G. Losseff-Tillmanns.

142 J. Kocka, Klassengesellschaft im Krieg, S. 15/18.

143 Gegenüber 1913 hatte sich 1917 die Zahl der an gewerkschaftlichen »Bewegungen ohne Arbeitseinstellung« Beteiligten verdreifacht (von 965 537 auf 2 732 341) bei einer gleichzeitig stark angestiegenen Erfolgsrate, siehe Statistische Beilage des Correspondenz-Blattes Nr. 4 vom 20. 12. 1919, S. 87.

144 Von Gersdorff, S. 515.

145 G. Losseff-Tillmanns, S. 444.

146 Ebenda, S. 446 ff.

147 Vgl. Tabelle Nr. 15 und 16.
148 Vgl. Tabelle Nr. 17. Über ein Gegenbeispiel berichtet L. Zietz auf dem USPD-Parteitag 1922, S. 134.
149 Vgl. Protokoll des SPD-Parteitages zu Kassel, 10.–16. 10. 1920, Berlin 1920, S. 68; Protokoll des SPD-Parteitags zu Heidelberg, 13.–18. 9. 1925, Berlin 1925, S. 345. Max Schneider: Die deutsche Wählerin, in: Die Gesellschaft, 1927, II. Bd., S. 364–370.
150 Ähnlich auch W. Thönnessen, Frauenemanzipation, S. 129 f.
151 Thönnessen, S. 85.
152 Siehe dazu Dörte Winkler, Frauenarbeit versus Frauenideologie. Probleme der weiblichen Erwerbstätigkeit in Deutschland 1930–1945, in: AfS XVII, 1977, S. 99–126, bes. S. 99 ff.

Tabelle 1

Die weiblichen Beschäftigten nach Wirtschaftsbereichen 1875–1958 (in 1000)

Jahr	Landwirtschaft, Forstwirtschaft, Fischerei	Bergbau und Salinen	Industrie und Handwerk	Handel, Banken, Versicherungen, Gaststätten	Verkehr	sonstige Dienstleistungen	häusliche Dienste	insgesamt	Beschäftigte insgesamt
	1	2	3	4	5	6	7	8	9
1875		12	960	376	7				18 643
1882	3 935	14	1 200	494	8	116	1 400	7 167	19 958
1895	4 153	17	1 536	770	12	180	1 490	8 158	23 405
1907	4 509	21	2 154	1 284	36	301	1 430	9 825	28 166
1925	4 970	11	2 924	1 621	95	650	1 330	11 601	31 033
1933	4 649	9	2 246	1 737	89	901	1 055	10 686	26 687
1939	5 941	13	3 836	2 231	160	1 250	1 510	14 941	
1950	2 715	12	1 832	1 163	131	775	564	7 192	20 459
1958	2 168	13	2 759	2 355		1973		9 268	24 945

Quelle: *W. G. Hoffmann,* Das Wachstum der deutschen Wirtschaft, Berlin/Heidelberg/New York 1965, S. 210, 205.

Tabelle 2

Anteil der weiblichen Beschäftigten nach Wirtschaftsbereichen in Prozenten der Gesamtzahl der Beschäftigten

	Land-wirt-schaft	Bergbau, Industrie, Handwerk	Handel, Banken, Verkehr	häusliche Dienste	insgesamt
1882	54,9	16,9	7,0	19,5	35,9
1895	50,9	19,0	9,6	18,2	34,9
1907	46,8	22,0	13,4	14,5	34,9
1925	42,8	25,3	14,8	11,5	37,4

Quelle: Errechnet nach *W. G. Hoffmann,* S. 210, 205.

Tabelle 3

Erwerbstätige und ihre Angehörigen nach Stellung im Beruf (in 1000)

Wirtschafts-sektor	Jahr	Selbständige			Angestellte			Arbeiter		
		Summe	davon weiblich absolut	%	Summe	davon weiblich absolut	%	Summe	davon weibl. absolut	%
A)	1882	2 288	277	12,1	67	6	8,8	5 882	2 252	38,3
Landwirtschaft	1895	2 569	347	13,5	96	18	18,8	5 628	2 388	42,4
	1907	2 501	328	13,1	99	16	16,5	7 283	4 254	58,4
B)	1882	2 201	579	26,3	99	2	2,3	4 096	545	13,3
Industrie	1895	2 062	519	25,2	264	9	3,5	5 956	992	16,7
	1907	1 977	477	24,1	686	64	9,3	8 593	1 563	18,2
C)	1882	702	151	21,5	142	3	2,2	727	144	19,9
Handel und Verkehr	1895	844	203	24,0	262	12	4,6	1 233	365	29,6
	1907	1 012	247	24,4	506	80	15,8	1 960	605	30,9
Zusammen	1882	5 191	1 007	19,4	307	11	3,7	10 705	2 941	27,5
A) bis C)	1895	5 474	1 069	19,5	622	39	6,3	12 817	3 745	29,2
	1907	5 490	1 052	19,0	1 291	160	12,4	17 836	6 422	36,0

Quelle: Nach *G. Hohorst / J. Kocka / G. A. Ritter,* Sozialgeschichtliches Arbeitsbuch, München 1975, S. 67.

Tabelle 4

Frauenanteil in ausgewählten Industriezweigen in Prozenten

	1895[1]	1907[2]	1925[3]
Handel	24,3	38,4	
Papier	32,8	34,4	
Bekleidung	43,7	47,5	58,4
Textil	49,4	51,3	58,7
Reinigung	59,2	54,7	
Beherbergung und Erquickung	63,5	60,7	

Quellen: [1] *Correspondenzblatt*, 26. 7. 1897, S. 183.
[2] *J. Kuczynski*, Bd. 18, S. 109.
[3] *Ebda.*, S. 210.

Tabelle 5

Stellung der Frau nach Qualifikation in ausgewählten Berufen 1895

		Frauenanteil in %	
	gesamt	Gesellen, Gehilfen, Lehrlinge	Hilfsarbeiter
Buchbinder	31,9	8,5	72,9
Buchdrucker	12,9	2,7	56,0
Fabrikarbeiter	25,2	—	25,2
Handlungsgehilfen	30,2	30,2	—
Holzarbeiter	2,2	2,2	—
Holzarbeiter (Hilfsarbeiter)	16,7	—	16,7
Metallarbeiter	4,2	0,7	16,0
Schneider	58,0	57,8	65,0
Tabakarbeiter	53,6	48,6	65,4
Textilarbeiter	49,4	45,7	53,9
Gastwirtsgehilfen	63,2	41,5	74,6

Quelle: Berechnet nach der Gewerbezählung 1895, in: *Correspondenzblatt* vom 26. 7. 1897, S. 186 f. Dort auch die Hinweise über die in diesen Berufsangaben zusammengefaßten Tabellen der Reichsstatistik.

Tabelle 6

Umschichtung von Arbeitskräften 1913–1918 in Betrieben mit mindestens 10 Beschäftigten

	1913 (in 1000)	1918 (in 1000)	Veränderung 1913–18 (in %)
Männer			
Erwachsene	5 410	4 046	– 25
unter 16	384	421	+ 10
insgesamt	5 794	4 467	– 23
Frauen			
Erwachsene	1 406	2 139	+ 52
unter 16	187	181	– 3
insgesamt	1 593	2 320	+ 46
Männer und Frauen			
Erwachsene	6 816	6 185	– 9
unter 16	571	602	+ 6
insgesamt	7 387	6 787	– 8

Quelle: *J. Kocka*, Klassengesellschaft im Krieg. Deutsche Sozialgeschichte 1914–1918, Göttingen 1973, S. 12.

Tabelle 7

Frauenanteile in ausgewählten Gewerkschaften

Verband	1900 absolut	1900 in %	1905 absolut	1905 in %	1910 absolut	1910 in %	1913 absolut	1913 in %	1914 absolut	1914 in %
in allen Gewerkschaften	22 844	3,4	74 411	5,5	161 512	8,0	230 347	8,9	210 314	10,1
Buchbinder	3 046	29,2	6 261	37,3	12 308	45,7	16 560	49,7	14 674	51,1
Buchdruckerei-Hilfsarbeiter (ab 1919 graph. Hilfsarbeiter)	698	48,1	3 773	54,7	8 965	56,9	8 530	54,2	7 248	54,1
Fabrikarbeiter	2 889	9,4	5 836	8,7	19 213	12,1	27 131	12,5	24 528	14,1
Gemeindebetriebsarbeiter u. Staatsarbeiter	–	–	406	2,3	861	2,4	1 511	2,8	1 578	3,5
Handlungsgehilfen	80	10,7	2 372	49,5	6 882	59,7	13 104	54,7	14 176	57,0
Hausangestellte	–	–	–	–	–	–	–	–	–	–
Holzarbeiter	726	0,9	1 205	0,8	4 354	2,7	7 321	3,7	6 970	4,4
Hutmacher	121	4,6	873	16,9	3 584	48,5	5 678	49,1	5 815	53,6
Landarbeiter	–	–	–	–	–	–	–	–	–	–
Metallarbeiter	2 693	2,7	9 097	3,9	19 610	4,7	27 971	5,0	25 207	5,5
Schneider (ab 1919 Bekleidungsarbeiter)	758	4,8	2 085	7,3	8 060	19,1	9 684	19,4	7 946	19,8
Schuhmacher	1 916	9,9	3 092	11,7	6 443	16,1	8 943	19,9	7 913	21,2
Tabakarbeiter	3 922	21,2	11 422	46,4	15 400	47,2	16 664	48,7	12 963	47,7
Textilarbeiter	5 254	15,3	20 598	30,8	39 524	34,7	54 846	38,8	50 213	41,3
Transportarbeiter	–	–	1 070	2,3	5 321	4,3	8 930	3,9	8 889	4,9

Quelle: Nach den *Statistischen Beilagen* des *Correspondenzblatts* bzw. nach den Aufstellungen der *Gewerkschafts-Zeitung.*

Tabelle 7 (Fortsetzung)

Frauenanteile in ausgewählten Gewerkschaften

1915		1916		1917		1918		1919		1920		1925	
absolut	in %	absolut	in %	absolut	in %	absolut	in %	absolut	in %	absolut	in %	absolut	in %
177 535	15,3	185 810	19,2	268 614	24,3	422 957	25,4	1 192 767	21,8	1 710 761	21,7	751 585	18,1
11 183	59,8	11 039	64,8	12 463	69,8	17 210	72,1	40 609	68,9	56 965	69,9	36 166	68,0
4 837	61,8	4 542	67,9	4 913	72,7	6 607	72,4	17 955	66,8	26 605	67,2	24 643	67,0
19 791	20,2	19 828	24,1	30 928	32,7	52 507	36,6	146 753	30,7	184 682	28,7	84 990	24,7
1 612	5,6	2 187	8,3	4 746	16,6	11 583	24,6	43 374	21,5	61 382	21,3	29 464	15,0
14 728	71,4	15 302	79,6	17 073	83,9	21 189	79,3	107 796	54,7	–	–	–	–
–	–	–	–	–	–	–	–	24 840	99,2	24 255	98,8	–	–
6 019	7,2	6 581	9,6	13 318	16,8	20 071	18,5	32 941	11,6	41 040	10,8	26 243	8,7
5 343	63,9	5 316	67,5	5 763	71,9	6 562	72,1	11 510	66,0	14 572	66,7	12 635	66,0
–	–	–	–	–	–	–	–	63 602	23,9	173 543	24,9	27 014	17,4
23 199	8,4	31 031	13,1	62 314	19,3	98 256	20,8	191 904	14,7	220 799	13,4	63 945	8,5
7 672	28,7	7 679	33,9	10 340	44,7	17 896	53,3	67 239	58,7	85 731	59,7	46 716	53,4
6 131	27,9	6 041	33,2	6 920	40,6	11 364	48,0	29 916	42,4	39 324	41,4	38 081	43,8
11 207	48,6	14 879	56,1	16 450	59,7	18 777	64,3	42 539	74,5	76 263	77,5	47 948	76,2
39 615	51,3	35 889	58,2	45 971	69,2	67 797	74,3	204 982	66,4	321 532	65,4	199 309	61,7
7 540	8,5	7 889	12,2	11 572	19,2	20 372	21,8	53 541	13,6	77 970	13,7	26 159	9,1

Tabelle 8

Übersicht über die Mitgliedschaft von Frauen in SPD, USPD und Freien Gewerkschaften 1892–1925

	Freie Gewerkschaften			SPD			USPD		
Jahr	Mitglieder insgesamt	weibl. Mitglieder absolut	weibl. Mitglieder in %	Mitglieder insgesamt	weibl. Mitglieder absolut	weibl. Mitglieder in %	Mitglieder insgesamt	weibl. Mitglieder absolut	weibl. Mitglieder in %
1892	237 094	4 355	1,8						
1893	223 530	5 384	2,4						
1894	246 494	5 251	2,1						
1895	259 175	6 697	2,6						
1896	329 230	15 265	4,6						
1897	412 359	14 644	3,5						
1898	493 742	13 481	2,7						
1899	580 473	19 280	3,3						
1900	680 427	22 844	3,4						
1901	677 510	23 699	3,3						
1902	733 206	28 218	3,8						
1903	887 698	40 666	4,6						
1904	1 052 108	48 604	4,6						
1905	1 344 803	74 411	5,5						
1906	1 689 709	118 908	7,0	384 000	6 460	1,7			
1907	1 865 506	136 929	7,3	530 000	10 943	2,1			
1908	1 831 731	138 443	7,6	587 000	29 458	5,6			
1909	1 832 667	133 888	7,3	633 000	62 259	9,8			

Tabelle 8 (Fortsetzung)

Übersicht über die Mitgliedschaft von Frauen in SPD, USPD und Freien Gewerkschaften 1892–1925

	Freie Gewerkschaften			SPD			USPD		
Jahr	Mitglieder insgesamt	weibl. Mitglieder absolut	in %	Mitglieder insgesamt	weibl. Mitglieder absolut	in %	Mitglieder insgesamt	weibl. Mitglieder absolut	in %
1910	2 017 298	161 512	8,0	720 000	82 642	11,5			
1911	2 339 785	191 332	8,2	836 000	107 693	12,9			
1912	2 553 162	222 809	8,7	970 000	130 371	13,4			
1913	2 573 718	230 347	8,9	982 000	141 115	14,4			
1914	2 075 759	210 314	10,1	1 085 905	174 754	16,1			
1915	1 159 497	177 535	15,3	515 898					
1916	966 705	185 810	19,2	432 618	107 336	24,8			
1917	1 106 657	268 614	24,3	243 061	66 608	27,4			
1918	1 664 991	422 957	25,4	249 411	70 659	28,3			
1919	5 479 073	1 192 767	21,8	1 012 299	206 354	20,4	750 000		
1920	7 890 102	1 710 761	21,7	1 180 208	207 000	17,5	893 923	135 464	15,2
1921	7 567 978	1 518 341	20,1	1 221 059	192 485	15,8	300 659	44 766	14,9
1922	7 895 065	1 687 840	21,4	1 174 105	184 099	15,7	290 762	38 560	13,3
1923	7 133 416	1 526 155	21,4	1 261 072	130 000	10,3			
1924	4 618 353	921 140	19,9	940 078	148 125	15,8			
1925	4 156 451	751 585	18,1	844 495	152 693	18,1			

Quelle: Gewerkschaftsmitglieder nach *Jahrbuch des ADGB 1925*, Berlin 1926, S. 150; SPD/USPD-Mitglieder nach den Parteitagsprotokollen von SPD und USPD; *W. Thönnessen*, Frauenemanzipation, S. 131.

Tabelle 9

Weibliche Teilnehmer an Parteitagen von SPD und USPD 1896–1925

Jahr	SPD Teilnehmer insgesamt	SPD weibl. Teilnehmer absolut	SPD weibl. Teilnehmer in %	SPD weibl. Mitglieder der Partei in%	USPD Teilnehmer insgesamt	USPD weibl. Teilnehmer absolut	USPD weibl. Teilnehmer in %	USPD weibl. Mitglieder der Partei in%
1896	216	10	4,6					
1898	251	6	2,4					
1899	241	5	2,0					
1900	244	7	2,9					
1901	228	8	3,5					
1902	259	12	4,6					
1903	322	11	3,4					
1904	283	15	5,3					
1905	320	15	4,7					
1906	400	31	7,7	1,7				
1907	310	16	5,2	2,1				
1908	389	30	7,7	5,6				
1909	350	18	5,1	9,8				
1910	396	22	5,6	11,5				
1911	405	36	8,9	12,9				
1912	527	29	5,5	13,4				
1913	387	28	7,2	14,4				
1917	365	9	2,5	27,4	143			
1919	476	48	10,1	20,4	März: 208 Nov: 256	22 24	10,6 9,4	
1920	386	47	12,2	17,5	458	42	9,2	15,2
1921	382	48	12,6	15,8				
1922	Sept: 353	40	11,3	15,7	Jan: 230 Sept: 191	28 16	12,2 8,4	14,9 13,3
	VSPD 281	25	8,9	15,2				
1924	399	55	13,8	15,8				
1925	399	50	12,6	18,1				

Quelle: Präsenzlisten der Parteitage von SPD und USPD.

Tabelle 10

Kongreßteilnahme von weiblichen Delegierten

Kongreß	Delegierte insg.	weibl. Delegierte absolut	weibl. Delegierte in %	weibl. Organisationsanteil in %	In Vorstand gewählt	Als Vertreter der Generalkom. bzw. d. ADGB anwesend Männer - Frauen
1892	208	4	1,9	1,8	W. Kähler	
1896	139	1	0,7	4,6	W. Kähler	
1899	130	2	1,5	3,3	–	
1902	156	6	3,9	3,8	–	
1905	208	3	1,4	5,5	–	13 : 1
1908	324	3	0,9	7,6	–	15 : 1
1910	420	7	1,7	8,0	–	15 : 1
1911	386	3	0,8	8,2	–	18 : 1
1914	448	5	1,1	10,1	–	18 : 1
1919	645	7	1,1	21,8	–	16 : 1
1922	694	7	1,1	21,4	–	25 : 1
1925	314	4	1,3	18,1	–	24 : 1

Quelle: Präsenzlisten der Gewerkschaftskongresse.

Tabelle 11

Weibliche Abgeordnete von SPD und USPD in der Nationalversammlung und in den Reichstagen 1920–1924

	SPD				USPD			
Jahr	Zahl der Abgeordneten	weibl. Abgeordnete absolut	weibl. Abgeordnete in %	weibl. Mitglieder der Partei in %	Zahl der Abgeordneten	weibl. Abgeordnete absolut	weibl. Abgeordnete in %	weibl. Mitglieder der Partei in %
1919	163	22	13,5	20,4	22	3	13,6	
1920	113	13	11,5	17,5	81	9	11,1	15,2
1921					61 nach der Spaltung	8	13,1	14,9
1924	Mai: 100 Dez: 131	11 16	11,0 12,2	 15,8				

Quelle: *Max Schwarz,* MdR. Biographisches Handbuch der Reichstage, Hannover 1965, S. 822 f., und *Hartfrid Krause,* USPD. Zur Geschichte der Unabhängigen Sozialdemokratischen Partei Deutschlands, Frankfurt/Köln 1975, S. 312 f.

Tabelle 12

Auflagenhöhe sozialdemokratischer Frauenzeitungen 1914–1922

	Gleichheit	Gewerkschaftliche Frauenzeitung	Kämpferin
Juli 1914	124 000		
Dez. 1914	58 000		
Jan. 1916	45 000	52 000	
1917	30 000	100 000	
1919	33 000	350 000	30 000
1920	11 000	400 000	72 000
1922	25 000	450 000	35 000

Quelle: Zahlen für »Gleichheit«: *W. Thönnessen,* S. 134; Zahlen für »Gewerkschaftliche Frauenzeitung«: *Protokoll Gewerkschaftskongreß 1919,* S. 252 und 419, *Protokoll Gewerkschaftskongreß 1922,* S. 226; Zahlen für »Kämpferin«: *Protokoll Generalversammlung USPD Nov./Dez. 1919,* S. 474; *Protokolle USPD Okt. 1920,* S. 24, und *Protokoll USPD Jan. 1922,* S. 203.

Tabelle 13

Relation der Frauenlöhne zu den entsprechenden Männerlöhnen 1890–1913 (in Prozenten)

Jahr	Erzgebirge Strumpfindustrie, Wirker und Hilfsarbeiterinnen	Hofer Baumwollindustrie, Weber	Krefelder Samtindustrie Weber und Winderinnen	Nürnberger Zeitungsdruckereien, Setzer und Hilfsarb.	Kohlenbergbau üb. Tage	
					Oberschlesien	Niederschlesien
1890	40,8	29,4	32,3	66,9	57,1	40,8
1891	42,0	29,4	36,4	68,3	58,1	40,8
1892	39,7	35,3	43,3	66,8	58,8	41,7
1893	45,9	29,4	42,1	67,5	58,6	43,4
1894	48,9	–	44,5	66,8	58,6	43,6
1895	47,3	–	31,1	65,6	57,9	44,3
1896	44,6	26,5	38,4	63,8	58,3	44,2
1897	42,6	35,0	38,4	67,1	58,6	45,5
1898	41,8	26,3	32,1	63,2	58,5	43,5
1899	43,2	26,3	39,6	63,7	58,2	42,6
1900	44,0	25,0	41,2	63,6	58,3	42,9
1901	42,6	27,5	40,0	62,6	57,6	41,8
1902	45,3	25,0	37,8	63,6	57,8	43,0
1903	43,3	25,0	37,7	63,0	58,5	44,0
1904	42,3	34,8	–	–	58,0	44,7
1905	42,0	36,2	–	–	58,1	44,0
1906	43,7	38,0	–	–	58,4	44,9
1907	40,9	–	–	–	58,7	46,5
1908	39,0	–	–	–	59,3	46,2
1909	41,3	37,0	–	–	59,4	46,7
1910	41,2	35,3	–	–	59,7	47,2
1911	42,7	35,3	–	–	60,1	48,1
1912	41,4	34,5	–	–	60,7	49,5
1913	44,2	36,7	–	–	61,5	48,9

Quelle: Nach *J. Kuczynski,* Bd. 18, S. 175 f.

Tabelle 14

Beteiligung an Streiks und Aussperrungen nach Geschlecht 1900–1920

	Gesamtbeteiligung	Männer	Frauen	Bei Beginn organis. Männer	Bei Beginn organis. Frauen	6 Monate vorher org. Männer	6 Monate vorher org. Frauen
1900	115 711	111 441	4 270	71 293	2 651	35 645	1 058
1901	48 522	45 196	3 326	36 098	1 151	25 233	542
1902	55 713	52 285	3 428	41 199	2 043	23 415	1 051
1903	121 593	108 883	12 710				
1904	135 957	130 909	5 048				
1905	507 964	473 039	34 925	234 293	21 008	176 098	12 802
1906	316 042	289 537	26 505	218 454	15 717	150 401	6 546
1907	281 030	254 544	26 486	193 480	14 060	143 629	7 734
1908	126 883	115 991	10 892	83 412	5 803	69 769	4 086
1909	131 244	123 318	7 926	94 924	4 846	75 030	2 585
1910	369 011	348 051	20 960	271 977	15 636	227 986	7 215
1911	325 253	274 173	51 080	217 486	27 399	166 652	12 594
1912	479 589	452 032	27 557	245 663	18 618	188 852	9 913
1913	248 986	228 254	20 732	175 179	9 083	143 540	5 375
1914	96 681	82 502	14 179	62 317	5 762	50 387	4 352
1915	2 221						
1916	14 639	12 646	1 993	6 526	520	3 408	140
1917	66 634	43 551	23 083	14 635	5 765	8 019	2 325
1918	21 733	16 003	5 730				
1919	764 460	661 097	103 363	400 382	61 869	244 418	26 838
1920	940 081	813 477	126 604	586 415	95 608	463 369	67 025
1900–1914	3 360 179	3 090 155	270 024	1 945 774	143 777	1 476 637	73 202
1916–1920	1 807 547	1 546 774	260 773				

Quelle: *Statistische Beilagen* zum *Correspondenzblatt* 1901–1921.

Ute Frevert

Frauen im freigewerkschaftlichen »Zentralverband der Angestellten« – oder das Auseinanderklaffen von allgemeiner und Frauenemanzipation in der sozialdemokratischen Praxis der Weimarer Republik

I. Vorbemerkung

Dieses Papier setzt am Schnittpunkt zweier Problemkreise an (Frauen und Angestellte), mit denen sich die sozialdemokratische Bewegung in der Weimarer Republik konfrontiert sah. Anhand einer Fallstudie (Frauenpolitik des ZdA) soll aufgezeigt werden, wie das Zusammenwirken theoretischer Defizite und geschlechtsbezogener Borniertheit in der gewerkschaftlichen Tagespolitik die aktive Diskriminierung weiblicher Mitglieder begünstigte und damit die (in der Theorie geschlossene) Schere zwischen weiblicher und proletarischer Emanzipation weit auseinanderklaffen ließ.

Entgegen ihrem expliziten Anspruch erwies sich die sozialdemokratische Organisation (Partei wie Gewerkschaft) neben Familie und Beruf als zusätzliches gesellschaftlich-persönliches Repressionsinstrument, ganz und gar ungeeignet, die individuelle und soziale Befreiung der Frauen (oder auch nur ihre Gleichberechtigung) zu unterstützen und vorwärtszutreiben.

Dieser Negativzusammenhang findet sich in sämtlichen sozialdemokratischen und freigewerkschaftlichen Verbänden des Kaiserreiches und der Weimarer Republik. Demgegenüber erklärt sich die Wahl des ZdA in diesem Papier aus den Vorarbeiten, die ich im Rahmen einer Analyse weiblicher Angestellter und ihrer Organisationen zwischen 1918 und 1933 angefertigt habe[1]. In dieser sozialgeschichtlichen Studie wurde versucht, aus den Alltagserfahrungen weiblicher Angestellter im Beruf und in der Familie mögliche Emanzipationserwartungen oder -bedürfnisse zu rekonstruieren, die da mit den Emanzipationsstrategien der einzelnen Berufsverbände (Gewerkschaftsbund der Angestellten, ZdA, Verband der weiblichen Handels- und Büroangestellten) konfrontiert wurden. Leider ist es unter der hier verfolgten und sehr begrenzten Fragestellung nicht möglich, komplexere Beziehungen sozialhistorischer Art mitzureflektieren, so daß dieser

Diskussionsbeitrag zwangsläufig eine eher organisationsgeschichtliche Tendenz repräsentiert[2].

II. Die deutsche Sozialdemokratie und die Organisierung von Frauen

Nachdem die zunehmende Einbeziehung der Frauen in den außerhäuslichen Produktionsprozeß nicht mehr unter Hinweis auf die weibliche »Schmutzkonkurrenz« und die beklagte »Vernichtung der Familie« bekämpft oder gar rückgängig gemacht werden konnte, sondern als quasi natürliches Entwicklungsgesetz kapitalistischer Produktion begriffen wurde, machten die sozialdemokratischen Parteitheoretiker aus der Not eine Tugend: weibliche Erwerbsarbeit wurde nunmehr als Möglichkeit interpretiert, die Frau durch Überschreitung der privaten Enge ihres häuslichen Gesichtskreises zu einem realen Bewußtsein ihrer gesellschaftlichen Unterdrückung und zur Teilnahme am proletarischen Klassenkampf zu motivieren.

In der Berufstätigkeit der Arbeiterin lag nach Bebel und Zetkin ein doppeltes Emanzipationsangebot: einmal durch die Gewährung materieller Unabhängigkeit der Arbeiterfrau und die gleichzeitige Auflösung der anachronistischen Patrimonialfamilie, und darüber hinaus über die Einbeziehung der Proletarierin in den Klassenkampf ihrer Genossen als Schritt zur allgemein menschlichen Emanzipation.

Unter Maßgabe dieser proletarischen Emanzipationstheorie wurde es für Partei und Gewerkschaften zum ideologischen (und vor allem Selbsterhaltungs-) Gebot, Frauen als Mitglieder zu gewinnen. Dieser politische Integrationsprozeß konnte zwar einen enormen numerischen Erfolg verbuchen, blieb jedoch formaler Natur, indem er die Frauen – in eben derjenigen Konsequenz, die sich aus ihrer theoretisch abgesicherten Objektrolle im Klassenkampf ableitete – auf ein stummes Akklamationspotential reduzierte und ihnen jegliche inhaltliche Einflußmöglichkeit versagte.

Die Ineinssetzung von Frauenemanzipation und allgemeiner Befreiung vom Kapitalismus führte in der sozialdemokratischen Praxis zur totalen Unterordnung der Frauen unter eine von Männern nach ihren eigenen (von ihnen selbst jedoch als allgemein verstandenen) Interessen bestimmte Politik. Die Negierung spezifischer Frauenprobleme, der Verzicht auf die Analyse des Frauenalltags im Produktions- und Reproduktionsbereich und damit auf die Anerkennung einer zusätzlichen, durch soziale und Personenbeziehungen vermittelten Repressionserfahrung von Frauen bedingte eine weitgehend wirklichkeitsfremde Vorstellung von den Integrationsmöglichkeiten der Arbeiterinnen in Partei und Gewerkschaften.

Die in der Theorie fundierte Geringschätzung des »weiblichen Lebenszusammenhangs«[3] als (objektiv retardierender) Determinante weiblichen Organisationsverhaltens traf zudem auf einen in der deutschen Arbeiterbewegung mit ihren kleinbürgerlichen Traditionen vehement vertretenen männlichen Chauvinismus, der eine Infragestellung patriarchalischer Machtpositionen in Familie und öffentlicher Organisation nicht zuließ.

Andererseits war der Protest der Genossinnen gegen die offensichtliche Ungleichbehandlung viel zu schwach und individualistisch, um als »Basisrebellion« ernstgenommen zu werden. Die meisten Frauen in den sozialdemokratischen Organisationen verhielten sich – auch in der Weimarer Republik – traditionsgemäß passiv; sie verbrauchten ihre Energie bei schlechtbezahlter Fabrik- oder Büroarbeit und unbezahlter Hausarbeit und hatten darüber hinaus weder Zeit noch Motivation, den beschwerlichen Kampf um die Anerkennung und Berücksichtigung der eigenen Bedürfnisse (die sich von denen der Männer aufgrund verschiedener sozialer Erfahrungsräume deutlich unterscheiden mußten) in Partei und Gewerkschaften zu führen.

Diese Passivität und Zurückhaltung wurde wiederum von den männlichen Funktionären als grundsätzliches Desinteresse ausgelegt und folgerichtig zur Legitimation der eigenen Vormachtstellung angeführt. Nur wenige Frauen bemühten sich, den Teufelskreis aus sexistischen Vorurteilen, Machtkampf und objektiven Artikulationsbarrieren der weiblichen Mitglieder zu sprengen – und wenn sie es taten, waren sie zumeist erfolglos.

III. Frauenpolitik im ZdA

Der ZdA als sozialistische Angestelltenorganisation war im Jahre 1919 durch die Verschmelzung des Zentralverbandes der Handlungsgehilfen[4] mit dem Verband der deutschen Versicherungsbeamten und dem Verband der Bureauangestellten entstanden; mit 175 204 weiblichen Mitgliedern (von insgesamt 366 051) erfaßte er 1919 mehr als die Hälfte (56%) aller organisierten weiblichen Angestellten, ohne allerdings diesen Anteil halten zu können: 1930 waren bei einem unwesentlichen Rückgang der Gesamtzahl organisierter Frauen nur noch 35% im ZdA organisiert.

Dieser anfängliche Mitgliederboom des freigewerkschaftlichen Verbandes[5] ist ein prägnanter Ausdruck des politischen »Linksrutsches« der gesamten Angestelltenschaft, wie er sich während des Weltkrieges und vor allem in der Novemberrevolution abzeichnete. Der ZdA, der die »Vergewerkschaftung« der Angestelltenverbände am konsequentesten betrieben hatte und sich als ein führender Faktor der Novemberrevolution verstand, profitierte am meisten vom »Sog« der revolutionären Atmosphäre, dem auch die weiblichen Angestellten anheimfielen. Immerhin waren 1919 genau ein Drittel der insgesamt organisierten Angestellten Frauen[6], während 1925 nur jedes vierte Mitglied eines kaufmännischen Angestelltenverbandes weiblich war[7].

Unter dem relativen Rückgang der weiblichen Organisationsbereitschaft, die ihren Tiefpunkt 1926 erreichte, hatte besonders der ZdA zu leiden; er verlor in dieser Zeit 60,5% seiner weiblichen Mitglieder (der VWA als reiner Frauenverband dagegen »nur« 35,5%). Die unvergleichlich hohe Fluktuation kann aufgrund ihrer Einmaligkeit nicht mehr nur durch ökonomische Krisenerfahrungen (Demobilmachung, Entlassungen nach der Inflation) und der daraus resultierenden allgemeinen Schwächung der Organisationsfähigkeit begründet werden, sondern verweist zugleich auf eine sehr geringe Integrationskapazität des Verbandes, dem es nicht gelang, die vielfach aus kontingenten oder opportunistischen Motiven beigetretenen Mitglieder (vor allem die Frauen) in ein festes Beziehungssystem einzubinden.

Diese Bindungslosigkeit charakterisierte vor allem die weiblichen Mitglieder, die ohnehin von ihrer Ausbildungs- und Berufssituation nicht zu einem konsequenten Engagement in Berufsorganisationen prädestiniert schienen[8].

Fast die Hälfte der Frauen (46%) arbeitete als Verkäuferinnen in Warenhäusern und Konsumgenossenschaften; nur 16% waren qualifizierte Stenotypistinnen und Korrespondentinnen, und Buchhalterinnen machten gar nur 5% der weiblichen ZdA-Mitglieder aus[9]. Die gemeinhin am schwierigsten organisierbaren Angestelltengruppen – besonders die Einzelhandelsverkäuferinnen, die in anderen Berufsverbänden nur geringfügig repräsentiert waren – bildeten folglich den Hauptteil der weiblichen ZdA-Mitgliedschaft. Daß es dem ZdA nicht gelang, einen festen und dauerhaften Kern weiblicher Mitglieder zu schaffen, der durch umfassende Strategien in den Verband integriert wurde, resultierte primär aus der Abneigung der Verbandsführung, sich mit den besonderen Problemen der Organisation von Frauen zu beschäftigen.

Dieses offenkundige Desinteresse verhinderte sehr lange die Entwicklung frauenspezifischer Werbemethoden; überdies sahen die männlichen Funktionäre keine Veranlassung, den Frauen besondere Integrationsmöglichkeiten zuzugestehen. Zwar waren sie an allen Unterstützungseinrichtungen des Verbandes (wenn auch nicht gleichberechtigt) beteiligt – Krankenkasse, Stellenvermittlung, Tarifpolitik –, doch stand ihre reale Repräsentation in den verbandsinternen Institutionen im krassen Mißverhältnis zum weiblichen Mitgliederanteil. Auf dem 2. Verbandstag des ZdA 1924 befand sich unter 110 Delegierten nur eine Frau, auf dem 3. Verbandstag 1927 war das Verhältnis 71 zu 1. Auch unter den Verbandsfunktionären waren Frauen kaum vertreten[10].

Dieses Kräfteverhältnis, das sich – in etwas abgemilderter Form – auch in den Arbeitergewerkschaften wiederfand, war die direkte, wenn auch nicht intendierte, Folge der sozialdemokratischen Konzeption, die gemeinsame Organisation der Geschlechter als Bedingung für eine starke Arbeitnehmerposition anzusehen. Diese Auffassung wurde auch von den sozialdemokratischen Frauen und Gewerkschaftlerinnen geteilt, die nie den Versuch machten, aus der gemeinsamen Front auszuscheren, sondern nach wie vor den systematischen Ausführungen der »Altmeister« proletarischer Frauenemanzipationstheorien (Bebel, Zetkin, Lily Braun) verpflichtet waren[11].

Wenn auch der emphatische Ausruf Clara Zetkins »Wir erkennen gar keine besondere Frauenfrage an – wir erkennen keine besondere Arbeiterinnenfrage an!« von den sozialdemokratischen Frauen der Weimarer-Republik-Zeit nicht mehr kompromißlos akzeptiert wurde, so beschränkte sich doch ihr Einsatz für die besondere Frauenproblematik auf die defensive und letztlich erfolglose Forderung nach angemessener Repräsentation der Frauen in Partei und Gewerkschaften[12]. Daß diese Forderungen noch dazu höchst halbherzig ausgesprochen wurden, beweist eine Äußerung Gertrud Hannas (Leiterin des Arbeiterinnen-Sekretariats des ADGB), die es für »nicht angebracht« erachtete, »Frauen als Vertreterinnen zu irgendwelchen Ämtern nach der Zahl der weiblichen Mitglieder zu bestimmen. Für absehbare Zeit wenigstens kann dies nicht gefordert werden. Dazu ist die Mehrzahl der Frauen noch zu passiv«[13].

Der latenten und in Krisenzeiten (Demobilmachung, Rationalisierungsphase, Weltwirtschaftskrise) offenkundigen Frauenfeindlichkeit der Gewerkschaften standen die weiblichen Mitglieder hilflos gegenüber, da sie nicht einmal ein organisatorisches Zentrum besaßen, das ihren Widerstand hätte koordinieren können. In der Auffassung, »es gäbe in der Arbeiterbewegung keine reinen Frauenprobleme«[14], lehnten es sogar führende Frauen wie Gertrud Hanna ab, besondere Frauengruppen innerhalb der Gewerkschaften zu institutionalisieren. Das Argument, daß nur auf diesem Wege die Artikulation und stärkere Mitarbeit der Frauen erreicht würde – da die Frauen in allgemeinen Veranstaltungen zu unsicher wären –, beantwortete Hanna mit dem Hinweis auf die Gefahr, durch die Festschreibung spezifischer »Frauenfragen« ihre Immunisierung zu betreiben, indem die männlichen Genossen sich dann nicht mehr um diese Probleme kümmerten, sondern sie an die entsprechenden Frauenreferate und -konferenzen überweisen würden. Die konkrete Wirklichkeit sozialistischer Gewerkschaftstagungen ergab jedoch, daß auch ohne spezielle Institutionen Frauenprobleme nicht »vergesellschaftet«, sondern in eine unfreiwillige Gettosituation abgedrängt wurden.

Diese Erfahrung, die sich auf allen Ebenen sozialistischer Politik – auch außerhalb Deutschlands – wiederholte, unterstrich die dringende Notwendigkeit für die Frauen in »gemischten« Gewerkschaften, angesichts des dominierenden männlichen Einflusses ein starkes frauenrechtlerisches, »feministisches« Bewußtsein auszubilden, das sich mit der Reduktion der Frau zur »contribuens plebs« nicht zufriedengab und einen soliden Rückhalt in einer allgemeinen Emanzipationsbewegung fand. Trotz rationaler Solidaritätserklärungen mit den arbeitenden Frauen machten sich in den sozialdemokratischen Gewerkschaften nach wie vor »männlich-spießerhafte Vorurteile« (Hanna) gegen die Beteiligung von Frauen an verantwortlichen Verbandsfunktionen geltend und erwiesen sich gegenüber den schwachen Protesten der Frauen von großer Beharrungskraft.

Die immanente Rationalität patriarchalischer Herrschaftsausübung setzte sich auch auf der nüchternen Grundlage ökonomischer Interessenvertretung durch. »Diese begrifflichen Einflüsse (der männlichen Vorherrschaft, U. F.) sind schwer zu bekämpfen, weil der durch die besitzende Klasse beherrschte Arbeiter im Festhalten an der männlichen Vorherrschaftsideologie selbst zum Herrschenden gegenüber dem weiblichen Geschlecht wird und darin eine seelische Entschädigung für seine Gefühle des Unterdrücktseins findet.«[15]

Ein sprechender Beweis für diese Zusammenhänge waren die Diskussionen um die Repräsentation der Frauen in den Verbandsgremien des ZdA. Im Jahre 1919 konzipierte der ZdA ein »Frauensekretariat«, das sich der besonderen Agitation unter den weiblichen Angestellten widmen sollte. Doch war diesem Frauenreferat keine lange Dauer beschieden: es kapitulierte angesichts der Unvereinbarkeit spezifischer Frauenpolitik mit dem erklärten Grundsatz sozialistischer Gewerkschaftspolitik, eine gemeinsame Interessenvertretung weiblicher und männlicher Angestellter durchzuführen.

Wenn daher Lene Greetz, die Verantwortliche dieses Frauensekretariats, nach ihrem Einsatz für Frauenfragen in Kooperation mit den einzelnen Ortsgruppen erklärte: »Wenn ich besondere Frauenarbeit leisten soll, dann muß ich die Organisation in zwei Teile spalten, und das tue ich nicht!«[16], so kann dies nicht im Sinne des ZdA-Vorstandes interpretiert werden, der darin die Bestätigung seiner These sah, daß es »ausgesprochene Frauenfragen ... eben innerhalb einer Berufsorganisation in viel zu untergeordnetem Maße gibt«[17]; vielmehr verwies diese Äußerung auf die Dominanz männlicher (gleich allgemeiner) Interessen, die die Geringschätzung besonderer Frauenprobleme (als partikulare) beinhaltete. Sehr deutlich wurde diese Dominanz bei Tarifverhandlungen, in denen der ZdA zwar immer gleiche Bezahlung für die Frauen verlangte, unter dem Druck der Unternehmer aber nur allzuschnell bereit war, sich mit Abzügen von 10 bis 20% zufriedenzugeben[18]. Nicht einmal in Tarifverträgen mit Konsumgenossenschaften wurde das Prinzip der Gleichberechtigung der Geschlechter immer verwirklicht[19].

Geradezu zynisch mußte daher die Bemerkung des Vorstandsmitgliedes Ucko klingen, der von der Forderung einer Verbandsfunktionärin berichtete, an allen Tarifverhandlungen, die auch Frauenbelange betrafen, teilzunehmen: »Wohin soll das führen?

Können wir Kollegen nicht auch dafür eintreten, daß die weiblichen Angestellten dieselbe Entlohnung bekommen?! Das würde allerdings zu einer Zersplitterung führen, wenn bei jeder Tarifverhandlung ein männlicher und ein weiblicher Verbandspartner dabei sein muß«[20].

Im gleichen Zuammenhang führte das Vorstandsmitglied Urban aus, daß »tatsächlich in unserer Organisation spezifische Frauenfragen nicht zu erledigen sind, weil wir auf dem Standpunkt stehen, daß die Frau das gleiche Recht besitzt wie der Mann«[21]. Mit der Forderung nach besonderen Frauengruppen, Frauenreferaten und Frauensekretärinnen beanspruchten die weiblichen Mitglieder Sonderrechte, die ihnen in einer egalitären Organisation nicht zustünden. Außerdem seien Frauen meist gar nicht qualifiziert genug, um an verantwortlicher Stelle (z. B. bei Tarifverhandlungen) eingesetzt zu werden, so daß es »auch wirklich kein Schaden (wäre), wenn die Kolleginnen, soweit sie sich verhältnismäßig wenig um den Verband kümmern, den Auftrag zu ihrer Vertretung erteilten«[22].

Die Proteste der wenigen weiblichen Delegierten stießen angesichts dieser weitverbreiteten Überzeugung auf Granit. Erst als die weiblichen Mitgliederzahlen immer tiefer sanken – 1926 besaß der ZdA nur noch knapp zwei Fünftel seiner weiblichen Mitgliedschaft von 1919 –, zeichnete sich eine allmähliche Modifikation der harten Position der Verbandsführung ab. In den Geschäftsbereichen für 1927 und 1928 wurde die Frauenbildungsarbeit der Ortsgruppen besonders hervorgehoben, die der »Schulung und Anregung unserer weiblichen Mitglieder« dienen sollte[23].

Auf dem Verbandstag im gleichen Jahr kam es zu einer heftigen Auseinandersetzung zwischen den weiblichen Teilnehmern und dem Vorstand. Nachdem die sozialdemokratische Reichstagsabgeordnete Frau Bohm-Schuch auf die Aktivierung der weiblichen Mitgliedschaft hingewiesen hatte, nahm die einzige Delegierte, Lucie Fischer, in einer sehr gemäßigt abgefaßten Rede das auffällige Mißverhältnis in der Delegiertenzusammensetzung zum Anlaß, die »Frauenfrage« noch einmal grundsätzlich zu thematisieren. Ohne jede Polemik rückte sie die inhaltlichen Hemmnisse ins Blickfeld, die den Frauen das aktive Engagement in der Öffentlichkeit versperrten, und unterband damit den viktimologischen Hinweis auf die Selbstschuld der Frau an ihrer mangelnden Repräsentation. Dagegen verpflichtete sie die männlichen Kollegen, »auf Grund ihrer Vergangenheit mitzuwirken und dafür zu sorgen, daß die Gleichberechtigung der Frau auf wirtschaftlichem und auf politischem Gebiete nicht nur auf dem Papier steht, sondern Wirklichkeit wird«[24].

Die aus dem Verbandsbeirat herausgewählte Grete Sehner verwies noch einmal auf die Außenwirkung der mangelnden weiblichen Partizipation im ZdA, die »eine Schwächung unserer Position gegenüber den bürgerlichen Verbänden, insbesondere gegenüber dem Verband der weiblichen Angestellten«[25] bedeutete, und forderte die Unterstützung der männlichen Genossen bei der Aktivierung der Frauen. Ihr energischer Appell an männliche Solidarität konnte nur eine matte Resonanz verbuchen, die die weibliche Repräsentation auf »ein Kapitel der allgemeinen Bildungsarbeit«[26] reduzierte. Die engagierte Forderung Grete Sehners, der einzigen weiblichen Delegierten wenigstens einen Sitz im 22köpfigen Beirat zuzugestehen und dadurch den guten Willen zu signalisieren, hatte keinen Erfolg: lediglich ein Stellvertreterposten wurde Lucie Fischer eingeräumt.

Im Geschäftsbericht von 1929 erschien dann ein langer Artikel über die »Werbearbeit unter weiblichen Angestellten«, der sich erstmalig bemühte, eine fundierte Analyse ihrer sozialen Situation zu liefern, die ein Jahr später durch die Erhebung Susanne Suhrs bekräftigt und ergänzt wurde. Als »typische berufstätige Frau der Masse«[27] unterläge die weibliche Angestellte – gerade auch wegen ihres jugendlichen Alters – besonderen äußeren Zwängen (geringe Bezahlung, monotone Beschäftigung, sexuelle Ausbeutung etc.), die nicht geeignet wären, ihre Berufsfreude zu steigern. Der »Konflikt zwischen zwei Lebenskreisen, der Konflikt zwischen der Sehnsucht nach dem Leben, nach Liebe, Ehe, Mutterschaft einerseits und der Notwendigkeit des Berufs, des Geldverdienenmüssens andererseits«[28] sei demzufolge typisch und tragisch, weil nicht lösbar.

Nach wie vor verzichtete der ZdA auch darauf, aktiv in den Orientierungskonflikt seiner weiblichen Mitglieder einzugreifen oder ihnen konkrete Emanzipationshilfen anzubieten. Explizite Äußerungen des Verbandes zur weiblichen Emanzipationsproblematik sind demzufolge auch nicht auffindbar. Es ist jedoch anzunehmen, daß sich seine Position nicht wesentlich von der Konzeption unterschied, die die gemäßigte sozialdemokratische Frauenbewegung unter Marie Juchacz in der Weimarer-Republik-Zeit vertrat. Zwar galt ihr die weibliche Erwerbstätigkeit immer noch als »Erziehung für das politische Leben, während die Beschränkung auf den engen Haushalt zur Folge hat, daß sich der Geist verengt, daß das Klassengefühl zurückgedrängt wird«[29], doch war die Emanzipationstheorie – analog zur Integration der Sozialdemokratie in das Weimarer System – zur bloßen Gleichberechtigungsformel degradiert.

Der Beruf und damit die »Öffentlichkeit« konnten zwar den individuellen Horizont der Frauen erweitern, sie kritischer gegenüber familialen Einflüssen machen[30], aber prinzipiell war diese Wertschätzung der weiblichen Erwerbstätigkeit mehr eine Reaktion auf »das volkswirtschaftliche Muß der Erwerbsarbeit«[31] und ermangelte einer wirklichen inhaltlichen Orientierung. Der Mutterberuf, der »im Zeitalter der Industrialisierung ... ebenfalls wirtschaftlich gewertet und anerkannt werden«[32] müßte, gelangte wieder zu Recht und Ansehen[33], womit die sozialdemokratische Frauenbewegung sicherlich dem Empfinden der meisten Frauen entgegenkam, das Hausfrauendasein als stärker bedürfnisorientiertere Form der Lebensgestaltung einer Fremdbestimmung im Beruf vorzuziehen und sich durch die Konstruktion einer kurzfristigen Berufsperspektive passiv-emotional gegen die Diskriminierung der Frauenarbeit (und der eigenen Person) zu wappnen.

Anstatt jedoch auf die immanenten Restriktionen der weiblichen Familienbezeichnung aufmerksam zu machen und diese durch alternative Strategien – z. B. Hausfrauenorganisation, Erziehung zur Ablehnung traditioneller Rollenmuster, Vergesellschaftung der Hausarbeit und Kindererziehung und Freisetzung kreativer Tätigkeit – zu durchbrechen, übernahmen die sozialdemokratischen Frauen den Bewußtseinshorizont der Arbeiterinnen (und Angestellten) und priesen den »Mutterberuf« als »wichtigste staatsbürgerliche Aufgabe«[34].

Aufgrund ihrer geschichtlichen Tradition und Befangenheit in (klein-)bürgerlichen Wertesystemen gelang es der sozialdemokratischen Frauenbewegung während der Weimarer Republik nicht, die Frauen zu Subjekten ihrer eigenen Befreiung zu machen; sowohl die Orientierung auf die Familie, in der die Hausfrau und Mutter Objekt ihres Mannes bzw. ihrer Kinder blieb, als auch die Hinwendung zum Beruf und zur Organisation ignorierten die Chance, die Frauen zu einem kollektiven Bewußtsein des Erleidens ihrer Objekthaftigkeit zu führen und ihnen durch die Erfahrung subjektiver Stärke und Selbstbestimmung bei der Ausbildung einer eigenen Identität zu helfen.

Geradezu zynisch und der Partizipationsstruktur des freigewerkschaftlichen ZdA sehr genau entsprechend mutet die anerkennende Bewertung weiblicher Organisationsbereitschaft aus sozialdemokratischem Frauenmunde an: »Sie (die Frau, U. F.) hat niemals in ernsthafter Weise ihre besonderen Frauenforderungen den Bestrebungen der Männer entgegengestellt. Mit überraschender Sachlichkeit (sic!) hat die erwerbstätige Frau ihre eigenen Schmerzen zurücktreten lassen hinter die höheren Interessen, die sie mit ihren Kollegen und mit ihrer Klasse verbinden.«[35]

Die besondere Diskriminierung weiblicher Arbeitskräfte am Arbeitsplatz reproduzierte sich folglich in der sozialistischen Berufsorganisation. Traditionelle Autoritätsstrukturen wurden nicht aufgebrochen; das theoretische Lamento über die Passivität der Frauen entpuppte sich als Unfähigkeit und Unwilligkeit der männlichen Verbandsmitglieder, ihre Kolleginnen bei ihrer Bewußtwerdung zu unterstützen.

Anmerkungen:

1 Vgl. meine (unveröffentlichte) Examensarbeit: Emanzipation und Berufstätigkeit. Das Beispiel der weiblichen Angestellten und ihrer Organisationen in der Weimarer Republik. Ms. Bielefeld 1977.

2 Sozialgeschichtliche »Hintergrundinformationen« finden sich: A. Kuhn/G. Schneider (Hg.), Frauen in der Geschichte. Düsseldorf 1979, S. 82–112.

3 Der Begriff des »weiblichen Lebenzusammenhangs« ist von Ulrike Prokop, Weiblicher Lebenszusammenhang. Von der Beschränktheit der Strategien und der Unangemessenheit der Wünsche, Frankfurt 1976, in die Diskussion eingebracht worden. Sie versteht darunter alle »Tätigkeiten und Beziehungen der Frauen im Bereich der individuellen Reproduktion« (S. 44), also Haushalt, Familie, Erziehung und Geselligkeit.

4 Der ZdA – 1897 gegründet – war der erste Angestelltenverband, der gleichermaßen Frauen und Männer organisierte. Während die bürgerlichen Berufsverbände seit ihrem Bestehen einen erbitterten Kampf gegen die Frauenarbeit führten, die sie für die deutliche Proletarisierung des »Standes« verantwortlich machten, begriff der ZdA die Feminisierung der Büroberufe als zwangsläufiges Entwicklungsmoment kapitalistischer Zirkulation und nahm infolgedessen auch die weiblichen Angestellten – als integralen Bestandteil der Arbeiter

klasse – in seine Mitgliederreihen auf.

5 Der ZdA gehörte dem Allgemeinen Freien Angestelltenbund (AfA) als Dachorganisation an, welcher wiederum mit dem Allgemeinen Deutschen Gewerkschaftsbund ein Kartellverhältnis unterhielt.

6 Berechnung nach: Archiv für Frauenarbeit, Bd. 8, Berlin 1920, S. 35. Von den ungefähr 920 000 weiblichen kaufmännischen Angestellten gehörten 24,5% einem Berufsverband an (dagegen waren von den ca. 1,37 Mill. männlichen kaufmännischen Angestellten rund 51% organisiert).

7 S. Suhr, Die organisierte Frauenerwerbsarbeit, in: Gewerkschaftsarchiv, Bd. 7, Nr. 5, 1927, S. 248.

8 Vgl. zum Zusammenhang zwischen Qualifikationsniveau und Organisationsbereitschaft Steffi M. Tarrasch, Die weiblichen Angestellten. Das Problem ihrer Organisation, Diss. Heidelberg 1931, S. 20.

9 S. Suhr, Die weiblichen Angestellten, Arbeits- und Lebensverhältnisse. Eine Umfrage des ZdA, Berlin 1930, S. 7.

10 Vgl. K. Stehr, Der Zentralverband der Angestellten, Berlin 1926, S. 89.

11 »Die Emanzipation der Frau wie die des ganzen Menschengeschlechtes wird ausschließlich das Werk der Emanzipation der Arbeit vom Kapital sein ... In Erwägung dieser Tatsachen bleibt den Frauen, denen es mit dem Wunsche nach ihrer Befreiung ernst ist, nichts anderes übrig, als sich der sozialistischen Arbeiterpartei anzuschließen, der einzigen, welche die Emanzipation der Arbeiter anstrebt.« (Clara Zetkin, Für die Befreiung der Frau! Rede auf dem Internationalen Arbeiterkongreß zu Paris 1889, in: Arbeiterbewegung und Frauenemanzipation 1889 bis 1933, Frankfurt 1973, S. 12).

12 Vgl. dazu W. Thönnessen, Frauenemanzipation. Politik und Literatur der Deutschen Sozialdemokratie zur Frauenbewegung 1863–1933, Frankfurt 1976, S. 140–149.

13 G. Hanna, Die Frauen in den Gewerkschaften, in: Die Arbeit, 5/11, 1928, S. 699.

14 Ebenda, S. 701.

15 Rolf Reventlow, Geschlechterpsychologie in der gewerkschaftlichen Praxis, in: Arbeit und Wirtschaft, 1926, S. 894.

16 ZdA, Protokoll des 1. Verbandstages 1921, Berlin o. J., S. 31.

17 Ebenda.

18 Vgl. ZdA, Geschäftsbericht 1928, Berlin o. J., S. 55 f.

19 Vgl. den Protest Lucie Fischers auf dem 3. Verbandstag des ZdA 1927, Protokoll Berlin 1927, S. 509.

20 ZdA, Protokoll des 1. Verbandstages, a.a.O. S. 32; erinnert sei hier an die Kommentare der Schlichtungsstellen, die auf die große Kampfbereitschaft der Frauen in Tarifverhandlungen hinwiesen!

21 Ebenda, S. 43.

22 Ebenda, S. 32.

23 ZdA, Geschäftsbericht 1927, Berlin 1928, S. 48; ZdA, Geschäftsbericht 1928, Berlin o. J., S. 95.
24 ZdA, Protokoll des 3. Verbandstages 1927, Berlin 1927, S. 60.
25 Ebenda, S. 110.
26 Ebenda, S. 62.
27 ZdA, Geschäftsbericht 1929, Berlin o. J., S. 145.
28 Ebenda, S. 153.
29 Marie Juchacz auf dem Görlitzer Parteitag der SPD 1921, zit. nach: Thönnessen, a.a.O., S. 132.
30 Vgl. dazu Anna Geyer, Die Frauenerwerbsarbeit in Deutschland, Jena 1924, S. 91–97; auch: dies., Die Bedeutung der Erwerbsarbeit verheirateter Frauen für die wirtschaftliche Lage und den Zusammenhalt der Familie, in: Arbeiterwohlfahrt, 5/20, 1930, S. 609–613.
31 Marie Juchacz, Die berufstätige Frau, in: Frauenarbeit, Berlin 1929, S. 33.
32 Ebenda, S. 34 f.
33 Vgl. Louise Schroeder, Die proletarische Frau als Hausfrau und Mutter, in: Anna Blos (Hg.), Die Frauenfrage im Lichte des Sozialismus, Dresden 1930, S. 148–181.
34 Schroeder, a.a.O., S. 180.
35 Anna Geyer, Frauenerwerbsarbeit, a.a.O., 1924, S. 97.

ALIDA MIRELLA HUELLER/HELMUT KONRAD

Die Frau in der österreichische Arbeiterbewegung 1900–1918

Im Jahre 1977 betrug die Gesamtzahl der Beschäftigten in Österreich im Jahresdurchschnitt 2,737 Millionen. Davon waren immerhin 1,079 Millionen Frauen, das sind 39,4%[1]. Dieser Frauenanteil ist langfristig im Steigen begriffen. Dennoch ist die Frauenarbeit kein Phänomen der Nachkriegszeit. Bereits die erste Welle der Industrialisierung trieb die Frau in den Produktionsprozeß. Durch keine gesetzlichen Schranken gehemmt, verdrängte die billigere Arbeitskraft der Frauen und Kinder die Beschäftigung der Männer[2]. Hierzu Marx und Engels: »Je weniger die Handarbeit Geschicklichkeit und Kraftäußerung erheischt, desto mehr wird die Arbeit der Männer durch die der Weiber verdrängt. Geschlechts- und Altersunterschiede haben keine gesellschaftliche Bedeutung mehr für die Arbeiterklasse. Es gibt nur noch Arbeitsinstrumente, die je nach Alter und Geschlecht verschiedene Kosten machen«[3].

Im Gefolge der großen Depression und vor allem mit der Entdeckung des Arbeiters als Konsument wurde diese Entwicklung vorübergehend gebremst. Dennoch betrug im Jahre 1980 in Österreich der Anteil der Frauen an der Gesamtzahl der Arbeiter in der Textilindustrie 43,4%, in der Bekleidungsindustrie 37,0%, in der chemischen Industrie 21,0%, in der Metallindustrie 13% und in der Lebensmittelindustrie 12,5%[4]. Für die Jahrhundertwende lassen sich folgende Angaben finden, die zeigen, daß der Anteil der Frauenbeschäftigung gestiegen war[5]:

Berufsgruppe	Anteil der Frauen an der Beschäftigtenzahl in %
Textilindustrie	47,4
Bekleidungsindustrie	35,8
Getränke- und Genußmittelindustrie	42,0
Nahrungsmittelindustrie	13,0
chemische Industrie	18,0
Papierindustrie	20,7
polygraphisches Gewerbe	14,0

Obwohl also die Frau stets einen großen Anteil der Beschäftigten in Österreich stellte, ein Anteil, der in Kriegszeiten gigantisch anwuchs, in Krisen aber rückläufige Tendenzen aufwies, sind bis heute die den Frauen erlaubten Aufgabenbereiche kein Ruhmesblatt der politischen und gewerkschaftlichen Praxis. Die Ursache dafür ist nicht allein in den objektiv schlechteren Bedingungen für die politische Betätigung der Frau zu suchen[6], sondern auch in der Haltung der Partei und der Gewerkschaften zu prinzipiellen Fragen der Familie und der Ehe. Die in der Ideengeschichte der Arbeiterbewegung auffindbaren zwei Traditionslinien wirkten und wirken auch auf die Frau in der österreichischen Bewegung. Mit einiger Vergröberung kann man sagen, daß die eine Tradition »von Marx und Engels über August Bebel und Clara Zetkin zu den Austromarxisten bzw. Leninisten und zur konkreten politischen Praxis der Arbeiterparteien der Gegenwart (führt). Die zweite Linie läßt sich von den Frühsozialisten über die Anarchisten ... zu Wilhelm Reich und zur subkulturellen Praxis intellektueller Gruppen im Gefolge der antiautoritären Welle der späten sechziger Jahre verfolgen«[7].

In dem hier zu behandelnden Zeitraum spielte die zweite Traditionslinie eine untergeordnete Rolle. Ihre Bedeutung war mit dem Durchbruch des Marxismus als dominierender Ideologie in der Arbeiterbewegung stark gesunken, und erst die frühen dreißiger Jahre unseres Jahrhunderts brachten eine gewisse Renaissance dieser Ideen. Die Jahrzehnte vor dem Ersten Weltkrieg zeigen in den Fragen von Frau, Ehe und Familie ein striktes Festhalten an den von Engels, Bebel und Zetkin entwickelten Positionen. Engels war bereits überzeugt, daß »die volle Freiheit der Eheschließung ... erst dann allgemein durchgeführt werden (kann), wenn die Beseitigung der kapitalistischen Produktion und der durch die geschaffenen Eigentumsverhältnisse alle die ökonomische Nebenrücksichten entfernt, die jetzt noch einen so mächtigen Einfluß auf die Gattenwahl ausüben«[8].

Eine Vorwegnahme von Formen des Zusammenlebens, die im Sozialismus die volle Gleichberechtigung und Befreiung der Frau bringen sollten, hielt Engels für unmöglich. Für ihn gilt es zu warten, bis »ein neues Geschlecht herangewachsen sein wird«[9]. Da patriarchalische Kleinfamilie und Privateigentum von Engels in langer und untrennbarer historischer Verknüpfung gesehen werden, ist eine Überwindung patriarchalischer Strukturen, also eine Emanzipation und damit die politische Betätigung der verheirateten Frau, erst nach der Abschaffung des Privateigentums an den Produktionsmitteln wirklich möglich. Diese Position teilen auch August Bebel[10] und Clara Zetkin[11] in ihren populären Werken zu dieser Frage.

Die Zerschlagung der proletarischen Familie wird also als Faktum konstatiert, ohne daß man daraus Schlüsse für einen aktiven Befreiungskampf des weiblichen Geschlechts zog. Die Frauen bleiben fast eine Art »leidende Klasse«, deren Emanzipation durch exogene Faktoren, nämlich durch die Überwindung der kapitalistischen Produktionsverhältnisse, erfolgen wird. Bis zu diesem Zeitpunkt sollte sich die Frau (höchstens) in den gemeinsamen Kampf der Arbeiterbewegung einreihen und ihre (bescheidenen) Kräfte für das gemeinsame Ziel einsetzen, das auch ihr die Befreiung bringen wird. Ob in jenen Ländern, die den Übergang in eine neue Gesellschaftsordnung bereits vollzogen haben, die Befreiung der Frau tatsächlich erfolgt ist, darf hier wohl zumindest in Frage gestellt werden.

Auch in Österreich wurde diese allgemeine Ausgangslage weitgehend akzeptiert. Therese Schlesinger, neben Adelheid Popp die populärste der Frauen der ersten Generation in der österreichischen Arbeiterbewegung, stellte etwa 1910 zur Frage der proletarischen Familie fest:

»Für die große Masse des Proletariats liegen die Dinge viel einfacher als für das Bürgertum. Die Familie in ihrer alten Bedeutung hat hier vielfach bereits aufgehört zu bestehen, ohne daß sich die leer gewordene Form wieder mit neuem Inhalt gefüllt hätte. Darum hat man auch aufgehört, in diesen Kreisen der Form viel Wichtigkeit beizulegen. In den Arbeitervierteln der großen Städte wohnen dichtgedrängt verheiratete und unverheiratete Paare mit ihren Kindern nebeneinander, und deren Lebensführung und Kinderpflege ist so wenig voneinander unterschieden als die soziale Stellung, die ihnen die Legalität oder Illegalität ihrer Verbindung anweist«[12].

Aber die Aushöhlung der Funktion der Familie bedeutete keineswegs eine Änderung des geschlechtsspezifischen Rollenverhaltens. Trotz des ökonomischen Zwanges zur Berufstätigkeit der Frau blieb wie selbstverständlich die Hausarbeit ihr Aufgabenbereich, den sie zusätzlich zur Arbeit in den Fabriken zu bewältigen hatte. Wie weit dieses Rollenverhalten durch eine »Cultural-lag-Theorie« erklärbar ist oder wie weit sich im Privatleben einfach die repressiven Strukturen des Arbeitsplatzes reproduzieren, ist Gegenstand zahlreicher Diskussionen und kann auch hier nicht endgültig geklärt werden. Daß aber gerade der Proletarierhaushalt die undemokratischsten Verkehrsformen entwickelt, scheint anzudeuten, daß die hierarchischen Strukturen am Arbeitsplatz, die Sinnentleertheit und Nichthinterfragbarkeit der beruflichen Handgriffe den größeren Erklärungswert besitzen.

So war zwar einerseits die Berufstätigkeit die Grundvoraussetzung für die Emanzipation der Frau, andererseits brachte die Berufstätigkeit aber die Doppelbelastung und damit schon physisch beinahe die Unmöglichkeit, Veranstaltungen zu besuchen, sich zu bilden und politisch ein aktiver Mensch zu werden. Daher fiel die politische Organisierung der Frauen ungleich schwerer als die der Männer. Nicht zufällig waren jene Branchen am schlechtesten gewerkschaftlich organisiert, in denen der Anteil der Frauen am höchsten war, und bis heute sind die Auswirkungen auf das Lohnniveau in diesen Branchen unverkennbar.

Vergleicht man den gewerkschaftlichen Organisationsgrad bezogen auf den Beschäftigungsgrad zwischen Männern und Frauen in jenen Branchen, in denen der Anteil der Frauenarbeit besonders hoch war, so kommt man um die Jahrhundertwende in Österreich zu folgendem Ergebnis[13]:

Branchen	organisierte Frauen	Organ. Frauen in % der besch. Frauen	organ. Männer in % der besch. Männer
Buchbinder	1 436	28,5	29,3
Buchdruckerei-Hilfsarbeiter	1 087	31,5	90,1
Glasarbeiter	610	6,8	20,6
Hutmacher	603	12,9	27,2
Papierarbeiter	3 582	24,0	33,4
Porzellanarbeiter	1 391	33,1	42,8
Schneider	350	0,7	9,0
Tabakarbeiter	4 495	12,5	21,8
Textilarbeiter	15 455	8,7	15,6
Ziegelarbeiter	265	4,0	17,9
Zuckerbäcker	175	8,8	10,9

Dieser bei den Frauen wesentlich niedrigere Organisationsgrad hatte seine Auswirkungen nicht nur im Lohngefüge, sondern machte die weiblichen Arbeitskräfte in Geschichte und Gegenwart wesentlich leichter »abbaubar«. Gemeinsam mit den Fremdarbeitern stellten sie stets den Großteil der industriellen Reservearmee, ohne durch wirkungsvolle gewerkschaftliche Arbeit versuchen zu können, diesen Zustand zu ändern.

Es hätte also gar nicht staatlicher Maßnahmen bedurft, um die österreichische Arbeiterin von einer politischen Betätigung fernzuhalten. Der Paragraph 30 des Vereinsgesetzes, der in den ersten Jahren unseres Jahrhunderts noch existierte, verbot vor dem Ersten Weltkrieg die Mitgliedschaft von Frauen in politischen Vereinen und Organisationen und stellte eine zusätzliche Erschwernis für politische Aktivitäten von Frauen in der Arbeiterbewegung dar. Den wenigen Frauen, die über ein gewerkschaftliches Bewußtsein hinaus auch noch Engagement und Interesse für die politische Arbeit hatten, war damit eine gesetzliche Schranke für ihre Tätigkeit gesetzt, die in dieser Zeit nur individuell, aber nicht kollektiv überschreitbar war.

Die Zahl der politisch organisierten Frauen:

Da den Frauen der direkte Eintritt in politische Organisationen um die Jahrhundertwende noch verwehrt war, kann man keine Mitgliederzahlen angeben. Einer Mitgliedschaft kam jedoch ein Abonnement der »Arbeiterinnen-Zeitung« gleich, so daß sich aus deren Auflagenstärke annähernd auf die Zahl der politisch erfaßten Frauen schließen läßt.

In den Anfangsjahren betrug die Auflage der Zeitung 2000 bis 3000 Stück, erreichte im Jahre 1900 einen ersten Höhepunkt mit 5500 Exemplaren und sank bis 1903 wieder auf 3200 ab. In den nächsten Jahren ist folgende Entwicklung zu verzeichnen[14]:

1904:	5 000 Exemplare		1912:	27 200 Exemplare
1905:	6 000 Exemplare		1913:	27 500 Exemplare
1906:	7 200 Exemplare		1914:	29 000 Exemplare
1907:	10 500 Exemplare	Ende	1915:	13 000 Exemplare
1908:	13 400 Exemplare	Januar	1917:	17 207 Exemplare
1909:	16 000 Exemplare	Juli	1917:	30 714 Exemplare
1910:	20 500 Exemplare	Ende	1917:	33 000 Exemplare
1911:	25 000 Exemplare		1919:	110 000 Exemplare

Die Zahl der Frauen in der Gewerkschaftsbewegung war klarerweise etwas größer, da die Frauen ungehindert in die gleichen Fachvereine wie die Männer eintreten konnten. Eigene Frauenorganisationen gab es hier nicht. Gerade im ersten Jahrzehnt unseres Jahrhunderts kann man außerdem ein Aufholen der Frauen gegenüber dem Organisationsgrad ihrer männlichen Kollegen feststellen[15]:

Jahr	Mitglieder			Veränderung zum Vorjahr in %	
	gesamt	weiblich	in %	weiblich	männlich
1901	119 050	5 378	4,5		
1902	135 178	5 868	4,3	8,3	13,7
1903	154 665	9 619	6,1	80,0	12,3
1904	189 121	13 055	6,9	37,1	21,3
1905	323 099	28 402	8,8	117,5	67,5
1906	448 270	42 190	9,4	49,2	37,7
1907	501 694	46 401	9,2	10,0	12,0

In den Kriegsjahren zeigt sich die gleiche Entwicklung wie bei der »Arbeiterinnen-Zeitung«. Nach dem verständlichen Abfall bei Kriegsbeginn vollzieht sich in der zweiten Kriegshälfte ein großer organisatorischer Aufschwung, der diesmal ganz besonders von den weiblichen Gewerkschaftsmitgliedern getragen wird, deren Aufwärtsentwicklung früher einsetzt und stärker ist als die der Männer[16]:

Jahr	Mitglieder			Veränderung	
	gesamt	weiblich	in %	weiblich	männlich
1914	240 681	30 260	12,6	– 29,6	– 43,5
1915	177 113	25 689	14,5	– 15,1	– 28,0
1916	166 937	28 148	16,9	+ 9,6	– 8,3
1917	311 068	79 002	25,0	+ 180,7	+ 67,2
1918	412 910	105 866	25,6	+ 34,0	+ 32,3

Gerade der Krieg hatte die Frauen verstärkt in den Produktionsprozeß gezwungen, und wegen der Nichtverfügbarkeit der Männer, die an der Front standen, mußten Frauen auch verstärkt politische und gewerkschaftliche Organisationsarbeit leisten.

Frauen auf den Parteitagen:

In welchem Ausmaß das politische Engagement der Frauen von den männlichen Genossen auch honoriert wurde, darüber können die Diskussionen auf den Parteitagen Aufschluß geben. Die wenigen Frauen, die an diesen Veranstaltungen teilnehmen konnten, vertraten dort vehement die Anliegen ihrer Geschlechtsgenossinnen, stießen aber oft auf Unverständnis. Ein typisches Beispiel ist dafür die Frage des Wahlrechts. Am Parteitag von 1900 lehnte auch Victor Adler, in dem die Frauen sonst eher einen Bündnispartner hatten, die Forderung nach dem Wahlrecht für Frauen ab. Er fragte sogar, ob die weiblichen Genossen keine anderen Sorgen hätten, als sich mit dem Wahlrecht für Frauen zu befassen. Er hätte sich in diesem Punkt mehr Zurückhaltung erwartet[17].

Im Jahre 1905, als der Parteitag beschloß, mit einem Massenstreik das Wahlrecht der Männer zu erzwingen, hatte Adelheid Popp Adlers Standpunkt von 1900 bereits verinnerlicht: »So sehr wir uns bewußt sind, daß das gleiche Recht, für das wir kämpfen, auch das Recht der Frau in sich schließt, sind wir mit Ihnen einer Meinung, daß der Augenblick des großen Kampfes, der jetzt gekommen ist, nicht dazu angetan ist, das gleiche Recht der Frau in den Vordergrund zu stellen. Wir sind aber überzeugt, daß die von der politischen Knechtschaft befreiten Männer, die sieghaften Männer des Proletariats, die ersten Wortführer und ersten Vorkämpfer für das gleiche Recht der Frauen sein werden«[18].

Eine Betrachtung der Diskussion auf den Parteitagen vor dem Ersten Weltkrieg offenbart eine weitgehende Beschränkung der wenigen anwesenden Frauen auf die Probleme der Organisierung der weiblichen Arbeiter, auf ihre Zeitung und ähnliche Fragen. Kaum jemals vor dem Krieg ergriffen die Frauen auf den Parteitagen das Wort zu den allgemeinen politischen Fragen oder gar in den Diskussionen um den theoretischen Standort der Partei. Einzig Therese Schlesinger wagte sich an allgemeine Fragen heran, wo sie, eine ausgezeichnete Theoretikerin, wertvolle Beiträge leisten konnte. Neben diesen Versuchen sind die Diskussionen um die von den Frauen aufgeworfenen Fragen Dokumente eines auch in der Sozialdemokratie durchaus existenten männlichen Chauvinismus.

Die Teilnehmerzahlen der Frauen an den Parteitagen sind

recht aufschlußreich, wenn auch einige Schwankungen in der Tabelle (1894, 1903) eher durch Zufälle erklärbar sind. Auch hier gelang der Durchbruch erst in den Jahren um den Krieg[19]:

Übersicht über die Beteiligung der sozialdemokratischen Frauen an den Parteitagen von 1888/89–1919

Jahr	Ort	Gesamtzahl d. Delegierten	Zahl der weibl. Delegierten	% davon
1888/89	Hainfeld	110	–	–
1891	Wien	176	3	1,7
1892	Wien	118	3	2,5
1894	Wien	75	6	8,0
1896	Prag	144	1	0,7
1897	Wien	159	1	0,6
1898	Linz*	127	3	2,4
1899	Brünn	122	5	4,1
1900	Graz*	100	5	5,0
1901	Wien	145	9	6,2
1902	Aussig*	131	6	4,6
1903	Wien	140	14	10,0
1904	Salzburg*	103	5	5,0
1905	Wien	196	15	7,7
1907	Wien*	213	17	8,0
1909	Reichenberg*	202	13	6,4
1911	Innsbruck*	261	28	10,7
1912	Wien*	289	37	12,8
1913	Wien*	293	42	14,3
1916	Wien**	246	35	14,2
1917	Wien*	290	52	18,0
1918	Wien*			
1919	Wien*	359	53	14,8

* Deutsche Parteitage, sonst Gesamtparteitage
** 2. sozialdemokratische Reichskonferenz

Die Frauenreichskonferenzen und der Kampf um das Frauenwahlrecht

Nachdem, wie bereits erwähnt, im Jahre 1897 die prinzipielle Entscheidung dafür gefallen war, daß den Frauen wegen ihrer besonderen Interessenlage eigenständige Organisationen im Rahmen der Sozialdemokratie einzuräumen seien, bildeten ab 1898 die Frauenreichskonferenzen das oberste willensbildende Gremium der weiblichen Sozialisten in Österreich. Hier war man unter sich (mit Ausnahme von Gästen aus dem Parteivorstand), hier konnte man ungehemmt jene Fragen diskutieren, deren Behandlung auf den Parteitagen oft am Widerstand der männlichen Genossen gescheitert war.

Obwohl die erste Reichskonferenz klare Organisationsrichtlinien ausgegeben hatte, blieben diese nicht unbestritten. So wurde etwa im Rahmen der tschechoslowakischen Sozialdemokratie nach geringen Erfolgen der Frauenorganisationen der Beschluß gefaßt, die getrennte Organisationsform wieder aufzugeben und die Frauen aufzufordern, ähnlich wie in der Gewerkschaftsbewegung, als gleichberechtigte Mitglieder auch in die lokalen politischen Organisationen einzutreten. Bis heute wird ja die Existenzberechtigung einer eigenen Frauenorganisation innerhalb der Sozialdemokratie manchmal in Frage gestellt.

Innerhalb der deutschsprechenden Sozialdemokratie des alten Österreich wurde aber die Frauenreichskonferenz, zumindest nach ihrer eindrucksvollen zweiten Tagung im Jahre 1903, ein anerkannter Faktor. Unter dem Leitspruch: »Was fordern die Arbeiterinnen Österreichs?«[20] hatten sich im November des Jahres zahlreiche Frauen zur Konferenz eingefunden. Neben organisatorischen Fragen standen vor allem die unmittelbaren Bedürfnisse der arbeitenden Frauen im Mittelpunkt der Beratungen, nämlich der Arbeiterinnenschutz, Nachtarbeit, Heimarbeit, Mutterschutz u. a. Besonders bemerkenswert war die Forderung nach der Einführung von weiblichen Gewerbeinspektorinnen, denen Arbeiterinnen als Kontrollorgane beigestellt werden sollten. Die Referentinnen konnten ihre Forderungen mit eindrucksvollen Zahlen erhärten. So hatte etwa eine Untersuchung ergeben, daß die Säuglingssterblichkeit bei Arbeiterinnen um 17% höher war als bei Frauen, die keine Fabrikarbeit verrichten mußten. Die Säuglingssterblichkeit bei Kindern von Tabakarbeiterinnen lag sogar bei 30%.

Der Erfolg der Frauenreichskonferenz hatte die Frauen selbstbewußter gemacht, was sich auch in den Beschlüssen der dritten Konferenz im Jahre 1908 widerspiegelte[21]. Man ging an die Gründung von freien politischen Organisationen für Frauen, um dem Paragraphen 30 des Vereinsgesetzes ausweichen zu können[22]. Das Frauenwahlrecht war nun, ein Jahr nachdem die Männer erstmals in gleicher, freier und geheimer Wahl zur Urne geschritten waren, eine der zentralen Forderungen dieser Konferenz, die selbstverständlich auch den Arbeiterinnenschutz wieder ausführlich behandelte.

Der Krieg und die damit verbundene Aufwertung der Frauenarbeit sowie die Notwendigkeit auch des verstärkten politischen Einsatzes der Frauen hatte das Gewicht der Frauenorganisationen gestärkt. 1917 traf man unter der Losung: »Die nächsten Aufgaben der sozialdemokratischen Frauen«[23] in Wien zur sechsten Frauenkonferenz zusammen. Die Konferenz tagte im Oktober und konnte bereits auf den gigantischen Mitgliederaufschwung der vorangegangenen Monate zurückblicken. Angesichts dieses Umstandes fiel diesmal die Forderung nach dem Frauenwahlrecht auch wesentlich deutlicher aus.

Der Kampf um das allgemeine Frauenwahlrecht wurde von den Frauen aber nicht nur auf nationaler, sondern auch auf internationaler Ebene geführt. In Anlehnung an die großen Erfolge der Maidemonstrationen seit 1890 beschloß die zweite internationale Frauenkonferenz, die 1910 in Kopenhagen stattfand, der Forderung nach dem Frauenwahlrecht durch einen internationalen Frauentag Nachdruck zu verleihen. Der erste Frauentag am 19. März des Jahres 1911 sah in Wien 20 000 Demonstrantinnen hinter roten Fahnen über die Ringstraße ziehen. In der Abschlußkundgebung wurde eine Resolution beschlossen, die folgenden Wortlaut hatte:

»Im Namen der Frauen der Arbeiterklasse erheben wir heute die Forderung nach der politischen Gleichberechtigung der Frauen mit den männlichen Staatsbürgern. Wir fordern für alle erwachsenen Frauen und Mädchen ihr volles Bürgerrecht, vor allem also das aktive und passive Wahlrecht für den Reichsrat, für die Landtage und die Gemeindevertretungen und ihre Zulassung zu den politischen Vereinen«[24].

Die Frauentage fanden ab 1911 alljährlich statt, nur der Frauentag des Jahres 1915 konnte wegen der Kriegsereignisse nicht abgehalten werden. Gegen Ende des Krieges wurden die

Parolen zusehends kämpferischer. »Der Ruf Friede und Freiheit, der mit der russischen Revolution einherzog, wurde die Parole des Frauentages«, schrieb Adelheid Popp. Das Hauptziel, das Frauenwahlrecht, wurde schließlich gegen Ende des Jahres 1918 Wirklichkeit. Das Gesetz über die neue Wahlverordnung vom 27. November 1918 verkündete, daß alle männlichen und weiblichen Staatsbürger nach Erreichung des 20. Lebensjahres das Wahlrecht besitzen[26]. Eine wichtige Etappe im Kampf der österreichischen Frauen um ihre politische Gleichberechtigung war damit erfolgreich abgeschlossen.

Anmerkungen:

1 Nach einer Statistik des Landesarbeitsamtes für Oberösterreich.
2 Klenner, Fritz: Die österreichischen Gewerkschaften. Vergangenheit und Gegenwartsprobleme. 1. Bd., Wien 1951, S. 29.
3 Marx, Karl und Engels, Friedrich: Manifest der Kommunistischen Partei. Berlin 1969. S. 24.
4 Statistische Monatsschriften, hrsg. von der Statistischen Zentralkommission. Wien 1894. Zitiert nach: Piller, Christian: Die Frau in der österreichischen Gewerkschaftsbewegung vor dem 1. Weltkrieg. Dipl.-Arbeit, jur. Fak. Univ. Wien 1975. S. 34.
5 Ebenda, S. 34.
6 Eine Zusammenfassung dieser Analysen von Marx/Engels über Bebel und Zetkin bis zur Gegenwart und ein Versuch, ihre Anwendbarkeit auf Österreich zu testen, findet sich bei: Hueller, Alida Mirella: Die Frau in der österreichischen Arbeiterbewegung bis 1919. Dipl.-Arb., Univ. Linz 1976.
7 Konrad, Helmut: Das Familienbild bei den Theoretikern der Arbeiterbewegung. In: Justiz und Zeitgeschichte. Hrsg. von Erika Weinzierl und Karl R. Stadler. Bd. 3. Wien 1978. S. 105.
8 Engels, Friedrich: Der Ursprung der Familie, des Privateigentums und des Staates. In: MEW, Bd. 21, S. 80.
9 Ebenda, S. 84.
10 Bebel, August: Die Frau und der Sozialismus. Berlin 1973.
11 Zetkin, Clara: Zur Geschichte der proletarischen Frauenbewegung Deutschlands. Frankfurt/Main 1971.
12 Schlesinger, Therese: Sexuelle Ethik. In: Die Neue Zeit, 28. Jg. 1. Bd. 1910. S. 279.
13 Piller, a.a.O., S. 60.
14 Die Zahlen entstammen dem Geschäftsbericht der ANZ an den Parteitag der deutschen Sozialdemokratischen Arbeiterpartei Österreichs. Wien 1912. Protokoll über die Verhandlungen des Parteitages

von 1917. Popp, Adelheid: Der Weg zur Höhe. Wien 1930.

15 Piller, a.a.O., S. 51.

16 Piller, a.a.O., S. 83, und Hautmann, Hans und Kropf, Rudolf: Die österreichische Arbeiterbewegung vom Vormärz bis 1945. Sozialökonomische Ursprünge ihrer Ideologie und Politik. 2. Auflage. Wien 1977. S. 118.

17 Protokoll über die Verhandlungen des Parteitages der Deutschen Sozialdemokratie Österreichs in Graz 1900. Wien 1900. S. 84.

18 Protokoll über die Verhandlungen des Gesamtparteitages der deutschen Sozialdemokratischen Arbeiterpartei in Österreich in Wien 1905. S. 134.

19 Hueller, a.a.O., S. 49.

20 Was fordern die Arbeiterinnen Österreichs? Bericht über die zweite sozialdemokratische Frauenreichskonferenz Österreichs. Wien 1903.

21 Frauenwahlrecht und Arbeiterinnenschutz. Verhandlungen der dritten Sozialdemokratischen Frauenreichskonferenz in Österreich. Wien 1908.

22 Die freie politische Organisation war nicht vereinsmäßig auf Statuten aufgebaut, ihre gesetzliche Grundlage war der Paragraph 2 des Vereinsgesetzes.

23 Die nächsten Aufgaben der sozialdemokratischen Frauen. Verhandlungen der sechsten sozialdemokratischen Frauenreichskonferenz in Wien 1917. Wien 1918.

24 Arbeiterinnen-Zeitung, Nr. 7, 1911.

25 Popp, Der Weg . . ., a.a.O., S. 100.

26 Arbeiterinnen kämpfen um ihre Rechte. Autobiographische Texte rechtloser und entrechteter »Frauenspersonen« in Deutschland, Österreich und der Schweiz des 19. und 20. Jahrhunderts. Hrsg. von Richard Klucsarits und Friedrich G. Kürbisch, Wuppertal 1975. S. 370 f.

Christa Vogt / Werner Pleschberger

Frauenemanzipation und sozialistische Bewegung in Österreich. Kritische Bemerkungen zu parteiinternen Bedingungen der Frühgeschichte

Problemstellung und Ansatz

Daß sich im Geschichtsverlauf die Gegenwart von Vergangenheit und Zukunft trennen läßt, ist unter Historikern eine triviale Festlegung. Historische Rückerinnerungen haben zumeist die Form ritualisierter Huldigung an die Vergangenheit, ohne die gegenwärtige Politik im Lichte der Vergangenheit interpretieren zu wollen. Wenn der Zusammenhang noch hergestellt wird, dann unter dem vorgängigen Interesse, die heutige Politik an eine insgesamt als progressiv verstandene Entwicklung anzukoppeln und zu legitimieren[1]. Um diese Geschichtsdeutung aufrechterhalten zu können, werden abweichende Entwicklungen, Einbrüche und Niederlagen auf spezifische Weise weginterpretiert. Diese Ereignisse kommen dann nur mehr am Rande vor: als Zäsuren, die keine Folgen eigener Politik sind, sondern eher als historische Konkretisierung von Naturereignissen oder weltgeistlicher Tücke, nach deren Beendigung die eigene Entwicklung in erneuter linearer Progression fortläuft; wobei die Progression vorwiegend im zählbaren organisatorischen Erfolg gesehen wird[2].

Dieses eigenartige organisationsfixierte Bewußtsein findet sich auch in Fremddeutungen der Geschichte der sozialdemokratischen Frauenbewegung[3].

Vom Standpunkt der sozialdemokratischen Erforschung der sozialdemokratischen Frauenbewegung muß der Zusammenhang von Gegenwart, Vergangenheit und Zukunft anders interpretiert werden. Historische Analyse ist derart zu orientieren, daß die Entwicklung und aktuelle Situation der sozialdemokratischen Frauenbewegung als Resultat einer Dialektik von frauenspezifischen Interessensvertretungsansprüchen und darauf antwortenden spezifischen Integrationsstrategien der Gesamtsozialdemokratie begriffen wird[4].

Es läßt sich zeigen, daß die innere geschlechtsspezifische Leidensgeschichte der proletarischen Frauen in ihrer Organisation eine lange Kontinuität besitzt, die mit der Entwicklung der sozialdemokratischen Bewegung anhebt und auch bei allen Änderungen der sozialen Zusammensetzung und allen errungenen sozialpolitischen Erfolgen in der gegenwärtigen Situation der sozialdemokratischen Frauenbewegung fortbesteht; wobei dieser Zustand dem Subjekt selbst nicht mehr bewußt zu sein scheint[5].

Historisch-konkret zeigt sich deutlich, daß sich die sozialdemokratische Frauenbewegung bis heute nicht aus ihrer massiven parteistatuarischen Einschließung[6] und aus der geschlechtsspezifischen Parteiarbeitseingrenzung[7] hat befreien können, sondern diese Interessendiskriminierung vielmehr vereinnahmt hat, indem Emanzipation hauptsächlich über innerparteilichen Aufstieg definiert wird. Unter diesen Bedingungen ist die Frage virulent, welche Möglichkeiten frauenspezifischer Interessenvertretung in einer sozialdemokratischen Massenpartei a priori, auf Grund der formellen und faktischen Organisationsbedingungen, überhaupt bestehen.

Diese Fragen ansatzweise an Erscheinungen der Frühgeschichte (1890-1934) der sozialdemokratischen Frauenbewegung zu beantworten, steht im Mittelpunkt der folgenden Ausführungen[8]. Die Darstellung der Frühgeschichte ist dabei allein auf die selektive Veranschaulichung der behaupteten Kontinuität bzw. ihrer inneren Dialektik ausgerichtet.

Die Relevanz dieses Ansatzes ergibt sich neben der ideologiekritischen Notwendigkeit, die idealtypisch skizzierten Geschichtsdeutungen aufzubrechen, auch aus der Plausibilität der These, wonach die Organisationsstrukturen der heutigen Sozialdemokratie im Grunde unverändert seit ihrer Gründungsgeschichte fortbestehen und deren Verständnis und Kritik am besten in der frühgeschichtlich ausgerichteten Analyse erarbeitet werden können[9].

Zwischen Autonomie und Integration: Die Entwicklung der Frauenorganisation in Partei und Gewerkschaft

Die erste Phase:

Die sozialdemokratische Frauenorganisation war von Anfang an auf unterschiedliche Weise in historisch sich entwickelnde Organisations- und Orientierungszwänge der Partei eingebunden, ohne sich jemals grundsätzlich in Frage zu stellen oder zu bestimmen. Im Gegenteil, die Frauenorganisation erstrebte während ihrer ganzen Geschichte hindurch vehement die dichte organisatorische Integration unter Beibehaltung eines partiellen Separatismus, während die Gesamtpartei diesen separatistischen Integrationsvorstellungen stets ablehnend gegenüberstand bzw. vom integrationistischen Standpunkt her beantwortete[10]. Ihrer Vorstellung entsprach eher die rein bürokratische, von konkreten Bedürfnissen abstrahierte, sozialistisch-programmatische Integration der frauenspezifischen Interessensansprüche und deren möglichst problemlose Unterordnung unter bereits bestehende hierarchisch-zentralistische Organisationsstrukturen.

Der Einigungsparteitag von Hainfeld 1889/90, der zwar nicht der direkte Auslöser für die Institutionalisierung einer sozialdemokratischen Frauenbewegung war, ist bereits bezeichnendes Omen für das generelle Auseinanderklaffen von theoretischem Sollen und praktischem Wollen in der Frage der Frauenemanzipation und das sich daraus ergebende spätere konfliktbeladene Verhältnis zwischen Partei, Gewerkschaft und Frauenorganisation.

Obwohl die Partei sich in ihrem Programm grundsätzlich zur Einbeziehung der Frau in den Klassenkampf bekannte, wurde die von Deutschböhmen delegierte Anna Altmann, damals die einzige sozialdemokratische Agitatorin Österreichs, von den Einberufern des Parteitages mit der Bemerkung zurückgewiesen, daß sie einen männlichen Delegierten wünschten, da die Frauen noch nicht ausreichend politisiert wären. Diese mit persönlichen Vorurteilen behaftete Geringschätzung des weiblichen politischen Engagements und der generellen weiblichen Politisierbarkeit, die bis zum manifesten Widerstand reichte, setzte sich fort, als einige Arbeiterinnen in der Folgezeit mit erfolgreichen Versuchen begannen, eine der inneren Parteisituation und den verfassungspolitischen Beschränkungen adäquate Organisationsform für die unorganisierten Arbeiterinnen aufzubauen.

Resultat dieser Versuche war ein unpolitischer Arbeiterinnen-Bildungsverein, der seine vornehmliche Aufgabe in der Verbreitung von »Kultur« sah. Der von den Genossen als Parteiorganisation anerkannte Verein, der durch die werbende Wirkung der alljährlichen Maifeier und der zahlreichen Lohn- und Wahlrechtskämpfe[12] nicht vorhergesehene Dimensionen annahm, wurde von den Genossen in Partei und Gewerkschaften immer mißtrauischer betrachtet, da separatistische, der Gesamtbewegung schadende Tendenzen befürchtet wurden. Diese organisatorische Entwicklung führte in Partei- und Gewerkschaftskreisen zur ernsthafteren Beschäftigung mit der Frage, wie die Frauen für die gemeinsame Kampforganisation gewonnen und ihre wachsenden organisatorischen Ansprüche konfliktfrei integriert werden könnten[13].

In der Folge wurden als Antwort Arbeiter-Bildungsvereine für beide Geschlechter institutionalisiert und die Gewerkschaftsstatuten für weibliche Mitglieder erweitert, so daß sich die Arbeiterinnen-Bildungsvereine mancherorts auflösten[14].

Gerade die von Gewerkschaften gehegte Furcht, separate Frauenvereine und spezielle politische Agitation könnten die Arbeiterinnen vom nun erwünschten Eintritt in die Gewerkschaftsvereine abhalten[15], führte bei den Frauen aus Solidaritätsgefühl zunächst zu einer starken gewerkschaftlichen Orientierung und zu einem Abhängigkeitsverhältnis, das sich einerseits in einem für Gewerkschaftsagitation gebildeten Organisationskomitee manifestierte, das »im Einvernehmen mit den Genossen der betreffenden Branchen«[16] Bezirksversammlungen durchführte; andererseits war der 1893 als Nachfolgeorganisation der Arbeiterinnenbildungsvereine gegründete Lese- und Diskutierklub »Libertas«, der die Genossinnen aus allen Wiener Bezirken in einer Zentrale sammeln sollte, statutenmäßig dahingehend ausgerichtet, »daß nur gewerkschaftlich organisierte Arbeiterinnen als Mitglieder aufgenommen«[17] werden durften.

Diese starke gewerkschaftliche Loyalität wurde den Frauen aber nicht durch organisatorisches Entgegenkommen gelohnt, so daß zwangsläufig immer häufiger Klagen über zu geringe Aufmerksamkeit der Genossen gegenüber der Heranziehung der Frauen in die Organisation auftauchten. Den in den Gewerkschaften tätigen Frauen wurden »nicht gleiche Fähigkeit und gleiche Rechte in der Praxis«[18] zugestanden, die Frage der Organisierung der Frauen wurde immer wieder verschoben, die von den Gewerkschaften abgehaltenen Versammlungen machten die Frauen nicht zu aktiven Mitkämpferinnen, sondern zu passiven Bekennerinnen der Bewegung, und die finanzielle Abhängigkeit der Frauen-Agitationskomitees, die den Frauen keine selbständigen Aktionen ermöglichte, ließ das gegenseitige Verhältnis auf die Dauer »unerträglich und schädigend«[19] erscheinen.

Um diese Mißstände zu beseitigen, machten die Genossinnen den Gewerkschaften den Vorschlag, einen Verein für Arbeiterinnen aller Branchen auf gewerkschaftlicher Basis, mit finanzieller

Eigenverantwortlichkeit, einzurichten, der das Schwergewicht seiner Arbeit auf die Aufklärung und Erziehung zu Klassenbewußtsein und Solidarität legen sollte[20]. Damit sollte keine Trennung in Männer- und Frauenorganisationen, sondern vielmehr eine Stärkung der schon bestehenden Branchenorganisationen und darüber hinaus auch die Organisierung jener Frauen erreicht werden, in deren Branche noch keine Organisation bestand[21].

Aufgeschreckt durch diesen »separatistischen« Vorschlag erklärte sich die kurz danach stattfindende niederösterreichische Gewerkschaftskonferenz bereit, die Frauen in die aktive Tätigkeit in den Organisationen einzubeziehen. Dazu wurde ein Beschluß gefaßt, den Frauen in den Ausschüssen und übrigen Vertretungskörpern eine entsprechende Vertretung zu gewähren und ihnen für die separate Agitation die notwendigen Geldmittel zur Verfügung zu stellen[22].

Diesem materiellen Zugeständnis, das den gewerkschaftlich organisierten Frauen einen kleinen Spielraum gewährte, stand jedoch die gleichfalls auf diesem Kongreß beschlossene Durchführung eines zentralisierten und bürokratisierten Gewerkschaftsapparates gegenüber, der das »solidarische Zusammenhalten«[23] sämtlicher Arbeiter und Arbeiterinnen stärken und die Zersplitterung durch etwaige Sonderinteressen verhindern sollte. Die Zentralisierung der gewerkschaftlichen Organisationen, die besondere Organisationsstrukturen zur Folge hatte, bewirkte nicht nur, daß irgendwelche separatistischen Bestrebungen bekämpft wurden, sondern daß auch die noch unorganisierte Arbeiterschaft, welche zu wilden Streiks neigte, erfaßt und diszipliniert werden konnte[24].

An diesen gewerkschaftlichen Entwicklungen zeigte sich innerhalb der organisierten Bewegung die Politik, auf besondere Interessensstandpunkte mit restriktiver organisatorischer Integration zu antworten und diese auszubauen, wodurch diese Politik zwar wegen des Preises möglicher innerer Konflikte ambivalent, zugleich aber auch legitimiert wurde, weil sie kurzfristig bessere materielle Interessensdurchsetzung auch für Frauen versprach und auch einlösen konnte.

Die trotz der gewerkschaftlichen Erfahrungen fortbestehende Anschauung, daß Frauen durch eigene Frauenversammlungen und eigene Vereine leichter anzusprechen und für die Gesamtbewegung zu aktivieren seien, ließ bei den Frauen den Wunsch reifen, den politischen Aspekt der Fraueninteressen zu betonen, soweit es das Vereinsgesetz zuließ. Auf dem Parteitag 1894 wurde deshalb von den Frauen der Antrag gestellt, »die weibliche Arbeiterschaft nebst den gewerkschaftlichen auch in die politischen Organisationen einzubeziehen«[25].

Da die Frauen zunächst auch an den guten Willen und die aktive Unterstützung ihrer Genossen glaubten, schienen ihnen gemeinsame politische Organisationen geeignet zu sein, die politischen Forderungen der Frauen mit Nachdruck[26] zu vertreten. Die parteimäßigen Reaktionen auf diese Vertretungsansprüche der Frauen entsprachen jedoch jenen der gewerkschaftlichen Boykottierung der Frauenarbeit in den Organisationen, was die Eingliederung der Frauen verhinderte[27]. Gleichgültigkeit gegenüber den Gleichberechtigungsforderungen der Frauen[28] drückte die Einstellung der Parteispitze aus, daß die von den Frauen vorgetragenen politischen Interessensansprüche aus verfassungsmäßigen Gründen noch nicht und aus wahlpolitischen Erwägungen heraus nur bedingt organisationsfähig seien. Als offensichtlich wurde, daß die parteimäßige Ausschließung der Frauen zu politischer Autonomie führen könnte, wie sie die ohne Absprache mit Gewerkschaft und Partei im Jahre 1898 aufgestellte Forderung nach Einberufung einer Frauenkonferenz darstellte, änderte sich die Haltung der Partei[29].

Diese Frauenkonferenz hatte nach den Intentionen der Frauen das Ziel, selbständige Organisationsmethoden zur Gewinnung einer größeren weiblichen Mitgliederzahl zu beschließen. Die Konferenz wurde diesem politischen Anspruch aber in keiner Weise gerecht. Der zugestandene organisatorische Freiraum ließ den aufgestauten Zorn der Frauen schnell verpuffen. Auch waren ihre politischen Vorstellungen noch so uneinheitlich[30], daß es den Gewerkschaften ein leichtes war, einen Organisationsentwurf durchzusetzen, der die politischen Interessen ignorierte, dafür aber die gewerkschaftliche Bevormundung um so rigider betonte[31].

Das weitere Ergebnis dieser Frauenkonferenz, die Gründung eines Frauenreichskomitees[32], erschien bloß vordergründig als ein Erfolg der Frauen, besaß doch dieses »eigene« Vertretungsorgan faktisch nur in beschränktem Umfang eigene Richtlinienkompetenzen, da es eng mit den Organisationen zusammenzuarbeiten hatte und deshalb mehr gebundenes und ausführendes denn selbstbestimmendes Organ war.

Ursachen der deutlichen Ablehnung autonomer Emanzipationspraxis waren neben der einheitsfixierten Parteipolitik auch die inneren Emanzipationsbarrieren führender Genossen, die bei dem auf die Frauenreichskonferenz folgenden Parteitag 1898 besonders offen sichtbar wurden.

Ein wesentlicher Diskussionspunkt dieses Parteitages war die Gewinnung nichterwerbstätiger Hausfrauen für die Gesamtbewegung[33]. Das Gros der Genossinnen plädierte für die Agitation unter den Hausfrauen und deren Organisierung für die Partei, weil sie meinten, »daß zur Durchsetzung der sozialistischen Gesellschaft auch die Mütter und Frauen des Haushalts gewonnen werden müssen«[34].

Gegen diese Ansicht wandten sich viele Genossen, indem sie einen Unterschied zwischen ledigen und verheirateten Arbeiterinnen konstruierten. Ihre subjektive Meinung war, daß es wichtigere Aufgaben für die Frauen gäbe, als »in den Reihen der bereits organisierten Genossen Nachschau zu halten, ob auch deren Frauen schon organisiert sind«[35]. Der Parteisekretär und Gewerkschaftler Schuhmeier erklärte dezidiert, »daß Sie meine bessere Hälfte nicht mehr zu organisieren brauchen, die habe ich mir selbst organisiert . . .«[36]. Damit die Ehegatten ihre Pflicht als Parteigenossen erfüllen könnten, müßten die »besseren Hälften« zu Hause bleiben und dort ihre »geräuschlos(en) und unsichtbar(en)« Funktionen vollbringen, »aber in der heranwachsenden aufgeklärten Generation wird man den Segen ihrer stillen und edlen Arbeit gewahren«[37]. Ein anderer Genosse meinte gar, »man müsse einmal entschieden gegen die Weiber« auftreten, da diese vielleicht gar glaubten, er schicke seine Frau freiwillig in die Organisation und zahle obendrein für ein Dienstmädchen[38].

Die Bedeutung dieser kleinbürgerlichen Phrasen[39] darf nicht unterschätzt werden, da die Auswirkungen derartiger Parteitagsreden, die ja in der Geschichte der Sozialdemokratie keine Ausnahme darstellen[40], innerparteilich auch für die breiten Mitgliedermassen prägend und daher für die organisatorische und ideologische Weiterentwicklung der Frauenorganisation eine schwere Hypothek darstellten.

Die zweite Phase:

1902 unternahmen einige Genossinnen in Wien, die aufgrund ihrer regen Beteiligung an den Wahlen von 1901 und ihrer dabei gemachten Erfahrungen aktiviert worden waren, den Versuch, »eine Organisationsform zu finden«, die auch die politische Organisierung der Frauen ermöglichte«[41]. Nach dreimaliger Zurückweisung der Statuten durch das Ministerium gründete diese Frauengruppe den »Verein sozialdemokratischer Frauen und Mädchen«, der, obwohl in den Statuten ausdrücklich der Ausschluß von Politik und Religion verankert war, eine rege politische Tätigkeit entfaltete[42]. Da die Vereinsgründung ursprünglich dem praktischen Bedürfnis entsprang, dem Christlichen Frauenbund, der sich bei den Wahlen als gefährliche Konkurrenz entpuppt hatte, entgegentreten zu können, wurde den Initiatorinnen zwar seitens der Partei Förderung zuteil, ohne daß diese jedoch ihre bisherigen Ansprüche aufgeben wollte.

Einerseits mußte die Partei gegen die generelle Ausdehnung dieser Vereinsform eintreten, weil die dezentralen Ortsgruppen sich schwer dem eigenen zentralistischen Prinzip unterordnen ließen und Befürchtungen wegen separatistischer »Auswüchse«[43] der Frauen erneut laut wurden. Ein weiterer Grund, die Verbreitung dieser Organisationsform abzulehnen, war das zweite Hauptanliegen des Vereins, die Aufklärung und Gewinnung von bisher nicht organisierten Hausfrauen für die Partei. Ihre Einbeziehung in die Agitationsarbeit, die von der Frauenorganisation schon seit längerem als dringend angesehen wurde[44], war von den Genossen immer mit dem lakonischen Hinweis abgeblockt worden, daß sich Hausfrauen nicht organisieren lassen würden und politisch »nur dort ein Fortschritt zu verzeichnen ist, wo sich die Bewegung auf die industriellen Arbeiterinnen stützt«[45].

Hinter dieser Argumentation steckte die Furcht, daß die unaufgeklärten, unpolitischen Hausfrauen, dem alleinigen Zugriff der Frauenorganisation ausgesetzt, weder von den Gewerkschaften noch von der Partei unter sozialdemokratischer Kontrolle gehalten werden könnten. Die Vorstellung einer nicht gewerkschaftlich organisierten und nicht den direkten Kontrollmechanismen der Partei untergeordneten politischen Frauenbewegung mit autonomem Organisationsaufbau erschien den Genossen in der damaligen Zeit als undiskutierbar und abschreckend[46].

Auch die politischen Kämpfe am Anfang dieses Jahrhunderts[47] gingen nicht spurlos an dem unorganisierten Frauenpotential vorbei, so daß sich die Frage nach systematischer Agitierung und Organisierung dieser großen weiblichen Anhängerschar erneut für die Partei stellte. Die Institutionalisierung freier politischer Frauenorganisationen (1908), quasi die Ausdehnung des Wiener sozialdemokratischen Frauenvereins auf die Provinz, wurde dieser Massenstimmung als auch dem politischen Anliegen der Frauenorganisation gerecht, verhinderte aber gleichzeitig keineswegs den deklarierten Integrationsanspruch der Partei.

Zwar wurde den organisierten Frauen die Parteimitgliedschaft zugesprochen und die Frauenkonferenz als Parteiinstitution mit selbständigem Vertretungsrecht anerkannt und daher das Organisationsstatut der politischen Frauenorganisation den im Parteistatut festgesetzten Bestimmungen formell angepaßt, was aber bedeutete, daß jede Änderung nur im Einvernehmen mit der Parteivertretung vorgenommen werden konnte. Dieses von der Partei kontrollierte Organisationssystem ließ die Frauenorganisation zwar organisatorisch, nicht aber interessenspolitisch zu einem festen Bestandteil der Gesamtorganisation werden. Die politische Interessenwahrnehmung wurde weiterhin nicht als gesellschaftspolitisch relevante Aufgabe der Gesamtpartei angesehen, sondern als ein Betätigungsfeld, das unter die Kompetenzen der Fraueninteressen fiel, womit zwar die Hauptarbeit der Agitation und Organisation den Frauen überlassen wurde, die Kontrolle und die Bestimmung der Richtlinien hingegen bei der Partei verblieben.

Diese Arbeitsteilung übertrug den Frauen eine streng eingezäunte »Spielwiese«, die gleichzeitig für die Partei eine organisatorische Entlastungs- und Integrationsfunktion übernahm. Die Frauenorganisation verblieb in ihrer traditionellen Rolle als Hilfsorgan, dem keinerlei politische Eigenverantwortlichkeit, sondern nur eigene Organisationsformen zugestanden wurden.

Frauenbildung ohne sozialistisches Bewußtsein?

Nach der Errichtung der freien politischen Frauenorganisation verlagerte sich der Schwerpunkt der organisierten Frauenpolitik. In den folgenden Jahren ging es nicht mehr vorrangig um die Bestimmung des grundsätzlichen Rahmens, in dem Frauenorganisation und Partei stehen, sondern um die Behauptung frauenspezifischer Interessenvertretung innerhalb dieses Rahmens, der grundsätzlich von beiden Seiten als angemessene organisatorische Verfassung der Interessenvertretung angesehen wurde. Dieser Grundsatzkonsens führte zur Übernahme geltender allgemeiner Normen des Organisationslebens und des vom gesamtpolitischen Standpunkt zugeschriebenen politischen Funktionskorridors der Frauen, die sich beide als primär wahlpolitische Orientierung und als ein darauf aufbauender notwendig quantitativer Standpunkt in der Organisationspolitik zusammenfassen lassen.

Die Frauenorganisation erhielt einen klar umschriebenen Funktionskreis: die Ausarbeitung und Umsetzung von möglichst effektiven Agitations- und Schulungsmethoden, wobei Maßstab der Wirksamkeit die fortschreitende Erfassung der Frauen als Organisationsmitglieder und langfristig als potentielles Wählerreservoir wurde. Diese Umdefinierung frauenspezifischer Interessenvertretung auf primäre Mitgliederpolitik bei nicht mehr primär klassenspezifischer Orientierung führte zur Übernahme von opportunistischen Rekrutierungsmustern. Bildungspolitische Aktionen wurden daher nicht mehr vorrangig an der Vermittlung von sozialistischem Bewußtsein ausgerichtet.

Ansatzpunkt der politischen Arbeit wurden die unmittelbaren Interessen breiter Frauenschichten, die nicht bereits Teil der Industriearbeiterschaft geworden waren[48]. Leicht verständliche Diskussionsabende, Nähkurse, Feste und ähnliche Veranstaltungen bildeten den methodischen Ansatzpunkt ihrer Politisierung[49].

Obwohl diese Agitationsmethoden als Notbehelfe apostrophiert wurden, die keinesfalls zur Vernachlässigung der Erziehung zum Sozialismus führen dürften[50], zeigen die in der Praxis durchgeführten Bestrebungen, daß die Sozialdemokratinnen im Laufe der Zeit ein gut durchorganisiertes und fein verästeltes Konkurrenzunternehmen zu der bürgerlichen Frauenbewegung ausbauten. Allerdings stellte es die innere organisatorische Verbesserung eindeutig vor die Erziehung zum klassenkämpferischen Sozialismus.

An dieser bildungspolitischen Konzeption änderte sich auch in der Ersten Republik nach dem formellen Eintritt der Frauenorganisation in die gemeinsame Organisation nichts. Weiterhin glaubten die sozialistischen Frauen durch »Groschenbüchel«, die die indifferenten Frauen zum Lesen erziehen sollten, durch kleine Feste und Vorleseabende, durch Sportorganisationen, durch praktische Hausfrauenbildung[51] und dergleichen mehr, das bei Wahlen der Sozialdemokratie zuneigende Wählerreservoir geistig erfassen zu können.

Mit dieser Erziehung, die den anzusprechenden Frauen eher

die Stabilisierung ihrer persönlichen Identität und die Notwendigkeit frauenspezifischer Handwerksbildung als ein sozialistisches Bewußtsein vermittelte, wurde die Frauenbewegung unter dem Anschein politischer Arbeit objektiv von dieser ferngehalten. Neugewonnene weibliche Mitglieder erfuhren nach ihrem Eintritt eine nur unzulängliche politische Schulung und arbeiteten fortan – was notwendige Konsequenz war – in Haushaltskursen oder in den Bereichen der Fürsorge, in denen sie mit den traditionellen Rollenzuschreibungen zusammenhängende Tätigkeiten ausführten. Diese, die Tendenzen der Vorkriegsgeschichte der Frauenbewegung verstärkende Bildungsarbeit zielte auf die Anwerbung von Hausfrauen und kleinbürgerlichen Frauen. Der Sinn dieser Bildungsarbeit hatte sich freilich tendenziell geändert. Während vor dem Kriege die politische Anwerbung dieser Zielgruppen vor allem organisationsbezogen betrieben wurde, so war sie nun gleichermaßen auch auf die von der Partei zu gewinnenden Wahlen gerichtet.

Schlußüberlegungen

Die einleitend gestellte Frage nach dem Potential frauenspezifischer Interessenwahrnehmung, nicht so sehr gestellt als Wirkungsanalyse, sondern als Beschreibung innerer Bedingungen, kann auf Basis der wenigen historischen Ausführungen natürlich nicht auf eine verallgemeinernde Schlußfolgerung zugespitzt werden, zumindest aber auf einige Thesen, die weitere Forschung orientieren könnten. Es scheint plausibel, die Untersuchung der Geschichte der Frauenorganisation in der Massenpartei primär als Dialektik von vorausgreifenden, daher objektiv auch »autonomen« Interessenvertretungsansprüchen und als Dialektik von defensiver Integrationspolitik, vorgetragen vom Standpunkt allgemeiner Organisationsnormen (Mitgliederzahlen, Wahlerfolge, »Parteieinheit« usw.) zu betrachten.

Diese Dialektik manifestiert sich empirisch in einer Vielzahl von Konflikten zwischen Ansprüchen der »Gesamtpartei« – oder pointierter ausgedrückt: der »Partei der Arbeiterzentralität«[52] – und frauenspezifischen Interessenansprüchen auf der Organisationsebene und damit verbunden auch auf der politischen Ebene, wobei diese zweite Ebene in der Arbeit unausgeführt blieb. In diesen Konflikten setzen sich stets auch Momente zunehmender Integration durch, und dadurch werden die im Rahmen der Gesamtorganisation auftretenden Konflikte primär zu bürokratischen Auseinandersetzungen. Frauenspezifische Interessen werden in diesem Prozeß gleichsam »umdefiniert« zu allgemeinen Organisationsproblemen, und die inhaltliche Angemessenheit von Ansprüchen zu einer Frage der Korrespondenz mit allgemeinen Organisationsnormen gemacht.

Es muß angenommen werden, daß diese Konfliktlogik langfristig einen Vorgang der Depolitisierung erzeugt, unabhängig von anderen gesellschaftlichen Bedingungen der Depolitisierung, weil sich in bürokratischen Konflikten Individuen immer weniger als politische Subjekte wiederfinden können – ein gerade angesichts der frauenspezifischen Sozialisationsweise folgenreicher Vorgang.

Die Einlösung des eingangs zitierten allgemeinen Postulates, frauenorientierte Geschichtsschreibung auch als Analyse der »Leidensgeschichte« von Frauen zu verstehen, d. h. für die hier versuchte Analyse, die Analyse der inneren Organisationsbedingungen über den Rahmen der Organisation hinaus »zum Konkret-Besonderen, zur Analyse von Lebenszusammenhängen unterhalb der Organisationsebene«[53] auszuweiten, konnte im Rahmen der Arbeit nicht geleistet werden; ihr möglicher allgemeiner Rahmen wurde jedoch abgesteckt.

Erst auf dieser Ebene kann auch die entscheidende Frage geklärt werden, warum trotz der geschlechtsspezifischen Diskriminierung im Rahmen der Organisation diese selbst ohne historische Brüche durch Abspaltungen und andere Formen des Protestes Kristallisationspunkt frauenspezifischer Interessenansprüche bleiben konnte.

Anmerkungen:

1 Auf der Bundesfrauenkonferenz der SPÖ 1978 wurde diese Form von Geschichtsdeutung mit der These formuliert, wonach jene Forderungen, die Adelheid Popp und Gabriele Proft in der Ersten Republik gestellt hatten, heute verwirklicht sind (s. Arbeiter-Zeitung, Nr. 134, S. 1 und 2).

2 Siehe z. B. »Die Frauen wurden wach. 50 Jahre politische Frauenorganisation in der Sozialistischen Partei«, Wien 1959.

3 Vgl. Bundeskanzleramt (Hg.): Bericht über die Situation der Frau in

Österreich. Frauenbericht 1975. Wien 1975. Heft 7: Die Frau im öffentlichen Leben, S. 7 ff.

4 Siehe dazu Janssen-Jurreits feministische Auseinandersetzung mit sozialistischen Theoretikern und Parteien, die zwar parteiförmige Herrschaft mit genereller Männerherrschaft negativ gleichsetzt, dadurch aber wiederum den leidenspolitischen Aspekt der weiblichen Proletariatsgeschichte besonders stark zum Ausdruck bringt (Janssen-Jurreit, Marielouise: Sexismus. Über die Abtreibung der Frauenfrage, München – Wien 1976, S. 219 ff.); ergänzend dazu Klucsarits, Richard/ Kürbisch, Friedrich G. (Hg.): Arbeiterinnen kämpfen um ihr Recht. Autobiographische Texte rechtloser und entrechteter »Frauenspersonen« in Deutschland, Österreich und der Schweiz des 19. und 20. Jahrhunderts, Wuppertal 1975.

5 Auf der Bundesfrauenkonferenz 1978 wurde zwar – wie schon oft vorher – die historische Solidarität von Männern und Frauen in der österreichischen Sozialdemokratie behauptet, zugleich wurden Konflikte mehr oder weniger zugegeben (siehe Arbeiter-Zeitung, Nr. 134, 17. Mai 1978, S. 2).

6 Zwar eröffnet – vor und nach der jüngsten Organisationsreform – das Parteistatut, das die Hierarchisierung von Fraueninteressen in formell separierte und hervorgehobene Funktionswahrnahmen erzwingt, den Funktionärinnen ein abgestuftes System von Partizipationsmöglichkeiten und damit auch an formal möglicher Interessenvertretung, zugleich aber wird durch die massive Einbindung besonderer Interessen in organisatorische Prozeduren, die die Herausfilterung des sogenannten »Gesamtinteresses« der Partei sichern, deren Verpflichtung auf diese erreicht und zugleich ihre Rückstufung zu Partialinteressen erzwungen, was diese – ungeachtet ihrer Angemessenheit – delegitimiert.

7 In Entsprechung der geschlechtsspezifischen Arbeitsteilung der Gesellschaft sind die Frauen im praktischen Leben der Gesamtpartei auf »weibliche« Funktionen, wie z. B. die Veranstaltung von Koch-, Bastel- und Nähkursen und Vormittagskursen für Hausfrauen, eingegrenzt, deren Aufwertung, obwohl Fragestellung und Methoden weiterhin begrenzt bleiben müssen, unter wahlpolitischen Prämissen erfolgt. Insgesamt bleiben die Frauen jedoch dabei über herkömmliche Rollen definiert.

8 Vgl. dazu Vogt, Christa: Frauenemanzipation und Reformismus. Untersuchungen zur Kritik der Frühgeschichte der sozialdemokratischen Frauenbewegung in Österreich im Kontext der sozialistischen Frauenemanzipationstheorien, (unver. Phil.) Diss. Salzburg 1977.

9 Leser hat einen allgemeinen Aspekt dieser These angesprochen, wenn er ausführt, daß das »Geburtstrauma« der Sozialdemokratie, der Prozeß der Herausbildung der Frühgeschichte, wie eine »Erbmasse« auf ihr laste (Leser, Norbert: Zwischen Reformismus und Bolschewis-

mus. Wien/Frankfurt/Zürich 1968, S. 198); einen ähnlichen Ansatz, das Verständnis der Sozialdemokratie in der Frühgeschichte ihrer Entwicklung zu suchen, verfolgt Kurt Brandis: Der Anfang vom Ende der Sozialdemokratie, Berlin 1975.

10 Hierbei muß natürlich die verfassungspolitische Situation, die bis 1919 herrschte, berücksichtigt werden, weil diese die statuarisch abgesicherte gemeinsame Organisierung im Rahmen des geltenden Vereinsgesetzes lange Zeit offiziell unmöglich machte. Während dieser Zeit, als den Frauen jegliche politische Betätigung verboten war, bewegte sich die frauenspezifische Interessenvertretung in einem bestenfalls halblegalen politischen Raum.

11 Siehe Popp, Adelheid: Der Weg zur Höhe, Wien 1930, S. 14; Altmann, Anna: Blätter und Blüten. In: Popp, Adelheid (Hg.): Gedenkbuch, Wien 1912, S. 31; Adler relativierte dieses Vorgehen später, indem er ironisierend und damit bagatellisierend die Schuld der Genossen bekannte und jeden weiteren Vorwurf abblockte, gleichzeitig aber auch ein parteipolitisches Manko als individuelles Fehlverhalten einstufte und somit jede Verantwortung und Konsequenz für die Partei als ganzes von sich schob (siehe Adler, Victor: Zwanzig Jahre »Arbeiterinnen-Zeitung«. In: Victor Adlers Aufsätze, Reden und Briefe. Hrsg. v. Parteivorstand der sozialdemokratischen Arbeiterpartei Deutschösterreichs, Wien 1929, S. 153).

12 Die schlechte wirtschaftliche Lage traf die unorganisierten Arbeiterinnen besonders hart, da die meisten Fachvereine nur männliche Mitglieder aufnahmen; die Arbeiter betrachteten die arbeitende Frau in der Regel nicht als Kampfgenossin, sondern als lohndrückende Konkurrentin.

13 Vgl. Deutsch, Julius: Geschichte der österreichischen Gewerkschaftsbewegung. Bd. I, Wien 1929, S. 229 f.

14 Siehe Popp, Adelheid: Zwanzig Jahre Arbeiterinnenbewegung. In: Popp (Hg.): Gedenkbuch, a.a.O., S. 12.

15 es. Popp: Weg . . ., a.a.O., S. 88; Arbeiterinnenzeitung (im folgenden zit. als AZ), Nr. 14, IV. Jg., 18. Juli 1895, S. 2.

16 Popp: Jahre . . ., a.a.O., S. 12.

17 Ebenda, S. 17.

18 AZ, 18. Juli 1895, S. 1.

19 AZ, Nr. 12, IV. Jg., 20. Juni 1895, S. 2.

20 Ebenda.

21 Siehe ebenda, S. 3.

22 Siehe Popp: Weg . . ., a.a.O., S. 90.

23 AZ, 18. Juli 1895, S. 3.

24 Vgl. Deutsch: Geschichte . . ., a.a.O., S. 228 und 319; Hueller, Mirella, A.: Die Frau in der österreichischen Arbeiterbewegung bis 1919. Dipl.-Arb. Linz 1976, S. 80.

25 Verhandlungen des vierten österreichischen sozialdemokratischen

Parteitages in Wien, Wien 1894, S. 118.

26 Ebenso waren die Genossinnen lange Zeit der Meinung gewesen, daß die männlichen Delegierten sehr wohl in der Lage wären, auf den Parteitagen die Probleme der Frauen zufriedenstellend behandeln zu können.

27 »Wir haben es satt, immer nur als geduldete Personen oder als Dekorationsstücke in irgendeiner Vertretung zu figurieren« (AZ, Nr. 3, VII. Jg., 3. Februar 1898, S. 2).

28 Die Männer »haben ihre eigenen Angelegenheiten zu vertreten und sind noch lange nicht soweit, um die Sache der Frauen zu der ihren zu machen ...« (ebenda, S. 3).

29 Der eigenmächtig – ohne vorherige Absprache mit Vertretern der Landesorganisation – gefaßte Beschluß der Frauen, selbsttätig den Ausbau ihrer Organisation voranzutreiben, führte in Gewerkschafts- und Parteikreisen zu heftigen Reaktionen. In einer Antwort der Landesvertretung auf den veröffentlichten Aufruf der Wiener Frauen wurde in rüder Form Verwahrung gegen das die Parteidisziplin untergrabende Verhalten angemeldet. Versteckte die Landesvertretung der Partei ihr Mißfallen noch hinter formalen Argumenten, so sprachen sich die Vertreter der Gewerkschaftskommission generell gegen eine Frauenkonferenz aus, da sie sie für zwecklos hielten. Erst als ihnen kontrollierende Funktionen bei der Abhaltung der Konferenz zugestanden wurden, gaben sie widerwillig ihre Ablehnung auf.

30 Unter den Frauen gab es zur damaligen Zeit noch heftige Diskussionen über die Gleichwertigkeit von gewerkschaftlicher und politischer Agitation. Eine Gruppe, deren Meinungsbildung stark von Gewerkschaftsargumenten geprägt war, betonte, daß die Aufstellung politischer Forderungen für Frauen noch eine Utopie sei, während die zweite Gruppe davon überzeugt war, daß die Weckung des politischen Interesses und die Aufklärung über politische Ziele die Frauen erst zu wahren Kämpferinnen auch für die wirtschaftlichen Forderungen werden ließen (vgl. AZ, Nr. 7, VII. Jg., 7. April 1898, S. 3).

31 In allen Gewerkschaften, Bildungsvereinen und gemischten Gewerkschaften sollten für die Frauen Sektionen errichtet werden, deren Aufgabe in der Agitation und gewerkschaftlichen Organisierung von noch unorganisierten Frauen bestand. Diese Frauensektionen wirkten sich in der Folgezeit jedoch auf die Frauenaktivitäten eher zersplitternd aus, da einerseits die Anzahl der schon agitatorisch ausgebildeten Gewerkschafterinnen noch sehr gering war und andererseits der enorme Arbeitsaufwand jeder einzelnen, die oft mehrere Branchen zu vertreten hatte, und der von den Gewerkschaften bestimmte enge Aktionsradius der Frauen keinerlei Bewegungsfreiheit für etwaige politische Agitation offenließ (siehe Popp: Jahre ..., a.a.O., S. 19).

32 Diesem Komitee fiel die Aufgabe zu, »in wirtschaftlicher Beziehung ein beratendes und für die besonderen Zwecke der Arbeiterinnenbe-

wegung, unter Hinzuziehung der Parteileitung und der Gewerkschaftskommission, den Arbeiterinnen ein richtung- und zielgebendes Organ zu sein« (auf der Frauenkonferenz beschlossener Antrag der Gewerkschaftskommission, zit. in Popp: Weg ..., a.a.O., S. 77).

33 Siehe Schlesinger-Eckstein, Therese: Die erste Konferenz deutscher Sozialdemokratinnen in Österreich. In: Die Neue Zeit, 16. Jg., II. Bd., Stuttgart 1898, S. 312.

34 Popp: Weg ..., a.a.O., S. 91.

35 Verhandlungen des Parteitages der deutschen Sozialdemokratie Österreichs in Linz, Wien 1898, S. 115.

36 Ebenda.

37 AZ, 18. August 1898, S. 2.

38 AZ, 3. Februar 1898, S. 1 f.

39 Schuhmeier: »Kleinbürgerlich, philiströs, reaktionär, vielleicht vom politischen, gewiß aber nicht vom praktischen Standpunkt aus genommen!« (Verhandlungen 1898, a.a.O., S. 115).

40 Der Parteiführer Victor Adler war z. B. trotz offizieller Festtagsreden oft ein prononcierter Gegenspieler der Frauenorganisation (siehe z. B. Verhandlungen des Gesamtparteitages der Sozialdemokratie in Österreich in Graz, Wien 1900, S. 84 oder: Protokoll über die Verhandlungen der Gesamtpartei der sozialdemokratischen Arbeiterpartei in Österreich in Wien, Wien 1903, S. 131 und 233).

41 Guschlbauer, Elisabeth: Der Beginn der politischen Emanzipation der Frau in Österreich. Phil.-Diss. Salzburg 1974, S. 212.

42 Siehe Popp: Weg ..., a.a.O., S. 84; Der Aufstieg der Frauenorganisation Favoriten, Wien 1947, S. 2.

43 Aufstieg ..., a.a.O., S. 2.

44 Siehe Diskussion auf der Frauenkonferenz und dem Parteitag von 1898; siehe auch Verhandlungen des Gesamtparteitages der Sozialdemokratie in Österreich in Brünn, Wien 1899, S. 130 f.; Verhandlungen ... 1900, a.a.O., S. 103.

45 Verhandlungen ... 1900, a.a.O., S. 61; siehe auch Protokoll ... 1903, a.a.O., S. 222.

46 Gegen den ebenfalls 1902 gegründeten »Verein der Heimarbeiterinnen und aller im Hause beschäftigten Frauen und Mädchen« wurden jedoch keine Bedenken erhoben, da sich deren Arbeit mit gewerkschaftlicher Unterstützung und unter gewerkschaftlicher Kontrolle vorwiegend auf wirtschaftliche Fragen konzentrierte und im Grunde nur eine Fortsetzung der sich auflösenden »Libertas« darstellte (siehe Popp: Jahre ..., a.a.O., S. 20).

47 Mitbeeinflußt durch die russische Revolution setzte 1905/06 mit machtvollen Demonstrationen und der Androhung des Generalstreiks erneut der Kampf um das allgemeine und gleiche Wahlrecht ein, an dem sich die Frauen aktiv und leidenschaftlich beteiligten.

48 »Beim Einkaufskorb ist diese indifferente Frau viel leichter zu fassen

als bei allen politischen oder privatrechtlichen Gleichberechtigungsbestrebungen« (AZ, Nr. 13, 22. Jg., 24. Juni 1913, S. 5); nicht zufällig wurde in dieser Zeit ein genossenschaftliches Frauenagitationskomitee gegründet, das die Frauen aufklären und zu Genossenschaftlerinnen erziehen sollte (siehe Protokoll der Verhandlungen des Parteitages der deutschen sozialdemokratischen Arbeiterpartei in Wien. Wien 1913, S. 28 f).

49 Themen waren: Kindererziehung Haushalt, Nahrungsmittel, Körperpflege u. ä. (siehe AZ, Nr. 14, 22. Jg., 8. Juli 1913, S. 5).

50 Siehe Protokoll der V. Sozialdemokratischen Frauenrechtskonferenz in Wien. Wien 1913, S. 291.

51 »Wer einen Haushalt bewußt zu führen versteht, versteht leichter die Staatswirtschaft« (Die Frau, Nr. 2, 40. Jg., Februar 1931, S. 12).

52 Wunderle, Michaela (Hg.), Politik der Subjektivität – Texte der italienischen Frauenbewegung. Frankfurt a. M. 1977, S. 50.

53 Rabe, Bernd: Der sozialdemokratische Charakter. Drei Generationen aktiver Parteimitglieder in einem Arbeiterviertel. Vorwort von Oskar Negt. Frankfurt/New York 1978, S. X.

Richard Klucsarits

Funktion und Bedeutung von Arbeiterinnen-Selbstdarstellungen

1. Teil

Selbstdarstellungen von Arbeitern und Arbeiterinnen – gleichgültig, ob sie weite Lebensstrecken oder nur ein einziges Ereignis zum Inhalt haben, und ebenso gleichgültig, ob sie von der Gattung her als Roman, Erzählung, Skizze, Reportage, Bericht oder Erinnerung klassifiziert werden können – sind seit eh und je und unbestritten unter dem Sammelbegriff *Arbeiterbiographie* zusammengefaßt.

Auch ihre Herkunft als von Arbeitern und Arbeiterinnen geschrieben wird als eindeutig verstanden. Weder erfolgt eine Eingrenzung (Industrie-, Heim-, Transport-, Land- und Hilfsarbeiter sind einbezogen) noch wird getüftelt, ob ein sozialer Aufsteiger vorher wohl lange genug den Status eines Arbeiters besessen hat; und schließlich wird auch nicht eine weitlingsche, lassalleanische, sozialdemokratische oder marxistische Gesinnung als alleinbestimmendes Merkmal angenommen. Das entscheidende Kriterium ist die *Zugehörigkeit zur Arbeiterklasse. Arbeiterbiographien repräsentieren die gesellschaftliche Lage und die politische Bewußtwerdung der Arbeiterklasse.*

Arbeiterautobiographien sind in Entstehung und Aussage eindeutig an jenen Entwicklungsabschnitt der industriellen Revolution gebunden, in dem diese eine weiträumige und tiefgreifende Veränderung der gesellschaftlichen und ökonomischen Landschaft herbeigeführt und als Gegenkraft eine schon autonome Arbeiterbewegung angetroffen hat: in Deutschland Ende der sechziger Jahre des vorigen Jahrhunderts, in Österreich und in der Schweiz etwas später.

1037 Arbeiter und Arbeiterinnen haben in der Zeit zwischen 1860 und 1975 selbständige Publikationen oder Texte in regelmäßiger Folge in Zeitschriften und Zeitungen der Arbeiterbewegung veröffentlicht, davon 316 Arbeiter und Arbeiterinnen, deren autobiographische Publikationen und Texte uns zu interessieren haben.

Wenn Adelheid *Popp* die Niederschrift ihrer Jugenderlebnisse 1909 so begründet:

»Ich schrieb die Jugendgeschichte einer Arbeiterin nicht, weil ich sie als etwas individuell Bedeutsames einschätzte, im Gegenteil, weil ich in meinem Schicksal das von hunderttausenden Frauen und Mädchen des Proletariats erkannte, weil ich in dem, was mich umgab, was mich in schwere Lagen brachte, große gesellschaftliche Erscheinungen wirken sah«,

und wenn schließlich Anna *Altmann* in ihrer autobiographischen Skizze 1895 den Grund für ihren politischen Einsatz in einer eindeutigen Kurzformel angibt:

»Ja, sehen Sie mich nur an, ich gehöre auch zu diesen ›Aufhetzern‹, das heißt, ich suche Wissen und Aufklärung unter die Proletarier zu tragen, die gleich mir von der Gesellschaft als Stiefkinder behandelt werden«,

wird deutlich, warum vor allem Arbeiterinnen sich mitteilen wollen. Es ist nicht in ihrer Absicht, eine Widerspiegelung ihres Lebens vorzunehmen, um Lesern ihre Not und Hilflosigkeit als ein individuelles Schicksal zu verdeutlichen; es ist auch nicht in ihrer Absicht, den Gang ihrer Entwicklung aufzuzeigen, um ihn als Beispiel für die Möglichkeit eines individuellen Aufstieges, der die Not des einzelnen beendet, anzubieten; und es ist ebenso nicht in ihrer Absicht, sich selber und die Leser dazu zu verleiten, vor den Aufgaben des Tages auszuweichen, indem man sich mit der Darstellung und an dem Erlebnis an ihr abreagiert. Im Gegenteil. In den Arbeiterinnen-Selbstdarstellungen wird als Zweck deutlich: Bewußtwerdung und Bewußtmachung des Schicksals jedes Angehörigen der Arbeiterklasse als ein kollektives Schicksal.

Arbeiterinnen-Selbstdarstellungen sind in erster Linie Agitations- und Lerntexte, schreibbar erst bei Bewußtwerdung der eigenen Situation, die mit der Klassenlage des Proletariats korrespondiert.

Ein großer Teil der Arbeiterinnen, die mit Selbstdarstellungen hervorgetreten sind, hat sich den Arbeiterorganisationen als Funktionäre, Agitatoren und Vertrauenspersonen zur Verfügung gestellt. Es ist noch zu wenig untersucht, ob und in welchem Umfang Arbeiterinnenautobiographien auf die Willensbildung innerhalb der Führung der Arbeiterbewegung gewirkt haben, jedoch war es zweifelsohne so, daß herrschende Auffassungen und Zielvorstellungen der Arbeiterbewegung ihren Niederschlag in den Selbstdarstellungen der Arbeiterinnen gefunden haben.

Selbst in jenen autobiographischen Texten, die einen *sozialen*

Tatbestand wiedergeben, bleibt es häufig nicht bei der Schilderung einer trostlosen Kindheit, einer traurigen Familiensituation und einer die Ausbeutung kennzeichnenden Arbeitserfahrung, sondern die Darstellung enthält die Tendenz, in den Lesern, die in einer gleichen Situation sich befinden, den Wunsch zu erwekken, die Beseitigung dieses Elends und dieser Ungerechtigkeiten herbeiführen zu helfen.

Die Einbeziehung des *Privilegienstaates,* also die Auseinandersetzung mit der herrschenden Gesellschaftsmacht, die sich im Arbeitgeber und Aufseher ebenso repräsentiert wie in Schule, Kirche, Exekutive und Regierung, führt nicht bloß zur Darstellung von empörenden Vorfällen, die man nicht lesen kann, ohne eine Veränderung zu verlangen, sondern fördert auch die Solidarisierung der Unterdrückten.

2. Teil

Die von Arbeiterinnen verfaßten Autobiographien und noch mehr ihre zahlreichen autobiographischen Texte sind in Vergessenheit geraten. Lediglich Adelheid *Popps* »Jugendgeschichte einer Arbeiterin« (1909) und Ottilie *Baaders* »Der steinige Weg« (1921) werden genannt und behandelt, wenn Arbeiterautobiographien zur Diskussion stehen. Beide, Popp und Baader, haben übrigens mit der Niederschrift ihrer Selbstdarstellungen erst beginnen können, nachdem sie den Arbeitsplatz mit dem Schreibtisch einer Funktionärin der Sozialdemokratischen Arbeiterinnenbewegung vertauscht hatten. Auch die Verfasserinnen autobiographischer Romane und in Buchform veröffentlichter Erzählungen (Verena *Conzett*, Anna *Mosegaard*, Erna *Künast*, Berta *Selinger* und Doris *Viersbeck* etwa) hatten erst lange nach der von ihnen beschriebenen Erwerbstätigkeit an die Abfassung der Manuskripte denken können. Das ist symptomatisch für die Situation der Frauen der Arbeiterklasse. Die doppelte Bürde, im Erwerbsleben zu stehen und dann noch dem Haushalt und den Kindern zu dienen, hat bis zur Einführung des Achtstundentages die Freizeit der Arbeiterinnen praktisch auf Null gestellt. Kamen sie dennoch zum Schreiben, zogen sie die kleine Form vor: Gedicht, Bericht, Reportage, Skizze und Erzählung.

Ihre Texte wurden in der *»Gleichheit«,* in der *»Arbeiterinnen-Zeitung«* und in den Frauenbeilagen der Parteipresse regelmäßig gedruckt und erschienen auch in Zeit- und Festschriften, in Anthologien und Kalendern der Arbeiterbewegung. Darüber hinaus nahm Adelheid Popp, die jede agitatorische Möglichkeit gut zu nützen verstanden hat, die Feier zum zwanzigjährigen Bestand der sozialdemokratischen Frauenbewegung Österreichs zum Anlaß, in einem »Gedenkbuch« die autobiographischen Texte der wichtigsten Wegbereiterinnen der Arbeiterinnenorganisationen zu sammeln und für die politische Organisierung der Frauen einzusetzen. Clara *Zetkin*, die langjährige Redakteurin der »Gleichheit«, und Adelheit Popp, die die »Arbeiterinnen-Zeitung« 1892 begründet und bis zu ihrem Verbot 1934 geleitet hatte, waren sich von Anbeginn an bewußt, daß die von Arbeiterinnen verfaßten autobiographischen Texte für Frauen von weitaus größerer Bedeutung sind als jene der Arbeiter.

Denn: nur die von Arbeiterinnen geschriebenen Erlebnisse aus ihrem Alltag waren für Frauen mit- und nacherlernbar und auch nachprüfbar, also erschienen sie ihnen authentisch und daher glaubwürdig.

Die einem Politisierungsprozeß nur schwer zuführbaren Frauen erfuhren aus diesen Arbeiterinnenautobiographien erstmals:

– daß sie, am Arbeitsplatz und ebenso im Haushalt ohne Stimme, in Versammlungen gehen, als Minderheit in Diskussionen eingreifen und auch vor Männern in freier Rede ihre Auffassungen vertreten können;

– daß sie im Betrieb, zusammen mit den Männern oder im Verein mit anderen Frauen, auf ihr Recht in Fragen der Arbeitsordnung und der Entlohnung bestehen können und vom Betriebsinhaber und seinen Aufsichtspersonen angehört werden müssen;

– daß sie mit den Männern aber auch als Gruppe von Frauen, einen Streik führen und an Demonstrationen auf der Straße teilnehmen können;

– daß sie auf Gleichstellung im öffentlichen und bürgerlichen Recht beharren und dafür eintreten können.

Das waren, wenn sie sich dazu aufrafften, die ersten Emanzipationsschritte der Frauen und Mädchen aus der Arbeiterklasse.

Die Arbeiterinnenbiographien waren demnach ein Mittel für die Führung des Emanzipationskampfes der Frauen und Mädchen der Arbeiterklasse, und zwar nach der Parole von Clara Zetkin:

»Die Emanzipation der proletarischen Frau kann nicht das Werk sein der Frauen aller Klassen, sondern ist allein das Werk des gesamten Proletariats ohne Unterschied des Geschlechts.«

Einer dieser Selbstdarstellungen, von der hier die Rede sein wird, sollte es freilich vorbehalten bleiben, eine ganz große Wirkung exemplarisch auf die soziale Lage und auf das geistige Wollen der Arbeiterklasse auszuüben: Adelheid Popps Selbstbiographien, »Die Jugendgeschichte einer Arbeiterin« und »Erinnerungen«.

Die Autorin, die die Gründerin der österreichischen Frauenbewegung und die erste Redakteurin der ersten sozialdemokratischen Frauenzeitung »Arbeiterinnen-Zeitung« werden sollte, hinterließ der aufwärtsstrebenden Arbeiterschaft ein fesselndes Buch. Schlicht und ohne Zierde, darum aber um so packender und überzeugender schilderte sie ihre freudlose, jammervolle Jugend, die die Jugend tausender Menschen des Vierten Standes war. Sie schilderte, wie sie sich aus der Tiefe des menschlichen Elends zur erkämpften Höhe des Wissens, zur klassenbewußten Vorkämpferin des internationalen Proletariats emporgearbeitet hatte.

Die zweite Selbstdarstellung von Adelheid Popp, »Aus meinen Erinnerungen«[1], ist zweifelsohne als die Fortsetzung der »Jugendgeschichte« anzusehen. In ihr kam ein Stück Arbeiterbewegung, die proletarische Frauenbewegung in Österreich, zum Ausdruck. Der Eintritt der Arbeiterinnen in die Politik und in die wirtschaftlichen Kämpfe wurde durch dieses Büchlein anschaulich vor Augen geführt.

Man hatte mit der Lektüre selbst etwas erlebt – und liest man diese Aufzeichnungen heute, so erkennen wir, welche Wirkung die beiden Memoirenwerke von Adelheid Popp auf das geistige und politische Werden der Arbeiterklasse ausgeübt haben, und heute verstehen wir, daß damit der geistige Aufbruch, die soziale Lage der proletarischen Frauenbewegung wie der Arbeiterklasse überhaupt dokumentiert wurde.

So ist auch zu verstehen, daß die Arbeiter allmählich ihre soziale Lage verstanden. Las man, wie das fünfzehnte Kind einer armen Weberfamilie schon mit acht Jahren zur Heimarbeiterin geworden war, der Vater ein notorischer Trinker, die Mutter des Lesens und Schreibens unkundig, die Arbeitssuche von Werkstatt zu Werkstatt, von Fabrik zu Fabrik, die Familie durch allerlei Krankheit geschwächt, so erinnerte man sich an die eigene Jugend, an das eigene Erleben in Elend und Armut.

Dies stets vor Augen begann die Arbeiterklasse bald ihren Emanzipationskampf zu führen.

Das allgemeine, gleiche, geheime und direkte Wahlrecht, der Achtstundentag, Arbeiterschutzgesetzgebung, Gewerbeinspektorate, Mutterschutz, Schutz vor Ausbeutung, der Kampf gegen den Hunger, die politische Gleichberechtigung der Geschlechter sind nur einige von den vielen Forderungen, die die Arbeiterklasse nun erhob und in zähen Verhandlungen auch durchsetzen konnte.

Am interessantesten jedoch war jener Teil der Selbstdarstellungen, die »Jugendgeschichte einer Arbeiterin« sei hier als klassisches Beispiel zitiert, in dem uns der geistige Aufstieg, die geistige Befreiung des Proletariats vorgeführt wird, der als ein Beitrag zur Psychologie des Arbeiters bezeichnet werden kann. Mit der Gründung von Bildungsvereinen, Kursmöglichkeiten, Arbeiterbibliotheken und anderen kulturellen Einrichtungen wurden jene Meilensteine gesetzt, die den geistigen Aufstieg der Arbeiterklasse einleiteten.

Zusammenfassend kann gesagt werden, daß die Arbeiter-Selbstdarstellungen durchaus befruchtend auf die Arbeiterklasse gewirkt haben. Vor allem jene der Gründerin der österreichischen Frauenbewegung, Adelheid Popp, sind exemplarisch für die soziale Lage der Arbeiter in jenen dunklen Jahren der Selbstbesinnung und des Aufstieges; sie spiegeln durchaus das politische und geistige Wollen der Arbeiterklasse wider.

Für die Interpretation der schriftlich überlieferten Arbeiterinnen-Selbstdarstellungen ergibt sich die Frage, welchen Wahrheitsgehalt die oft lange zurückliegenden Erinnerungen beanspruchen können. So läßt sich fragen, wie konkrete Lebenserinnerungen nach längerer Periode möglich sind, in der eine bewußte Verarbeitung des Erlebten im Rahmen der Zeitgeschichte angenommen werden kann.

Ein wesentliches Kriterium für den Wahrheitsgehalt und die Objektivität ist, daß die ihre Lebenserfahrungen und Erlebnisse schreibende Arbeiterin ihren Lebenslauf als Dokument ihrer Entwicklungsgeschichte begreift. Wenn dies der Fall ist, können die Selbstdarstellungen mit dem besonderen Erfahrungsgehalt im allgemeinen Kontext des proletarischen Lebenszusammenhanges dargestellt werden.

Solche als Bewußtsein der eigenen Persönlichkeit und ihrer Entwicklungsmöglichkeiten und -schranken in Erscheinung tretende Voraussetzungen sind natürlich ihrerseits an objektive Bedingungen gebunden. Eine Schranke stellt zunächst die dauernde Sorge um die Reproduktion der eigenen Arbeit, die Monotonie des proletarischen Alltags dar. Dennoch ist anzunehmen, daß die Arbeiterinnen-Selbstdarstellungen in dem Maße an Authentizität gewinnen, in dem sich sowohl die gegebene Autobiographie schlechthin als Entwicklungsabschnitt mit besonderen Eigenheiten auch in die Arbeiterklasse konstituiert, als auch die Lebensgeschichte selbst im proletarischen Bewußtsein durchlebt und geschildert wird. Insofern müßte die proletarische Frauenbewegung, die auch als Medium und Prozeß der Bewußtseinsbildung begriffen werden kann, dazu beitragen, daß die Arbeiterinnen-Selbstdarstellungen selbst an Konkretheit und Authentität gewonnen haben. Dies an den bereits vorliegenden autobiographischen Aufzeichnungen zu überprüfen und der Forschung nutzbar zu machen, wäre Aufgabe weiterer Ausarbeitungen und Untersuchungen.

Anhang

Adelheid Popp und der Radikalismus in den neunziger Jahren – »Aus vergangenen Tagen«

Es ist erstaunlich, wie oft noch hochinteressante Quellen auftauchen, die die Geschicke der österreichischen Sozialdemokratie in ihren Anfangstagen der politischen Organisation beleuchten. Dies ist der Fall, als ein bisher unbekanntes maschinenschriftliches Manuskript von der Gründerin und Organisatorin der österreichischen sozialdemokratischen Frauenbewegung (persönlich verfaßt und niedergeschrieben) auftauchte[2].

Als Adelheid Popp im Oktober 1933 nach dreißigjähriger Zugehörigkeit aus dem Parteivorstand ausschied, hielt ihre Freundin und Mitstreiterin um die Emanzipation der Frau, Anna Boschek, eine Rede, in der sie zum Ausdruck brachte, daß auch die »Alten« einmal revolutionär und radikal gewesen waren. Diese Bemerkung regte Popp so zum Nachdenken an, daß sie ein längeres Manuskript, betitelt: »Aus vergangen Tagen«, verfaßte. Die Ereignisse am Ende des Jahres 1933 und die nachfolgenden

Februarereignisse, die zum Verbot der sozialdemokratischen Partei führten, verhinderten eine Drucklegung, ja es war sogar geplant, diese Erinnerungen von Adelheid Popp in andere Sprachen zu übersetzen.

Popp mochte also nicht von ungefähr gerade von Gedanken des Radikalismus und der Revolution befangen gewesen sein; die Ereignisse der dreißiger Jahre zeigten doch viele Parallelen zu eigenen Erlebnissen Adelheid Popps am Ende des 19. Jahrhunderts.

»... Meine Gedanken schweiften von der Höhe meiner heutigen Abgeklärtheit zurück in die ersten neunziger Jahre. Ja, so wie die heutige Jugend, hatte auch ich kritisiert. So wie die heutigen Jungen hatte auch ich befürchtet, daß alle, die weniger Elend zu ertragen hatten als ich, nicht den richtigen revolutionären Geist haben können.

Was verstand ich aber unter Revolution?

Auf keinen Fall physische Gewalt. Wilhelm Liebknechts, des Soldaten der Revolution, Broschüre ›Wissen ist Macht‹ war damals Leitstern ... Wir glaubten an die Kraft und Macht der Masse, wenn sie aufgeklärt sein würde, um zu sagen: Nicht mehr Sklaven wollen wir sein. Wenn wir riefen: Hoch die revolutionäre Sozialdemokratie, so wußten wir, daß das zur Auflösung der Versammlung führen würde. An Waffen in diesem Kampfe dachte kein Mensch. Die revolutionäre Gesinnung, die mit allen ›gesetzlichen Mitteln‹ nach der Umwandlung der privatkapitalistischen Produktionsweise in eine sozialistische strebte, war das entscheidende.

In der jungen und kleinen Partei gab es eine Opposition, der ich zuneigte. Ihre Wortführer sprachen viel radikaler, als die Parteiführer es taten. Daß die Oppositionsführer wegen finanzieller Unregelmäßigkeiten vor ein Parteigericht gestellt wurden, wußte ich erst später, und dann glaubte ich nicht, daß diese so zum Herzen sprechenden Männer etwas Schlechtes getan haben möchten. Das ging lange so, bis die Verleumdungen gegen die eigentlichen Parteiführer, vor allem gegen Viktor Adler, mich stutzig machten«[3].

Als im Winter 1890/91 eine besonders arge Arbeitslosigkeit, hauptsächlich im Drechslergewerbe, herrschte, schrie die Opposition nach Aktionen. Wie Popp betont, behandelte die Parteileitung die Arbeitslosigkeit vornehmlich theoretisch in der Arbeiter-Zeitung. Die Opposition aber, und inmitten von ihnen Adelheid Popp, handelte. Sammlungen wurden gemacht und an die zahlreichen Arbeitslosen verteilt. Das hatte zur Folge, daß bald die ersten Wärmestuben (es war ein grimmiger Winter) errichtet wurden. Arbeitslosenunterstützung gab es ja keine. Die sozialdemokratische Partei war damals noch nicht so mächtig, um diese soziale Tat verwirklichen zu können.

Im Jahre 1892 wurde ein Parteitag einberufen. Linz war als Tagungsort vorgesehen, aber wegen Verbotes der Statthalterei mußte die Tagung nach Wien verlegt werden. Adelheid Popp, die damals schon politisch rege tätig war, schreibt über ihre Haltung im Manuskript:

»Ich ging in die Versammlung meines Bezirkes, um den Kandidaten der Parteileitung zu bekämpfen. Meiner Meinung nach konnte ein Angestellter der Partei nicht Delegierter sein. Er befand sich nach meiner Anschauung in zu großer Abhängigkeit von der Parteileitung.

Von der oppositionellen Gruppe, die mit mir gekommen war, war außer mir niemand redegewandt genug, und so mußte ich die Wortführerin sein. Man sagt zwar, die Geschichte wiederholt sich nicht, aber wie viele Gleichnisse gibt es doch in der Parteigeschichte. Wenn heute, 1933, dem Parteirat kein angestellter Parteifunktionär angehören darf, so spricht daraus dieselbe Gesinnung, die ich 1892 bekundet hatte. Daß das revolutionär ist, wage ich heute nicht mehr zu behaupten, aber vielleicht ist es berechtigtes Mißtrauen gegen die Vorherrschaft einer Gruppe. Aber Gesinnung kann ich darauf auf Grund meiner eigenen Vergangenheit nicht erkennen. Selbstverständlich verändert sich der Begriff ›radikal‹ nach den Zeitumständen, doch ist es immer wieder dieselbe Auffassung der Dinge.«

Adelheid Popp wurde trotz Widerstandes ihres späteren Gatten, des Kassiers der Partei, Julius Popp, von der oppositionellen Gruppe zum Parteitag delegiert.

Sie war in Versammlungen und in der Parteiagitation unermüdlich tätig. »Eine Statistik ergab, daß ich im selben Jahre die meisten Versammlungen im Winter 1892/93 von allen Genossen, die auf Agitation gingen, gemacht hatte. Da meine Gesundheit sehr erschüttert war, veranlaßten August Bebel und Friedrich Engels, die sich vorübergehend in Wien aufhielten, daß mir ärztlich ein sechswöchiges Redeverbot auferlegt wurde. Gehalten habe ich es natürlich nicht, denn ich konnte nicht nein sagen, wenn jemand von mir eine Versammlung verlangte . . .«

So bescheiden die Popps auch hausten, es gab dennoch viele Neider. Diese unberechtigte Mißgunst führte schließlich dazu, daß Adelheid Popp auf ihren Lohn verzichtete. Sie schrieb einen Brief mit dieser Bitte einfach an den Parteivorstand, und ihr Gatte, der ja zentraler Parteikassier war, stellte die Zahlungen ein. Doch Adelheids Arbeit für die Partei wurde deshalb keinesfalls weniger.

Nach diesen persönlichen Erinnerungen wendet sich Adelheid Popp noch einmal dem Wesen des Radikalismus zu. Vor allem ihre Erlebnisse mit den Polizeirössern beleuchten drastisch die damalige Situation. Es war sicherlich für eine politisch engagierte Frau keine leichte Angelegenheit, diesen Ungetümen der Staatsgewalt zu begegnen.

Sie schreibt in ihren Erinnerungen:

»Zu meinen persönlichen Erinnerungen gehört der Zusammenstoß mit der Polizei zur Zeit der Koalitionsregierung Windischgrätz 1895. Diese Regierung war eine Gesellschaft zur Verhinderung des allgemeinen, gleichen und direkten Wahlrechtes. Ihre Stellung war sehr aggressiv und hochmütig. Die Partei beschloß, in die Volkshalle des neuen Rathauses eine Versammlung einzuberufen. Die Massen strömten zahlreich herbei. Die Sommerhitze war so groß, daß tausende Menschen auf dem Rathausplatz standen. Mein Mann präsidierte in der Versammlung, ich war auf der Straße. Mit dem Buchhändler Hugo Heller und einem bekannten Wiener Rechtsanwalt kamen wir auf die Idee, dem Herrn Fürsten Windischgrätz in der Herrengasse eine Katzenmusik zu machen. Genügend Bundesgenossen hatten wir bald gefunden, und so setzten wir uns der Herrengasse zu in Bewegung. Eine Kette von Wachleuten hatte diese abgesperrt. Wir drei besser gekleideten Menschen fanden eine Gasse, der Kordon öffnete sich, und wir waren in der Herrengasse. »Uns nach, Genossen!« wurde gerufen, und nun gab es kein Halt mehr. Der Kordon war im Nu durchbrochen, die Massen ergossen sich in die Herrengasse, und ohrenbetäubendes Pfeifen vermischt mit den Rufen: ›Abzug, Windischgrätz. Heraus mit dem allgemeinen Wahlrecht.‹ Schreckensbleiche Gesichter erschienen an den Fenstern der Paläste, die Tore wurden geschlossen. Als wir zur Freiung kamen, war es mit unserer schönen Aktivität auch schon zu Ende. Die Reiterei kam uns entgegen, und das Fußvolk der Polizei hatten wir im Rücken. Wir stoben auseinander, jeder ängstlich besorgt, nicht unter die Hufe der Pferde zu kommen und nicht mit dem geschwungenen Säbel Bekanntschaft zu machen ...«

Das Manuskript schließt mit der eindringlichen Mahnung, aus der Geschichte der frühen Arbeiterbewegung zu lernen. Viele Probleme, die die Arbeiterschaft 1933 bedrängten, hätten auch in den Anfangsjahren der Bewegung eine Rolle gespielt.

»... Die Not der Zeit, die uns heute bedrängt, gibt dazu reichlich Veranlassung. Selbst das, was ich von den Polizeirössern erzählte, ist der jungen Generation wieder vertraut geworden. Nur ist an Stelle des Säbels der Gummiknüppel getreten ... In der Zeit des Ausnahmezustandes von 1884-1891 sind Versammlungsverbote an der Tagesordnung gewesen. Heimlich, oft gehetzt von Lokal zu Lokal, mußte man versuchen, zusammenzukommen. Heute ist das wieder so. Es läßt sich voraussehen, was noch kommen mag. Aber eines muß uns im Gedächtnis bleiben: Der Ausnahmezustand wurde besiegt durch die Disziplin, die Unerschrockenheit, die Ausdauer, die Opfermutigkeit und die Selbstzucht der Genossen und Genossinnen. Hoffen wir, daß das neue Geschlecht, die junge Generation, die Nöte, die uns jetzt bedrücken, ebenfalls siegreich überwinden wird.«

Nun, wir wissen ja, wie es gekommen ist und wie recht Adelheid Popp mit ihren Überlegungen und Erinnerungen hatte. Zusammen mit dem Manuskript »Blätter der Erinnerung«[4] ergeben diese späten Zeilen ein eindrucksvolles Stimmungsbild der frühen österreichischen Arbeiterbewegung, und schildern recht lebendig die Probleme der Frau in der Organisation, wie überhaupt den gewaltigen Kampfgeist der Arbeiterschaft.

Anmerkungen:

1 Adelheid Popp: »Aus meinen Erinnerungen«. Stuttgart 1915, J. H. W. Dietz, 95 Seiten. (Beide Werke sind 1977 im Verlag Dietz, Bonn-Bad Godesberg neu ediert worden.)

2 Das Originalmanuskript befindet sich im Besitz des »Vereins für Geschichte der Arbeiterbewegung« (Kopie in der Bibliothek der SPÖ) und wurde von Frau Bundesrat Schella Hanzlik übermittelt.

3 Die Geschichte der österreichischen Sozialdemokratie beschreibt am besten Ludwig Brügel: »Geschichte der österreichischen Sozialdemokratie«, Wien 1923, Verlag der Wiener Volksbuchhandlung, 5 Bände. Siehe vor allem Band IV.

4 »Blätter der Erinnerung«, abgedruckt in »ARCHIV«, Mitteilungsblatt des Vereins für Geschichte der Arbeiterbewegung, Heft 2, 4. Jg. 1964, S. 22-38, fortgesetzt in Heft 3, 4. Jg. 1964, S. 56-60

Katalin Soos

Bemerkungen zur Geschichte der Frauenbewegung in Ungarn

In meinem Beitrag möchte ich die wichtigsten Arbeiten über die ungarische Frauenbewegung kurz und ohne Anspruch auf Vollständigkeit erörtern. Es muß gleich am Anfang festgestellt werden, daß sich bisher nur wenige mit der Geschichte der ungarischen Frauenbewegung und innerhalb dieser mit der Geschichte der sozialistischen und kommunistischen Frauenbewegung in Ungarn beschäftigt haben. Bis zur Mitte der neunziger Jahre kann man sich außer einigen kurzgefaßten, sich größtenteils in Allgemeinheiten erschöpfenden Publikationen bzw. Memoiren nur auf wenige Arbeiten berufen, wie z. B. auf die Arbeit von Ágoston Péterné: »Die Geschichte der ungarischen Frauenbewegung«, oder auf die eher kämpferische, begeisterte, ein historisches Bild bietende Arbeit von Mariska Gárdos: »Fliege Gedanke!«, ferner auf das Buch von Magda Aranyossi: »Frauen in Aufruhr«, das einen schönen, bahnbrechenden Überblick über die Frauenbewegung zwischen 1867 und 1919 gibt. Die gleiche Verfasserin hat später auch die Geschichte der ungarischen Frauenbewegung zwischen 1919 und 1945 bearbeitet; diese Arbeit existiert aber nur als Handschrift und war mir leider nicht zugänglich[1].

Mitte der siebziger Jahre hatte die wissenschaftliche Mitarbeiterin des Theoretischen Forschungsinstitutes der Gewerkschaften, Zsuzsa Fonó, bereits zwei Arbeiten veröffentlicht mit dem Titel: »Über die Lage der Arbeiterinnen in der Industrie zur Jahrhundertwende«, ferner »Zur Geschichte der ungarländischen sozialistischen Frauenbewegung zwischen 1895 und 1918«. Eine dritte Publikation von ihr befindet sich zur Zeit im Druck mit dem Titel: »Über die Lage und Organisiertheit der ungarischen Arbeiterinnen zwischen den beiden Weltkriegen«. Alle diese Studien bilden einen Teil einer geplanten, größeren Arbeit der Verfasserin, die die Geschichte der ungarischen Frauenbewegung aufgrund von historischen Statistiken und Angaben der Volkszählung, die bisher von den historischen Untersuchungen außer Acht gelassen wurden, erörtern will.

Die moderne Schicht der weiblichen Arbeiter hat sich in Ungarn erst relativ spät herausgebildet, trotzdem ist sie schon als eine Schicht, die eine bedeutende Kraft aufwies, zur Periode der Revolutionen gelangt. In der Zeit vor dem Ersten Weltkrieg haben die Arbeiterinnen etwa 25% der ganzen Arbeiterklasse ausgemacht. Für diese verhältnismäßig breite Schicht, die aber prozentual immer noch hinter der Arbeiterinnenschaft der meisten entwickelten Länder zurückblieb, waren eigenartige strukturelle Widersprüche charakteristisch. Einerseits befand sich der rückständigste Teil der gesamten Arbeiterklasse mit den schlechtesten Lebensverhältnissen in dieser Schicht, andererseits war der Prozentsatz der Fabrikarbeiterinnen unter den Arbeiterinnen der Industrie höher als der der männlichen Arbeiter. Die weiblichen Arbeiter waren hauptsächlich in drei Industriezweigen beschäftigt: in der Lebensmittel-, Textil- und Baustoffindustrie. In bedeutender Zahl waren die Frauen auch in der Kleinindustrie angestellt, vor allem in der Bekleidungsindustrie. Die Zahl der Facharbeiterinnen war im Kreise der weiblichen Angestellten wesentlich kleiner als die der Männer. Auf dieser Zusammensetzung basierte die gewerkschaftliche und politische Bewegung der Frauen, und so ist es verständlich, daß sie in ihrer Organisiertheit, in ihrem Einfluß weit hinter den Männern zurückgeblieben war; die Gewerkschaften vereinigten vorwiegend nur Facharbeiter. Von einer beachtlichen, organisierten Bewegung der Arbeiterinnen vor 1914 kann nicht die Rede sein, obwohl für die sozialistische Bewegung im allgemeinen eine kräftige Entwicklung charakteristisch war. Die Kriegsjahre und die Zeit der Revolutionen haben auf diesem Gebiet bedeutende, wenn auch provisorische Veränderungen gebracht.

Durch den Ersten Weltkrieg sowie durch die beiden russischen Revolutionen im Jahre 1917 haben sich alle seit langem gespannten Widersprüche des gesellschaftlichen und politischen Lebens in Ungarn bis zum äußersten verschärft und diese als sofort zu lösende Probleme an die Oberfläche gebracht. Es ist ein großes Verdienst der durch die ungarische Arbeiterklasse geführten Progression, die tiefe Krise mit den Revolutionen von 1918-1919 beantwortet zu haben.

Die Geschichte der Frauenbewegung während der Revolutionen wird nach Magda Aranyossi folgendermaßen beschrieben: Durch die Oktoberrevolution 1918 kam eine bürgerlich-demokratische Regierung zur Macht. Mit dieser Regierung war auch die sozialistische Frauenbewegung solidarisch. Aber selbst jene Mitglieder der Frauenbewegung, die der Regierung beistanden und sich hinsichtlich der Tätigkeit dieser Regierung Illusionen hingaben, mußten bald zur Einsicht kommen, daß die Regierung nicht die Absicht hatte, die Revolution weiter zu entwickeln. Die neue Wahlrechtsvorlage hat einen bedeutenden Teil der Proletarierinnen um ihr Wahlrecht gebracht; die Regierung hat sich ebenfalls geweigert, das Prinzip »Gleicher Lohn für gleiche Arbeit« anzuerkennen. Aus den verschiedenen Kriegsbetrieben sowie aus den Ämtern wurden tausende Frauen kurzfristig entlassen.

Die Ungarische Räterepublik hatte insgesamt viereinhalb Monate bestanden und trotzdem Großartiges geschaffen. Die Räterepublik gab den Proletarierinnen den Weg zur wirtschaftlichen, politischen, gesellschaftlichen und kulturellen Befreiung frei. Der Revolutionäre Regierungsrat sicherte den Frauen die politische Gleichberechtigung, gab ihnen das Wahlrecht und munterte sie auf, von ihrem Wahlrecht auch Gebrauch zu machen. Der Revolutionäre Regierungsrat hat jedoch versäumt, das Prinzip »Gleicher Lohn für gleiche Arbeit« auch gesetzlich festzulegen. In der bürgerlichen Gesellschaft waren die Frauen meist als ungelernte Arbeitskraft angestellt, nur wenige Frauen verfügten über eine Fachausbildung, man verwendete keine große Sorgfalt auf die Schulbildung der Proletarierinnen. Diesem Zustand wollten die Verordnungen des Revolutionären Regierungsrates abhelfen, die die 8-Klassen-Schulpflicht vorschrieben und die Tore der Mittelschulen, der Hoch- und Fachschulen auch den Töchtern und den Söhnen der Arbeiterschaft und der Bauernschaft geöffnet haben. Außerdem war man bestrebt, die Lage der Frauen durch Maßnahmen zum Frauen- und Kinderschutz zu erleichtern.

Am 14. und 15. Juni 1919 hielt das Landeskomitee zur Organisierung der Frauen seine Sitzung ab. Der Kongreß sicherte dem Revolutionären Regierungsrat seine völlige Solidarität. Es wurde gefordert, den Frauen sämtliche Berufe zu ermöglichen, ihnen den gleichen Lohn wie den Männern zu sichern, ferner den Schutz der Mütter und Säuglinge zu fördern. Der Kongreß hatte den »Arbeitsplan für Agitation und Administration« des Komitees für Organisierung der Frauen der Partei ausgearbeitet, von dem die Bewegung des Landes geleitet wurde. Auf dem Kongreß zeigte sich die Tendenz der revolutionären Entwicklung der Frauenbewegung, gleichzeitig aber auch die Erbschaft der Vergangenheit: beinahe alle Sprecherinnen beklagten sich darüber, daß die kommunistischen Frauen im öffentlichen Leben nicht den Platz bekleiden, der ihnen doch mit Recht zukommt, der Argwohn ihrer revolutionären Tätigkeit gegenüber hindert oft genug ihre Arbeit. So ist auch der Beschluß des Frauenkongresses durchaus verständlich, der die Partei und den Revolutionären Regierungsrat aufgefordert hatte, den Frauen die entsprechende Rolle in der Führung der Partei und des Staates zukommen zu lassen.

Nach 1919 haben die wirtschaftlichen, gesellschaftlichen und politischen Umstände, die nach der Niederwerfung der Räterepublik und nach dem Friedensvertrag von Trianon entstanden, grundsätzlich neue Bedingungen für die Arbeiterinnen geschaffen.

Der Prozentsatz der weiblichen Arbeitskraft war in der ersten Hälfte der dreißiger Jahre am höchsten. Als eine Ursache dafür wird von der Verfasserin angesehen, daß in den ersten Jahren der Krise vor allem jene Industriezweige zurückgingen, in denen überwiegend Männer beschäftigt waren, andererseits waren die Kapitalisten immer mehr bestrebt, die teurere männliche Arbeitskraft möglichst durch billigere weibliche Arbeitskraft zu ersetzen. Innerhalb der Arbeiterschaft der Industrie war die Lage der Frauen besonders dadurch erschwert, daß hier neben den Lohnverringerungen und der Erhöhung der Arbeitszeit praktisch alle von den Revolutionen getroffenen Maßnahmen zum Schutz und zur Gleichberechtigung der Frauen in diesen Jahren rückgängig gemacht wurden.

Nach der Niederwerfung der Räterepublik waren die Arbeiterbewegung und mit ihr die Gewerkschaftsbewegung stark zurückgefallen. Nicht nur die kommunistische Bewegung wurde verfolgt, sondern es wurde auch die Tätigkeit der Sozialdemokratischen Partei und der Gewerkschaften ernsthaft beeinträchtigt. Für die weibliche Arbeitskraft bedeutete besonders die Unterdrückung von drei Gewerkschaften empfindliche Verluste: die Vernichtung der Landarbeiterbewegung, die Verhinderung der Organisierung der Haushaltsangestellten sowie die Ausschaltung der Gewerkschaft der Arbeiter der Tabakindustrie. Die Organisierung hatte mit erheblichen Schwierigkeiten zu ringen, in dieser Situation kämpften die Gewerkschaften um ihr bloßes Dasein, und lange Zeit konnten die besonderen Probleme und Aufgaben der Frauenorganisierung nicht aufgeworfen werden. Von bedeutenden Erfolgen kann man selbst nach 1930 nicht reden, aber die Leitung der Gewerkschaftsbewegung konnte sich von dieser Zeit an mehr mit den Problemen der Frauenorganisierung beschäftigen als in den zwanziger Jahren.

Anmerkungen:

1 Diese Arbeit von Magda Aranyossi, redigiert von Tibor Erényi, ist mittlerweile in deutscher Sprache erschienen in: Ernest Borneman (Hrsg.), Arbeiterbewegung und Feminismus. Berlin, Ullstein Buch Nr. 35138, 1982, S. 94-112.

FERENC MUCSI

Weibliche Industriearbeit und sozialistische Frauenbewegung in Ungarn vor dem Ersten Weltkrieg

In Ungarn entfaltete sich der moderne Industriekapitalismus erst nach dem österreichisch-ungarischen Ausgleich von 1867. Erst durch diesen Akt entwickelten sich die sozialen Grundlagen des modernen Industrieproletariats in Ungarn. Andererseits war auf dem »gemeinsamen Markt« der Österreichisch-Ungarischen Monarchie eine gewisse Einseitigkeit und Verzerrung zu Ungunsten Ungarns unvermeidlich.

Das erste Stadium der Industrialisierung Ungarns begann auf dem Gebiet des Transports. Erst die Schienen- und Lokomotivproduktion ermöglichte die ersten Ansätze der landwirtschaftlichen Maschinenproduktion. Dann folgten die Lebensmittel- und Konservenindustrie, die Getreideverarbeitung und andere Formen der Kleinindustrie. Die Massenwarenproduktion fehlte bis zur Jahrhundertwende ebenso wie die Textilindustrie.

Diese eigentümliche Industriestruktur wirkte sich unweigerlich auf die Zusammensetzung des neuen ungarischen Proletariats aus. Neben hochqualifizierten Facharbeitern erforderten die neuen Industriezweige vor allem Hilfsarbeiter, die schwere körperliche Arbeit leisten konnten. Die Schicht der angelernten Arbeiter, die wir in der entwickelten Leichtindustrie, vor allem in der Textilproduktion, finden, fehlte vorerst völlig in Ungarn. Deshalb kam es auch erst mit der verspäteten Entwicklung dieser Sparten (zwischen 1890 und 1900) zur massenweisen industriellen Beschäftigung von Frauen und Kindern.

Zwar hatten ungarische Frauen seit langem in der Landwirtschaft gearbeitet, aber eher unter Verhältnissen der halbfeudalen Ausbeutungsformen als nach Methoden der modernen Landwirtschaft. Ganze Familien verdingten sich als Saisonarbeiter. Auch der Hausdienst war seit Jahrhunderten eine Domäne der Frauenarbeit in Ungarn. So entwickelte sich die Tätigkeit des städtischen Dienstmädchens, der städtischen Köchin und des städtischen Kindermädchens direkt aus der Tradition der ländlichen Magd. Nicht weniger als 300 000 Frauen waren in Stadt und Land um 1910 im ungarischen Dienstgewerbe tätig.

Die ersten ungarischen Fabrikarbeiterinnen sind von 1870 an

datierbar. Die Volkszählung von 1880 schätzte den Anteil der Frauen an der Industriearbeiterschaft um 10%, die von 1885 um 15%. Heute wissen wir, daß die Zählungen den tatsächlichen Anteil der Frauen weit unterschätzten. Nach Meinung des sozialistischen Blattes »Arbeiter-Wochenchronik« vom Jahre 1875 waren allein in Budapest von 12 000 Fabrikarbeitern etwa 3000 Frauen. Ihr Anteil betrug also eher 25 als 15 oder 10%. Nach den Angaben der Volkszählung gab es 1890 rund 57 000 und 1910 mehr als 100 000 Arbeiterinnen in Ungarn.

1890 waren 34%, 1900 44% und 1910 52% der ungarischen Industriearbeiter in der Großindustrie tätig. Aber bereits 1910 betrug der weibliche Anteil der Arbeiter in der Großindustrie mehr als 50%. Das heißt: die Frauen gingen früher und in größeren Anzahlen in die Großindustrie als die Männer. Da Großindustriearbeit vor allem städtische Arbeit ist, bedeutet dies, daß das städtische Proletariat seine Frauen in weit höherem Maße zur Arbeit schickte als das kleinstädtische oder ländliche Proletariat.

Andererseits blieben die Frauen eine stark fluktuierende Schicht der großindustriellen Arbeiterschaft, weil ihr Großteil junge Mädchen waren, die nur bis zur Familiengründung oder bis zur Geburt des ersten Kindes in die Fabrik gingen. Das änderte sich, als zwischen 1880 und 1890 Tabak-, Zündholz- und Ziegelfabriken entstanden, die wegen der geringeren Härte der Arbeit auch Frauen mit Kindern beschäftigten. Als die mit staatlichen Subventionen gegründete Textilindustrie nach der Jahrhundertwende zu florieren begann, beschäftigte auch sie in höherem Maße verheiratete Frauen und Mütter.

Tabelle 1
Zunahme der Gesamtzahl der weiblichen Arbeiter zwischen 1901 und 1910

Industriezweig	1901 Zahl der Frauenarbeiter	1901 Anteil	1910 Zahl der Frauenarbeiter	1910 Anteil	Zahl d. Frauenarbeiter 1910/1901 = 100
Eisen- u. Metallindustrie	1 630	4,57	3 957	7,6	243
Maschinen- u.Elektroindustrie	790	2,09	2 812	4,4	356
Stein-, Tonerde- u. Glasindustrie	5 802	18,94	12 290	20,2	244
Holzindustrie	4 346	15,26	5 245	10,1	120
Lederindustrie	1 385	23,68	2 194	27,3	159
Textilindustrie	12 054	60,54	26 303	64,6	218
Bekleidungsindustrie	3 487	56,98	7 913	55,5	227
Papierindustrie	2 545	41,54	4 336	47,0	170
Lebensmittelindustrie	21 138	43,29	28 123	41,9	133
Chemische Industrie	2 276	17,96	4 080	19,3	179
Druck-Industrie	1 806	28,14	3 266	28,9	177
Gesamt:	*57 259*	*23,86*	*1 100 519*	*25,1*	*176*

Aus der Tabelle ist nicht ersichtlich, doch ist es ein wichtiges Moment, daß sich solche Industriezweige, die Frauen in großen

Anzahlen beschäftigten, meistens auf dem Gebiet des ganzen Landes zerstreut befanden, meist in kleinen Siedlungen, weit von den größeren Industriezentren entfernt. Sie blieben daher auch von der sich entfaltenden sozialistischen Massenbewegung fern. Infolgedessen begann die sozialistische Frauenarbeiterbewegung am Jahrhundertbeginn nicht in den Industriezweigen, die Frauen in größeren Zahlen beschäftigten, sondern in kleineren Betrieben – dort, wo die sozialistische Bewegung der Männer stark war. Zu diesen gehörte die Druck- und Papier- sowie die Bekleidungsindustrie.

Die Vermehrung der billigen – weil unqualifizierten – weiblichen Arbeitskräfte entspricht im großen und ganzen dem Bild, das aus den anderen kapitalistischen Ländern in der Periode der Industriellen Revolution schon bekannt ist. Jene Stufe des Elends und der Aussichtslosigkeit, die wir aus der Arbeit Friedrich Engels' »Die Lage der Arbeiterklasse in England« kennen, erreichte sie in Ungarn nicht. Dagegen wirkte der Umstand, daß Arbeit in einer noch so schlecht bezahlenden Fabrik zu finden, als Aufstieg galt, im Vergleich zur wirklich aussichtslosen Situation und zum absoluten Elend des landwirtschaftlichen Proletariats, eher positiv als negativ.

Der Durchschnittslohn der Frauenarbeiter erreichte vor dem Ersten Weltkrieg kaum die Hälfte des Lohns der unqualifizierten männlichen Arbeiter. In der Zeitschrift der Ungarischen Sozialdemokratischen Partei, »Sozialismus«, erschien 1907 die Soziographie Jozsef Strassers über die Lage der Zündholzfabrik-Arbeiterinnen in Temeschburg. Darin beschäftigte sich der Verfasser eingehend mit der sozialen Abstammung der Arbeiterinnen, wobei er nachweist, daß der Großteil von den ärmsten Proletarierfamilien stammt. In erster Linie wurden junge Mädchen angestellt, die in dieser der Gesundheit äußerst schädlichen Arbeitsumgebung nur wenig mehr als ein paar Jahre verbringen konnten. Die Studie vermittelt auch über die unwahrscheinlich niedrigen Arbeitslöhne ein genaues Bild. Sie erweist, daß – 1907 – der Tageslohn einer Arbeiterin höchstens dem Preis von 5 kg Brot oder 1 kg Schweinefleisch entsprach, und kaum 50% des – übrigens ebenfalls außerordentlich niedrigen – Lohnes der männlichen Arbeiter erreichte.

Wegen der familiären und Haushaltssorgen konnte sich die Mehrzahl der Arbeiterinnen nicht gewerkschaftlich beteiligen. Dabei spielte – als ein vielleicht bis heute ungelöstes Problem –

die in der Mehrheit der Familien spürbare patriarchale Anschauung, die Annahme der »herrschenden Rolle« des Mannes in der Familie, eine Rolle. Denn wenn der Mann »organisiert« war, fühlte die Frau, daß das für sie nicht mehr nötig war. Diese Tendenz wurde durch den höheren Preis der männlichen Arbeitskraft noch verstärkt, der die Befreiung der Arbeiterinnen auch wirtschaftlich verhindert.

In Ungarn ging die Organisierung der Arbeiterschaft fast ausschließlich unter der Ägide der Sozialdemokratie vor sich. Jene Versuche, die unter dem Deckmantel der »nationalen Demokratie« den Einfluß der national-oppositionellen bürgerlichen Parteien auf die Arbeiterschaft ausdehnen wollten, scheiterten genauso wie die christlich-sozialistischen Organisationsversuche. Die im Kreis der Frauenarbeiter Mitte der 1890er Jahre eingeleitete Organisierung ging deshalb im Rahmen der sozialdemokratischen Gewerkschaftsbewegung vor sich.

In diesen Jahren nahmen zum ersten Mal auch Frauenarbeiter an den Streikbewegungen teil. 1903 erschien bei dem Budapester Aufmarsch am 1. Mai eine bunte Gruppe von 2000 Frauenarbeitern. Die überwiegende Mehrheit der organisierten Frauenarbeiter war in erster Linie Mitglied ihrer eigenen Gewerkschaft; daneben, in wesentlich kleinerer Zahl, gehörte sie auch einer Organisation der sozialdemokratischen Partei an.

Die Gründung von Frauenarbeiterorganisationen wurde 1904 unter der Leitung des damals zustandegebrachten Landeskomitees für Frauenorganisierung eingeleitet, das vom März 1905 an auch eine Zeitschrift unter dem Titel »Nömunkás« [Arbeiterfrau] zuerst monatlich, später zweiwöchentlich herausgab. Der erste Landeskongreß der Arbeiterinnen wurde auch zu dieser Zeit, im April 1905, unmittelbar nach dem Parteitag, abgehalten. Auf diesem wurde über die Festigung der Zeitschrift, das Zustandekommen eines Gremiums der Vertrauensleute der Arbeiterinnen sowie darüber beschlossen, daß im Interesse des Ausbaus des Landesnetzes in jedem Ort ein Korrespondent unter den weiblichen Mitgliedern der Gewerkschaften gewählt werden sollte, der gleichzeitig Leiter der lokalen Gruppe der Frauenarbeiter war.

Die Organisierung ging langsam voran. 1905 waren unter rund 70 000 organisierten Arbeitern nur 3014 Frauen. Der überwiegende Teil dieser Frauen kam aber nicht aus jenen Industriezweigen, wo die meisten Arbeiterinnen beschäftigt waren (Tabakindustrie, Textilindustrie), sondern aus den am besten organisierten Industriezweigen. So betrug 1905 die Zahl der organisierten Arbeiterinnen unter den Buchdruckern 1020, unter den Buchbindern 535, während die textilindustrielle Gewerkschaft nur 319, die Gewerkschaft der Eisen- und Metallindustrie 207, die der Schneider insgesamt nur 203 weibliche Mitglieder hatte. In den Tabakfabriken und in der Konservenindustrie waren die Arbeiterinnen damals überhaupt noch nicht organisiert.

Die Zahl der organisierten Arbeiterinnen lag damals in jedem Land niedrig, doch blieb sie in Ungarn noch hinter dieser Proportion weit zurück.

Tabelle 2

Anteil der organisierten Arbeiterinnen im Verhältnis zu *allen organisierten Arbeitern*

Jahr	Deutschland	Österreich	Ungarn
1894	2,1	4,5	2,0
1903	4,5	5,5	4,7
1907	7,3	13,0	4,7
1911	8,2	11,5	5,2

Das niedrige Niveau des Verhältnisses der organisierten Arbeiter fällt eigentlich nur auf, wenn wir in Betracht ziehen, daß sich der Anteil der weiblichen Arbeiter in allen drei angeführten Ländern um 25% bewegte, während der Anteil der organisierten Arbeiterinnen höchsten 10% betrug bzw. in Ungarn nur die Hälfte erreichte. Diese letztere Tatsache hängt offensichtlich mit der Verspätung der ungarischen Arbeiterinnengewerkschaften und dem niedrigeren Niveau der kulturellen Entwicklung des Landes zusammen, aber sicherlich spielte auch die schon erwähnte ungünstige fachliche Zusammensetzung der Arbeiterinnen eine Rolle. Trotz der erwähnten Tatsachen wurde die Frauenbewegung zur Zeit des allgemeinen Aufschwunges der ungarischen sozialistischen Massenbewegung 1905-1906 als deren organischer Teil selbst gefestigt, wenn sie auch zahlenmäßig weiterhin klein blieb. Ihre zentrale Frage war damals – wie die der gesamten sozialistischen Bewegung – die des allgemeinen Wahlrechtes. 1905-1906 spielten auch die organisierten Arbeiterinnen in den Massenkämpfen um das Wahlrecht eine aktive Rolle, obgleich das »allgemeine« Wahlrecht das Wahlrecht der Frauen zu dieser

Zeit noch nicht beinhaltete, und auch die sozialdemokratische Parteileitung nur für das »allgemeine« Wahlrecht der Männer Stellung nahm.

Dieser Umstand führte bald zu Konflikten zwischen der Partei und den Leitern der Frauenbewegung einerseits und den ungarischen Feministen andererseits, die die Befreiung der Frauen ausschließlich darin sahen, daß das Wahlrecht auch auf die Frauen ausgedehnt werden sollte. Die Polemik wurde – mit Unterbrechungen – jahrelang fortgesetzt.

Die wichtigste Frage der Bewegung blieb weiterhin die Organisierung, und sie erzielte hauptsächlich in der Hauptstadt im Kreis der Mägde und Hausangestellten gewisse Ergebnisse. 1906-1907 gelang es, in den Tabakfabriken und der Textilindustrie kleinere Resultate zu erzielen, aber 1908-1911 fiel zusammen mit der gesamten sozialistischen Bewegung auch die Frauenarbeiterbewegung vorübergehend zurück; auch ihr Blatt wurde eingestellt.

Der neue Aufschwung erfolgte 1912. Die wieder veröffentlichte Zeitschrift »Nömunkás« erschien damals schon in 6000 Exemplaren. 1913 erreichte die Zahl der organisierten Arbeiterinnen fast 7000. Die regelmäßig veranstalteten Länderkongresse der Arbeiterinnen konzipierten Programme für den Schutz der weiblichen Arbeit, die Aufgaben des Mutter- und Säuglingsschutzes, die gesamte Organisation weiblicher Gewerkschaftszweige. Ausdrucksvolle Beweise der Ergebnisse waren die Demonstrationen und Versammlungen am Frauentag 1914, an denen neben den organisierten Frauenarbeitern im ganzen Lande auch mehrere Tausend nicht organisierte Frauen teilnahmen.

Der Ausbruch des Ersten Weltkrieges warf die Bewegung vorübergehend zurück, aber zur Zeit des Krieges trug das massenhafte Einströmen der Frauen in die Industrie mit großem Impuls zur sozialistischen Massenbewegung der Arbeiterinnen bei.

Marta Vartíková

Die werktätige Frau der Tschechoslowakei zwischen den zwei Weltkriegen

Nach der Gründung der Tschechoslowakei im Jahre 1918 wurde die Frage der Lage der Frau zu einem immanenten Bestandteil des Kampfes für politische, ökonomische und soziale Forderungen der breiten Schichten der werktätigen Massen.

In diesen Relationen beurteilen wir auch noch heute den Kampf der werktätigen Frauen für politische Gleichberechtigung nach dem Jahre 1918, und zwar im Kontext des Ringens auf dem ökonomischen, politischen und nationalen Gebiete, modifiziert durch neue Probleme, welche aus dem spezifischen Wesen der Tschechoslowakei zwischen den beiden Weltkriegen hervorgehen.

Im Rahmen der Sozialdemokratie gliederte sich in den Jahren unmittelbar nach der Gründung der Tschechoslowakei aus den Reihen der Frauen ein Flügel aus, der an den vordersten Plätzen bei der Gründung der KSČ stand. Ab Dezember 1920 erschien ihre Zeitschrift »Ženský list«, und ab März 1921 haben sie sich auf ihrer Konferenz zu den Ideen der Kommunistischen Internationale bekannt, in Verbindung mit allem, was in der Frauenbewegung fortschrittlich war und was durch die Ideen der ersten sozialistischen Revolution der Welt im Jahre 1917 potenziert wurde. Darum war es nur natürlich, daß schon in den ersten Organisationsstatuten der KSČ die Gleichberechtigung der Frauen mit den Männern im ökonomischen und politischen Kampfe der Arbeiterklasse proklamiert war.

Eine bedeutende materielle Basis für die Erforschung der Frauenbewegung im Rahmen der Geschichte des tschechoslowakischen Klassenkampfes sind die Zeitschriften der werktätigen Frauen. Eine besonders bedeutende Rolle spielte die Zeitschrift »Kommunistka«, das Zentralorgan der kommunistischen Frauen in der damaligen Tschechoslowakei. Ab 1926 erschien in den tschechischen Ländern die Zeitschrift »Rozsévačka«. In der Slowakei erschien ab 1922 die Zeitschrift »Proletárka«.

Die Gründung der tschechoslowakischen Republik im Jahre 1918 bedeutete im Vergleich mit den Verhältnissen in Österreich-Ungarn eine Verbesserung der Lage der werktätigen Frauen. Sie erhielten ein begrenztes Wahlrecht. In der Nationalversammlung waren von 269 Abgeordneten nur 8 Frauen. Im Abgeordnetenhaus waren nach dem Jahre 1920 von 304 Abgeordneten nur 13 Frauen, und zwar 4 aus der Sozialdemokratischen Partei, 3 aus der Tschechoslowakischen Sozialistischen Partei, 2 aus der Nationaldemokratischen Partei, 1 aus der Agrarpartei; 3 Abgeordnete repräsentierten die deutschen Frauen in der Republik. Im Senat waren unter 150 Senatoren nur 3 Frauen. Aber auch diese minimale Vertretung der Frauen in den repräsentativen Organen hat sich in den weiteren Jahren vermindert. Die Worte der ersten tschechoslowakischen Verfassung aus dem Jahre 1920, daß »die Privilegien des Geschlechts, Standes und Berufes nicht anerkannt werden«, blieben nur auf dem Papier.

Nach statistischen Zahlen aus dem Jahre 1921 arbeiteten in der Landwirtschaft 760 033 Frauen, in der Industrie 462 042 Frauen, im Geschäft 126 678 Frauen, in staatlichen und öffentlichen Diensten waren 81 105 Frauen beschäftigt, und die Gesamtzahl der beschäftigten Frauen, inbegriffen der bediensteten Frauen in den Haushalten, betrug bereits zwei Millionen. Diese Zahl wuchs weiter an. Laut statistischem Jahrbuch aus dem Jahre 1935 betrug die Zahl der dauerhaft beschäftigten Frauen 1 843 674. Erwerbstätig waren somit 24,3% aller Frauen in der Republik und 35,9% Frauen im Alter von 15 bis 65 Jahren. Ihr Einkommen war wie in den anderen Ländern bedeutend niedriger als das der Männer.

Diese Tatsache zwang die Frauen, besonders die Arbeiterinnen, die an der Seite ihrer Männer und Mitarbeiter gegen die Ausbeutung kämpften, den Kampf der Arbeiterklasse um die Forderungen für gleiches Recht auf Arbeit und gleichen Lohn, für die Anwendung der Arbeitsqualifikation der Frauen, für vollständige Gleichberechtigung mit den Männern und für ihre Unabhängigkeit zu potenzieren. Der wichtigste Platz, wo sich diese Forderungen der Arbeiterinnen zeigten, waren die alljährlichen Veranstaltungen zum 8. März, zum Internationalen Frauentag. Es stieg die Zahl der gewerkschaftlich organisierten Frauen an, aber sie erreichte kein angemessenes Verhältnis zur Zahl sämtlicher beschäftigter Frauen. In der Tschechoslowakei bemühte sich während der zwei Weltkriege jede politische Partei, die Frauenbewegung mit eigenen Zeitschriften zu beeinflussen. Die aktiv arbeitenden Frauen in den Gewerkschaften gaben ihre Zeitschrift »Dělnice« heraus. Diese erschien in den Jahren 1923 bis 1929 und trug zum Anwachsen des Klassenbewußtseins der Frauen in der Tschechoslowakei bei.

Im Jahre 1923 gründete F. F. Plamínková, Senatorin und Pionierin der Frauenbewegung in der Tschechoslowakei, den Nationalrat der Frauen. Sie war Vorsitzende bis zum Jahre 1942, als sie zu Tode gefoltert wurde. Dieser Nationalrat der Frauen vereinigte 50 unpolitische fortschrittliche Frauenorganisationen, Vereine und Interessengruppen. Er war auch Mitglied des Internationalen Frauenrates.

In den dreißiger Jahren war der gemeinsame Charakter des Kampfes der tschechoslowakischen Frauen der Kampf gegen die Gefahr des Faschismus. Am 28. Mai 1933 wurde in Prag eine antifaschistische Konferenz der Frauen abgehalten. Vierzehn Delegierte aus Betrieben sprachen auch über die schlechte Lage der Arbeiterinnen in den Betrieben und über das unmenschliche Leben der Bediensteten.

Ein bedeutender Beweis des Kampfes der tschechoslowakischen Frauen gegen Faschismus und Krieg waren unzählige Demonstrationen und Konferenzen mit einer ausdrücklich internationalen Tragweite.

Die Zeitschrift »Rozsévačka« veröffentlichte am 14. Juni 1933 den Aufruf von Clara Zetkin zur Woche der Internationalen Hilfe, welche in der ganzen Welt der Hilfsaktion für die Opfer des Faschismus in Deutschland galt.

Die Aktivität der Frauen im Sommer 1934 regte im Zusammenhang mit dem Kampfe gegen den Faschismus die Einberufung des Weltkongresses der Frauen in Paris (4.–6. August 1934) an.

Im Zusammenhang mit der Vorbereitung des Pariser Kongresses wählte man in der Tschechoslowakei in den Betrieben und auf den Arbeitsplätzen sowie auf dem Lande ca. 300 Delegierte, welche sich am 29. Juni 1934 auf der Frauenkonferenz in Prag trafen, um sich für den Kongreß vorzubereiten und die weiteren Aufgaben des Kampfes gegen den Krieg zu vereinbaren. Es kam zum gemeinsamen Vorgehen der kommunistischen und sozialdemokratischen Delegierten im Interesse des gemeinsamen Aufmarsches der werktätigen Frauen gegen einen neuen imperialistischen Krieg.

In der auf der Prager Konferenz angenommenen Resolution wurde betont, daß es »keine einzige Arbeiterin geben darf, die nicht in unseren Kampf gegen Faschismus und Krieg einbezogen wäre. Wir werden die Mitglieder anderer politischer Parteien überzeugen, wir werden Kampagnen, Beratungen, Abende und Sitzungen organisieren. Speziell verpflichten wir uns, die Arbeiterinnen mit den Beschlüssen des Kongresses in Paris bekanntzumachen und massenhaft unseren Willen für den Kampf gegen den Krieg kundzugeben« (Rudé právo).

Am nächsten Tag, am 30. Juli 1934, demonstrierte eine Delegation der Prager Frauen vor der österreichischen Gesandtschaft gegen die Hinrichtung des österreichischen Arbeiters Gerl und gegen die Verfolgung der durch das österreichische Dollfußregime eingekerkerten Paula Wallisch.

Aus der Tschechoslowakei beteiligten sich an dem Weltkongreß 17 weibliche Delegierte. In der Delegation waren Arbeiterinnen der wichtigsten Betriebe und Delegierte aus den Reihen der arbeitenden Intelligenz vertreten. Den Kongreß in Paris betrachteten sie als wichtigen Faktor für die Erhaltung des Friedens und zur Mobilisierung der Kräfte der werktätigen Frauen der Welt gegen die Gefahr des Faschismus. In den nächsten Jahren wuchs unter der Führung der KSČ die antifaschistische Bewegung und die Bewegung zur Verteidigung der Demokratie und Freiheit gegen den Krieg weiter an. An dieser Bewegung beteiligten sich aktiv auch die werktätigen Frauen. Sie gründeten antifaschistische Ausschüsse, engagierten sich bei Solidaritätsaktionen, organisierten Geldsammlungen und gaben Flugblätter zur Unterstützung der spanischen Frauen heraus. Tschechoslowakische Ärztinnen und Pharmazeutinnen meldeten sich als Freiwillige nach Spanien. Sie beteiligten sich an den Kämpfen an der Front von Guadalajara im Sinne der Losung, daß man bei Madrid auch um Prag kämpft.

Im Januar 1938 fand die nationale Konferenz der tschechoslowakischen Frauen statt. Das Hauptthema war die akute Gefahr des Faschismus, nicht nur international, sondern auch auf dem Gebiete der Tschechoslowakei. In den darauffolgenden bewegten Monaten und Tagen des Jahres 1938 schritten auf unzähligen Massenkundgebungen zur Verteidigung der Republik die Frauen an der Seite der Männer und versammelten sich bei Demonstrationen, um den Antritt der dunkelsten Tage in der Geschichte des tschechoslowakischen Volkes zu verhindern.

Diese Tage aber kamen. Sie forderten Zehntausende von Opfern. Zu den Frauen, deren Blut bei Streiks floß, kamen weitere, deren Leben hauptsächlich im Konzentrationslager Ravensbrück, in der Tragödie von Lidice, im heldenhaften Kampf gegen den Faschismus in den Tagen des slowakischen Nationalaufstandes ausgelöscht wurde.

Anna Zarnowska

Die Frau in der Arbeiterfamilie im Königreich Polen an der Wende des 19. zum 20. Jahrhundert

Eingehende Quellenforschungen über die Lage der Arbeiterfamilien wurden bisher am Beispiel des Königreichs Polen am Ende des 19. und zu Beginn des 20. Jahrhunderts ausgeführt, d. h. in den ersten Etappen der gesteigerten kapitalistischen Industrialisierung dieses Landesteiles des damaligen russischen Teilungsgebietes[1]. Diese Forschungen stützten sich sowohl auf einzelne Beschreibungsquellen (hauptsächlich Arbeiterautobiographien und Personalakten) wie auch auf Statistiken, insbesondere auf die Angaben der allgemeinen Zählung in Rußland im Jahre 1897[2]. Sie erlauben es, eine Differenzierung des Familienstatus des Proletariats nach Beruf und Beschäftigungssektor festzustellen.

Am Ende des 19. Jahrhunderts gestalteten zwei gegensätzliche Tendenzen die Familienlage des außerhalb der Landwirtschaft beschäftigten Proletariats. Die erste Tendenz ist der mit der industriellen Umwälzung und den Massenwanderungen von den Dörfern in die Städte verbundene Mangel an Stabilisierung, der Elemente eines Familienverfalls hatte. Wer keine Familie besaß, wurde damals am Arbeitsmarkt bevorzugt. Die zweite Tendenz ist der Stabilisierungsprozeß der Arbeiterfamilie und die Bildung ihrer neuen Merkmale. Dieser Prozeß war das Ergebnis der allmählichen Stabilisierung der Arbeiterbelegschaft in der Industrie, im Transport, im Bauwesen usw.

Beide Tendenzen treten in diesem Zeitabschnitt nebeneinander auf, indem sie sich gegenseitig kreuzen; am stärksten in den Kreisen der Industriearbeiter, aber auch unter den in anderen Sektoren Beschäftigten (z. B. im Transport). Kennzeichen der Einwirkung der ersten dieser Tendenzen war der einsam lebende Arbeiter und die einsam lebende Arbeiterin, denen die Verdienstmigration ihre Familien entzogen hatte oder sie von diesen für eine längere Zeitspanne getrennt hatte. Diese Erscheinung begleitete im besprochenen Zeitraum in einem ausnehmend breiten Ausmaß den Prozeß der Industrialisierung in Zentralrußland. Im Jahre 1897 lebte hier über die Hälfte sämtlicher Arbeiter der Industrie, des Handwerks, des Handels und Transports (die Hausdienerschaft nicht mitgerechnet) allein.

Im Königreich Polen trat diese Erscheinung in derselben Zeit in einem viel engeren Ausmaß auf. Aber auch hier war ungefähr ein Drittel der Arbeiterinnen und Arbeiter von den Familien getrennt. Während jedoch in Zentralrußland die Fortschritte der Industrialisierung das Familienleben vor allem für den verdienstsuchenden Mann komplizierten (getrennt von der Familie befanden sich dort unvergleichlich mehr Männer als Frauen), so war im Königreich Polen im besprochenen Zeitabschnitt die Bedeutung der Gruppen der Alleinstehenden unter den Arbeiterinnen nicht geringer als unter den Arbeitern.

Das Herausreißen der Arbeiterinnen und Arbeiter aus dem Familienleben machte sich in unterschiedlichen Beschäftigungssektoren des Königreichs Polen unterschiedlich bemerkbar. Am schärfsten trat dies bei dem im Handwerk, der Kleinindustrie und dem Handel beschäftigten Proletariat auf, das am Ende des 19. Jahrhunderts beinahe zur Hälfte aus alleinstehenden Menschen oder von ihren Familien Getrennten bestand. Die Industrie verurteilte zu dieser Zeit über ein Viertel ihrer männlichen und weiblichen Belegschaft zur Familienlosigkeit; relativ weniger nur im Transport: 10%–15%.

Im Königreich Polen war eine Arbeiterin mehr als ein Arbeiter der Beraubung der Familie ausgesetzt. Das Verdienstniveau und die Arbeitsbedingungen in vielen Sektoren, z. B. im Dienstleistungssektor, im Handel, im Landtransport, in manchen Branchen der Industrie und des Handwerks, in der Textilindustrie, im Konfektionsgewerbe, machten der Arbeiterin die Gründung einer eigenen Familie unmöglich, ganz besonders in jenen Fällen, in denen sie zur Erhaltung der Geschwister, der Eltern und anderer Verwandten gezwungen war.

Die mit dem Funktionsmechanismus des Arbeitsmarktes und den Arbeitsbedingungen verbundenen Faktoren, die das Familienleben der proletarischen Bevölkerung ruinierten und einem namhaften Teil der Lohnarbeitskräfte den Besitz einer eigenen »normalen« Familie unmöglich machten, häuften sich im Falle der Hausdiener. Der Hausdienst bestand in überwältigender Mehrheit aus Frauen (85%), unter denen die Verheirateten nur einen Bruchteil darstellten und denen die Möglichkeit der Gründung einer eigenen Familie beinahe vollständig genommen war. Sie waren zum Leben in Einsamkeit gezwungen. Nicht viel unterschied sich davon die Lage der in anderen Dienstleistungsberufen (z. B. Wäschereien oder Badeanstalten) Beschäftigten, die in ihrer Mehrheit ebenfalls Frauen waren. Ein bedeutender Teil von ihnen war gezwungen, mit ihrem bescheidenen Einkommen die meist aus jüngeren Geschwistern bestehende Familie zu erhalten.

Die zweite Tendenz, die für die relative Stabilisierung des Familienstatus jener Arbeiter des Königreichs Polen, die am Ende des 19. Jahrhunderts außerhalb der Landwirtschaft beschäftigt waren, entscheidend war, trat in dieser Zeit vor allem im Eisenbahnwesen auf sowie in den in technischer Hinsicht meist neuzeitlich eingerichteten und in den Stadtzentren konzentrierten Industriezweigen (wie Hütten-, Metall-, Textil-, chemische Industrie usw.). Der wesentlichste Faktor dieser Stabilisierung war damals der gemeinsame Wohnsitz der Familie, verbunden mit der Stetigkeit der Arbeit und des Verdienstes des Familienoberhauptes und in immer größerem Umfang der Familienmitglieder, v. a. der verheirateten Frauen.

Als ein wesentlicher Gradmesser der fortschreitenden Stabilisierung der Arbeiterfamilie um die Wende des 19. und des 20. Jahrhunderts ist ein Ansteigen der verheirateten Arbeiter, insbesondere aber Arbeiterinnen, anzusehen. Im Königreich traten am Ende des 19. Jahrhunderts die höchsten Prozentzahlen der verheirateten Frauen unter den Arbeitern in der Textil-, Mineral-, Brennerei- und Holzindustrie auf; in den drei letztgenannten Sparten, hauptsächlich unter der Saisonbelegschaft. Das Eintreten der verheirateten Frau in den Arbeitsmarkt bestimmte die Entwicklung der Textilindustrie, wo die Arbeiterinnen mindestens um 40% der Belegschaft bildeten, darunter ein Viertel verheiratete Frauen.

In den ersten 15 Jahren des 20. Jahrhunderts stieg die Anstellung verheirateter Frauen. In den Jahren 1900 bis 1914 stieg deren Anteil an der Gesamtheit der Industriearbeiterinnen von 25% auf beinahe 28%. Es soll hinzugefügt werden, daß die an der Wende vom 19. zum 20. Jahrhundert fortschreitende Normalisierung der Lage der Arbeiterfamilie sich unter den Bedingungen des Königreichs hauptsächlich auf das gemeinsame Wohnen der Arbeiterfamilie bezog. Allmählich konnte der in der Stadt arbeitende Vater, der im Dorf seine Frau und seine Kinder zurückgelassen hatte, seine Familie nachholen. Allerdings erlaubten die fatalen Wohnungsbedingungen in den Städten, der Belegungsgrad der Arbeiterwohnungen (der oft vier Personen pro Zimmer überschritt), sowie der lange, zehn- bis zwölfstündige Arbeitstag, der in der Industrie, im Transport, Handel und Gewerbe bis zum Ausbruch der Revolution im Jahre 1905 verpflichtend war, immer noch keine vielseitige Entwicklung des Zusammenlebens in der Arbeiterfamilie im Königreich Polen am Ende des 19. Jahrhunderts.

Eines der wesentlichsten neuen Merkmale der Arbeiterfamilie, die sich gleichzeitig mit der fortschreitenden Industrialisierung und Verstädterung im Königreich bildete, war die sich allmählich abzeichnende Überlegenheit der Eingenerationen- und das Schwinden der Mehrgenerationenfamilie. Mit dem Schwinden der Familie mehrerer Generationen war auch ein bedeutender Belastungsanstieg der jungen Mutter in der Arbeiterfamilie verbunden; trotzdem übernahm sie immer öfter Lohnarbeit in der Industrie. Und dies, obgleich der Frauenverdienst lediglich in dürftiger Weise die Reproduktionskosten der kleinsten (2- bis 3-Personen-)Familien deckte.

Im Ganzen genommen: die Textilindustrie gab der Frau als Arbeiterin die breiteste Möglichkeit des Verdienens und der Erlangung einer ökonomischen Position in der Familie. Die Arbeitskraft der Frauen breitest ausnützend, beschäftigte die Textilindustrie eine verhältnismäßig große Gruppe sowohl von Frauen-Familienoberhäuptern, wie auch in noch weiterem Ausmaße von verheirateten Frauen, Gattinnen und Müttern, deren Mehrheit diese Rolle als Familienoberhaupt nicht erfüllte.

Erst in den ersten Jahren des 20. Jahrhunderts, als die Industrie im Königreich Polen ihre stürmischste Entwicklung hinter sich hatte, vergrößerte sich sukzessive das Bevölkerungswachstum in den industrialisierten Gebieten, die in dieser Hinsicht die Agrargebiete zu überholen begannen.

Das Anwachsen der Geburtenzahlen in den industrialisierten und stärker urbanisierten Gebieten war ohne Zweifel das Ergebnis einer relativen Stabilisierung der Arbeiterfamilie. Dies geschah, obwohl in derselben Zeit die Zahl der verheirateten Fabrikarbeiterinnen schnell wuchs. Die medizinisch-demographischen Forschungen, die in den ersten Jahren des 20. Jahrhunderts durchgeführt wurden, belegen, daß die größte Zahl der Kinder in den Familien der ungelernten und der angelernten Arbeiter geboren wurde[3]. In Warschau wurden unter der ärmsten Bevölkerung des Proletariats in den Ehen nach 25jährigem Zusammenleben durchschnittlich 9,6 Kinder geboren, von denen jedoch beinahe die Hälfte (45%) im Säuglingsalter und in der Kindheit starb[4].

Die zahlenmäßig größten, d. h. aus mehr als fünf, ja aus mehr als zehn Personen bestehenden Familien waren am Ende des 19. Jahrhunderts bei den Eisenbahnern, der Fabrikarbeiterschaft, bei den Hütten-, Textil-, Bergwerks- und Bauarbeitern anzutreffen.

Eine Analyse der Familienlage und der Stabilisierungsbedingungen der Arbeiterfamilie im Königreich Polen erlaubt wenigstens drei Familientypen zu unterscheiden, die in den Kreisen der Arbeiter und der Hausbediensteten am Ende des 19. Jahrhunderts funktionierten:

1. Die um ihren arbeitenden Vater als Familienoberhaupt und gewöhnlich ausschließlichen Ernährer gescharte Familie, in der die Frau nur die Mutter- und Hausfrauenfunktionen erfüllte: dieses Vorbild der Arbeiterfamilie tritt vorwiegend bei den Arbeitern des Bahnwesens und des Landtransportes auf, ferner in Industriezweigen wie Hüttenwesen, Nahrungsmittelindustrie (Bierbrauereien und Brennereien), Bauwesen, Mineralindustrie, polygraphische- und Metallindustrie, besonders in Warschau. Hier gibt es Familien von 5–10 Personen.

2. Die aus mehreren verdienenden Personen bestehende Familie (hauptsächlich verdient neben dem Vater-Familienoberhaupt die Ehefrau, aber auch das eine oder andere der Kinder), die vor allem unter den Taglöhnern, bei ungelernten, gelegentlich sowohl in der Industrie wie im Bauwesen und Transport beschäftigten Arbeitern auftritt: dieser Typus der Arbeiterfamilie war auch in der Textilindustrie, im Konfektionsgewerbe sowie im Bergbau und in der Holzindustrie häufig anzutreffen. In der Textil- und Holzindustrie, ähnlich wie bei den Taglöhnern, bestand der größte Teil der verdienenden Familienmitglieder aus Ehefrauen und Müttern.

3. Die unvollständige Familie, deren Haupternährer der Regel nach die Frau (die ihre Kinder ernährende Witwe oder die zur Erhaltung der verwaisten Geschwister arbeitende älteste Schwester) war, oder ein jugendlicher Arbeiter (ein Sohn, der die Funktion des Familienoberhauptes infolge des Gebrechens oder des Todes des Vaters ausübte). Diese Familienart trat anscheinend in ziemlich breitem Ausmaße im Handel, im Handwerk, bei den ungelernten Arbeitern und Taglöhnern, in vielen Zweigen der Fabrikindustrie in Warschau auf. In sehr breitem Maße ist sie unter

jenem Teil der proletarischen Bevölkerung, der in den Dienstleistungen tätig war, anzutreffen.

Der Mangel genauer statistischer Angaben erlaubt keine Antwort darauf, welche der angeführten Familienarten am Ende des 19. Jahrhunderts dominierte und wie die Struktur der Arbeiterfamilie durch die im Königreich Polen in den ersten 15 Jahren des 20. Jahrhunderts eintretenden soziodemographischen Änderungen geformt wurde, vor allem durch den Anteilsanstieg der erwachsenen Frauen an der Belegschaft in der Industrie (von 25,4% im Jahre 1901 auf 27,8% im Jahre 1913) und durch den beschleunigten Beschäftigungsanstieg der Jugendlichen im Alter von 15 bis 17 Jahren, speziell der Mädchen und ihres sich vergrößernden Anteils an der Gesamtzahl der Beschäftigten (von etwa 12% im Jahre 1901 auf 15% im Jahre 1913).

Man darf den Schluß ziehen, daß in den ersten 15 Jahren des 20. Jahrhunderts im Proletariat des Königreichs Polen die Bedeutung der aus mehreren verdienenden Personen bestehenden Familien eine steigende Tendenz aufwies.

Anmerkungen:

1 A. Zarnowska, Klasa robotnicza. Królestwa Polskiego (1870–1914) (Die Arbeiterklasse im Königreich Polen), Warszawa 1974, S. 364; dieselbe, La Famille et le status familial des ouvriers et des domestiques dans le Royaume de Pologne au déclin du XIXe siècle. Acta Poloniae Historica, Bd. 35, 1977.
2 Czislennost'i sostaw raboczich i prislugi w Rossii /1897/, Petersburg 1906, tab. II.
3 S. Serkowski, Przyrost naturalny ludnóści jako zagadnienie spoleczne (Die Geburtenzahl der Bevölkerung als soziale Frage), Warszawa 1917.
4 W. Szenajch, Porównawcza statystyka urodzeń i śmiertelności dzieci wśród ubogiej ludności chreześcijańskiej w Warszawie i Lodzi (Die komparative Statistik der Geburten und der Sterblichkeit der Kinder der armen Christen- und Judenbevölkerung in Warschau und Lodz), Warszawa 1916.

Irene Koberdowa

Die Frau und die polnische Arbeiterbewegung 1900–1939

Die Haltung der polnischen sozialistischen Parteien zur Frauenbewegung war grundsätzlich mit der Haltung der gesamten internationalen Arbeiterbewegung zu diesem Problem identisch. In den Emanzipationsbestrebungen und -aktionen der Frauen ist es möglich, zwischen zwei Hauptströmungen zu unterscheiden: Die erste repräsentierten Frauen aus bürgerlichen und intellektuellen Schichten, die eine volle Gleichstellung von Mann und Frau, vor allem in politischer Hinsicht, anstrebten; die zweite war mit dem allgemeinen Kampf der Arbeiterklasse gegen die kapitalistische Ausbeutung verbunden; ihr Ziel war es, den schwächsten und am meisten unterdrückten Teil dieser Klasse – die Arbeiterinnen – in Schutz zu nehmen.

Die erste Strömung forderte absolute Freiheit, die durch keine Frauenarbeitsschutzgesetze eingeschränkt werden sollte, denn sie ging davon aus, daß eine solche Gesetzgebung die Frauen daran hindern würde, mit den Männern auf dem Arbeitsmarkt in Wettbewerb zu treten.

Die zweite Strömung dagegen verlangte die Verwirklichung und Erweiterung von Frauenarbeitsschutzgesetzen, und zwar nicht nur, weil sie die Frauen für schwächer und besonders ausgebeutet hielt, sondern vor allem, weil sie im Kampf um diese Gesetzgebung ein Element des Klassenkampfes sah.

Zu diesen beiden Tendenzen in der Frauenbewegung nahm bereits der Kongreß der II. Internationale in Zürich im Jahre 1893 eine kritische Haltung ein. Als dann im Jahre 1904 in Krakau der Frauenbund (Zwiazek Kobiet) entstand, kam sofort der Konflikt zwischen diesen beiden Strömungen zum Vorschein. Die soziale Basis der sozialistischen Frauenbewegung in Galizien war damals noch sehr schwach.

Der Versuch, eine Zeitschrift unter dem Titel »Robotnica« (Die Arbeiterin) in Krakau 1904 herauszugeben, war mißlungen (es erschienen nur einige Nummern, und die Zahl der Abonnenten war gering). Sie wurde später vom Organ der Polnischen Sozialdemokratischen Partei Galiziens und des Cieszyner Schlesien (PPSD) »Naprzód« (Vorwärts) übernommen und als dessen Beilage herausgegeben, doch auch diesmal ohne Erfolg. Im Jahre

1906 gab die Polnische Sozialistische Partei (PPS) die Zeitschrift »Robotnica« in Warschau heraus, aber nach einer Nummer ging sie ein, da die Partei damals große organisatorische Schwierigkeiten erlebte.

Eine hervorragende Rolle bei der Verbreitung der Ideen des Sozialismus unter den Frauen der polnischen Gebiete spielte damals das Buch von Bebel »Die Frau und der Sozialismus«. Es wurde in die polnische Sprache übersetzt und bereits 1897 in London in einer Auflage von 1750 Exemplaren gedruckt; dann wurde es illegal nach Polen gebracht. Die zweite Auflage erschien legal in Krakau im Jahre 1907, aber ins Königreich Polen mußte das Buch illegal geschleust werden.

Auf der ersten Konferenz der sozialistischen Frauen, die in Stuttgart am Vorabend des Kongresses der II. Internationale getagt hatte, war die polnische Frauenbewegung schon vertreten. Ein ausführlicher Bericht über diese Konferenz wurde in der Zeitschrift »Mýsl socjalistyczna« (Sozialistischer Gedanke), dem Organ der Polnischen Sozialistischen Partei – die Linke (PPS-Lewica) – veröffentlicht (Krakau, August–September 1907).

Auf der zweiten Konferenz der Sozialistischen Frauen schlugen die polnischen Delegierten vor, einen internationalen Frauentag zu veranstalten. Der Vorschlag wurde mit einigen Veränderungen angenommen. Nach dem Ausbruch des Ersten Weltkrieges nahm die polnische Frauenbewegung an den gegen den Krieg gerichteten Aktionen teil, wie z. B. der Konferenz in Bern, und schloß in ihr Programm auch allgemeine politische Forderungen mit ein.

Anders als in Frankreich oder Deutschland, war in Polen der Widerstand der Arbeiter gegen das Auftauchen von Frauenarbeitskräften in den Fabriken sehr gering. Der Gründung der ersten polnischen sozialistischen Partei in Warschau im Jahre 1882 ging eine effektive Kampfaktion voraus, deren Ziel es war, die Arbeiterinnen gegen die Absicht der zaristischen Polizeibehörden, sie einer sanitären Kontrolle – ähnlich wie die der Prostituierten – zu unterwerfen, zu verteidigen.

Den einzigen großen Streik, der damals (1883) in der Textilfabrik Zyrardow organisiert wurde, begannen die Frauen; erst später schlossen sich ihm auch die Männer an.

Die polnischen sozialistischen Führer begriffen sehr schnell, daß der Anschluß der Frauen an die Arbeiterbewegung von großer Wichtigkeit war, denn die demütigen, wehrlosen Frauen, in ihrer Mehrheit noch Analphabetinnen, standen unter dem Einfluß des Klerus und behinderten die Organisierung des Proletariats auf Klassenbasis. Der bekannte Sozialist Dr. Jozef Zieliński hatte in seiner noch in Paris veröffentlichten Broschüre »Strejk powszechny« (Generalstreik) ein ganzes Kapitel der Notwendigkeit, die arbeitenden Frauen aufzuklären, gewidmet, denn bisher waren sie aus schierer Unwissenheit als Gegner gesellschaftlicher Aktivität ihrer Männer und Söhne aufgetreten. Die Eingliederung der Frauen in die revolutionäre Bewegung versprach, dieser enorme Kraft zu verleihen.

Wir wollen diejenigen Probleme der Frauenfrage in der polnischen Arbeiterbewegung, die allgemein bekannt sind, nur am Rande besprechen, dagegen größere Aufmerksamkeit den charakteristischen polnischen Zügen schenken.

1. Es gab eine Tradition politischer Betätigung unter den polnischen Frauen, eine Tradition, die auf die langjährigen Befreiungskämpfe, besonders aus der Zeit des Januaraufstandes 1863–1904, zurückzuführen ist. Die auf dem ganzen Gebiet des Königreichs Polen weit ausgedehnte konspirative Tätigkeit – die Notwendigkeit, über die Grenze hinaus Verbindungen zu den anderen polnischen Gebieten sowie zur äußeren Welt aufrechtzuerhalten, die Aufnahme von Verbindung zwischen den vielen verstreuten aufständischen Truppenabteilungen und die Betreuung von Verwundeten – hatte viele zu verschiedenen gesellschaftlichen Schichten gehörende Frauen beeinflußt, politisch aktiv zu werden.

Da im Königreich Polen die Arbeiterbewegung nur konspirativ wirken konnte, wäre damit auch die merkwürdige Tatsache zu erklären, daß der geheime technische Apparat der Arbeiterparteien meist aus Frauen bestand. Hunderte von Namen verdienstvoller sozialistischer Aktivistinnen, die in der Illegalität wirkten, sind von Adam Próchnik in seinem Buche »Kobieta w polskim ruchu socjalistycznym« (Die Frau in der polnischen sozialistischen Bewegung, Warszawa 1948) angeführt worden, Tausende aber bleiben ungenannt. So zum Beispiel hatte Maria Paszkowska (1859–1925) die Hauptstelle für die Verbreitung der illegalen sozialistischen Literatur geleitet und wurde deswegen viermal verhaftet.

2. In der polnischen Arbeiterbewegung hatten viele Frauen wichtige leitende Funktionen erfüllt. So stand an der Spitze der ersten Arbeiterpartei »Proletariat«, nachdem zwei Zentralkomi-

tees nacheinander von den zaristischen Behörden verhaftet worden waren, ein junges Mädchen, Maria Bohuszewicz (1865–1887). Verhaftet, wurde sie zu Verschickung nach Sibirien verurteilt und starb unterwegs. Die Zahl der wegen ihrer Aktivität verurteilten Sozialistinnen war in dieser Partei besonders groß.

In der I. Internationale war die polnische Arbeiterbewegung die einzige, die im Internationalen Sozialistischen Büro von Frauen als ständige Vertreterinnen repräsentiert war: zuerst war es Cezaryna Wojnarowska, dann Rosa Luxemburg. Eine bedeutende Rolle bei der Vorbereitung der ersten Kongresse der II. Internationale spielte Maria Jankowska-Mendelson (1850–1909), die mit Friedrich Engels befreundet war. In der Internationalen Organisation »Rote Hilfe« war eine andere Polin, Stefania Sempolowska (1870–1944) besonders aktiv. In dem Zeitabschnitt zwischen den beiden Weltkriegen wirkte im Zentralrat der Polnischen Sozialistischen Partei (PPS) Dorota Kluszyńska (1874–1952). Seit 1928 war sie auch im Exekutivkomitee der Sozialistischen Arbeiter-Internationale tätig. Außerdem war sie in den Jahren 1928–1935 Senatorin der Republik Polen. Im Jahre 1907 gründete sie in Schlesien (Cieszyner Gebiet) die Zeitschrift »Glos kobiet« (Die Stimme der Frau), die später zentral herausgegeben wurde und bis 1939 existierte. Daß eine sozialistische Frauenzeitschrift in Polen so lange durchhalten konnte, ist wahrhaftig ein Ausnahmefall.

3. Von großem Interesse ist die Tatsache, daß es in der polnischen Arbeiterbewegung auch Frauen als Theoretiker und Ideologen gegeben hat. In der Sozialdemokratie des Königreiches Polens und Litauens (SDKPiL) waren es die schon erwähnte Cezaryna Wojnarowska (1861–1911) und insbesondere Rosa Luxemburg (1870–1919); in der PPS – Lewica sowie später in der Kommunistischen Partei Polens (KPP) Maria Koszutska (1876–1939).

4. Nach dem Ersten Weltkrieg wirkten in Polen zwei Arbeiterparteien: die Kommunistische Partei Polens und die Polnische Sozialistische Partei. Beide Parteien schufen Zentrale Frauenabteilungen. Die KPP jedoch war eine illegale Partei und deshalb stieß sie in ihrer Tätigkeit unter den Arbeiterinnen auf grundlegende innere Widersprüche. Die Führung der KPP war der Meinung, daß besondere, nur aus Frauen bestehende Parteiorganisationen nur auf niedrigster organisatorischer Ebene geschaffen werden sollten und zwar nur dort, wo die Frauen noch kein poli-

tisches Bewußtsein entwickelt hatten. Die politisch erfahrenen Frauen sollten dagegen in die allgemeinen Parteiorganisationen eintreten. Natürlich waren die politisch nicht bewußten Arbeiterinnen keineswegs bereit, einer illegalen kommunistischen Organisation beizutreten. Da auch manche Parteifunktionäre die Zweckmäßigkeit der Existenz der Frauenabteilungen in Frage stellten, war es kein Wunder, daß diese Abteilungen sehr schwach waren, daß die Frauenkreise zerbröckelten und die Verbindungen sich lösten.

Die Zentrale Frauenabteilung der KPP und die Frauenorganisationen auf niedrigerer Ebene kämpften vor allem darum, daß die Frauen in die Gewerkschaften eintreten sollten. Das war ein grundlegendes Problem damals, denn die Zahl der Frauen im Jahre 1928 betrug zwar 22% der Industriearbeiter, aber in den Gewerkschaften waren nur 10% Frauen. Die kommunistische Frauenbewegung konnte jedoch, was ihren Wirkensbereich betrifft, mit der Zentralen Frauenabteilung der legalen Partei PPS nicht wetteifern. Trotz vieler Schwierigkeiten konnte die Polnische Sozialistische Partei Landeskonferenzen der Frauen organisieren; sie verfügte auch über Frauenzeitschriften, eine Sportbewegung, Kooperativen und solche Gesellschaften wie »Arbeiterverein der Freunde der Kinder« und »Gesellschaft der Arbeiter-Universität«.

5. Die polnische Arbeiterbewegung, sowohl die kommunistische als auch die sozialistische, führte einen energischen Kampf um die Verwirklichung der Frauenarbeitsschutzbestimmungen und deren Ausbau. Die internationalen Abkommen von 1919, die sogenannten Washingtoner Abkommen, die die Nachtarbeit der Frauen und deren Beschäftigung vor und nach der Kindesgeburt betrafen, wurden von Polen nicht ratifiziert. Dagegen wurde in Polen im Jahre 1924 ein Gesetz über die Frauen- und Jugendlichenarbeit verabschiedet, das die Rechte der arbeitenden Frau auf eine Weise sicherte, die mit den in Frankreich geltenden Gesetzen vergleichbar war. Das Gesetz war umfassender als die in Deutschland geltenden Bestimmungen, obwohl Deutschland die Washingtoner Abkommen ratifiziert hatte. Nach den Bestimmungen dieses Gesetzes hatten die Frauen in Polen das Recht auf 12 Wochen Mutterschaftsurlaub und auf zwei je eine halbe Stunde dauernde Arbeitspausen fürs Säuglingsstillen, ohne daß diese Stunde vom Lohn abgezogen wurde. Unternehmer, die mehr als 100 Frauen beschäftigten, waren verpflichtet, Betriebs-

krippen zu errichten. Es war auch verboten, eine Frau während des Mutterschaftsurlaubs zu entlassen.

Zwar waren diese Bestimmungen rechtmäßig gesichert, wurden aber nicht immer verwirklicht. So zum Beispiel wurde die Verwirklichung der Bestimmungen über die Organisierung von Krippen mehrmals verschoben, die Rechte der Frauen wurden sehr oft verletzt, besonders während der großen Wirtschaftskrise.

Beide Arbeiterparteien kämpften um die volle Verwirklichung dieser Gesetze. Sie forderten, daß die Organisierung von Krippen nicht Pflicht des Unternehmers, der auf solche Weise ein zusätzliches Druckmittel gegenüber den bei ihm beschäftigten Frauen in die Hände bekam, sondern die Pflicht des Staates sein sollte.

Die polnische Arbeiterbewegung führte einen harten Kampf gegen die Forderungen der 1929 in Berlin gegründeten Organisation »The Open Door International«, die – angeblich im Namen ökonomischer Gleichstellung der Frau – die Abschaffung der besonderen Frauenarbeitsschutzgesetzgebung verlangte. Das war eine Rückkehr zu jener Konzeption der Gleichberechtigung, die bereits auf dem Kongreß der II. Internationale in Zürich 1893 verurteilt worden war.

6. Die polnische kommunistische Frauenbewegung hatte den Kampf für die Rechte der Frauen immer mit der Forderung einer sozialen Revolution und der Abschaffung der kapitalistischen Gesellschaftsordnung verbunden; die sozialistische Frauenbewegung jedoch mit dem Kampf für die Erhaltung der konstitutionellen demokratischen Freiheiten und der Ablehnung diktatorischer Tendenzen.

In der Zeitschrift »Glos kobiet« vom Februar 1929 wurde der Wortlaut der Resolution der Zentralen Frauenabteilung der PPS vom 10. Februar veröffentlicht: »Die Politik der zentralen Parteigremien unterstützend, lehnt die Zentrale Frauenabteilung das jetzige Regierungssystem in Polen ab, das eine verkappte Diktatur ist und den Interessen der besitzenden Klassen den Vorrang gibt.«

Seit 1932 begann »Glos kobiet«, die immer öfter von der Zensur beschlagnahmt wurde, vor Hitler, dem Faschismus und der Kriegsgefahr zu warnen. Von dieser Zeit an nahm die Frauenbewegung in Polen, sowohl die kommunistische als auch die sozialistische, immer mehr einen politischen Charakter an.

Katja Kabakcieva

Die bulgarischen Frauen im antifaschistischen Kampf 1923–1939

Bulgarien gehört zu den ersten Opfern des Faschismus. Schon am 9. Juni 1923 fand in Bulgarien der erste Militärstaatsstreich statt. Im Laufe der folgenden 20 Jahre wechselten verschiedene Diktaturen einander ab.

Die revolutionären und demokratischen Kräfte Bulgariens fanden sich nicht einen Augenblick mit der faschistischen Diktatur ab. Die drei während dieser 20 Jahre ausgebrochenen Aufstände sind die Höhepunkte eines ununterbrochenen, alltäglichen, schweren und grausamen Kampfes gegen den Faschismus, der von den Werktätigen Tausende Opfer forderte. An diesem Kampf nahmen auch die bulgarischen Frauen aktiv teil.

Das Ziel des Militärputsches vom 9. Juni 1923 war die Beseitigung der demokratischen Freiheiten, die während der Regierung des Bulgarischen Bauernbundes existierten, sowie die Vernichtung der von der Bulgarischen Kommunistischen Partei geleiteten revolutionären Arbeiterbewegung. In mehreren Städten und Dörfern erhoben sich die Werktätigen, um ihre Interessen zu verteidigen. In Plewen, wo der antifaschistische Kampf sein größtes Ausmaß erreichte, nahmen an ihm auch viele Frauen teil. Andere unterstützten die Aufständischen, indem sie rote Fahnen nähten, Mitteilungen überbrachten, die Sitzungen der revolutionären Komitees bewachten usw. Doch der Juniaufstand wurde bald niedergeschlagen.

Am 23. September 1923 kam es unter der Führung der BKP, unterstützt vom linken Flügel des Bulgarischen Bauernbundes, neuerlich zu einem Aufstand, der in Nordwestbulgarien ein besonders großes Ausmaß erreichte. In den von den Aufständischen eroberten Ortschaften wurden unter Beteiligung von Kommunisten, Bauernbündlern und Parteilosen Revolutionskomitees gegründet, die eine demokratische Arbeiter- und Bauernmacht errichteten.

Die bulgarischen Frauen – Kommunistinnen, Mitglieder des Bauernbundes und Parteilose – schlossen sich massenhaft in allen Regionen der Volkserhebung an, waren sowohl an der Ausrufung des Aufstandes und an der Gründung der Arbeiter- und Bauernmacht als auch am ungleichen Kampf gegen die faschistischen Militärtruppen beteiligt.

Trotz des aufopfernden Volkskampfes endete der Septemberaufstand mit einer schweren Niederlage. Die Sieger verhafteten, folterten und töteten alle, die an ihm teilgenommen hatten und derer sie habhaft werden konnten. Nach der Niederlage fanden viele Frauen den Tod. Tausende wurden verhaftet und gefoltert, Hunderte wurden von Militärgerichten wegen Teilnahme am Aufstand oder als Helfer der Aufständischen abgeurteilt.

Der Septemberaufstand vereinte trotz seines Scheiterns die Volkskräfte und vergrößerte die Kluft zwischen den Werktätigen und der faschistischen Macht. Er zeigte den unbeugsamen Willen des bulgarischen Volkes, gegen Unterdrückung und Tyrannei zu kämpfen. Die Werktätigen fanden Kraft und Mut, den Kampf weiter zu führen und folgten dem Aufruf der BKP zur Vorbereitung eines neuen, antifaschistischen bewaffneten Aufstandes.

Viele tapfere Frauen – Kommunistinnen und Parteilose – schlossen sich nach dem Zusammenbruch des Aufstandes der organisatorisch-politischen und agitatorischen Arbeit der BKP an. Einige versteckten illegale Parteifunktionäre, versorgten Verwundete und Kranke, beschafften Verpflegung und Kleidung. Andere erfüllten persönlich verantwortungsvolle organisatorisch-politische Aufgaben. Nach ihrer Enthaftung in der Folge der Amnestie vom Mai 1924 übernahm Zola Dragoitscheva sofort die Militärorganisation für die Vorbereitung eines neuen Aufstandes. Rada Todorova war aktive Mitarbeiterin des Bezirkskomitees der BKP in Plowdiv. Tina Kirkova, Raina Kandeva, Anna Maimunkova, Elena Gitscheva u. a. gehörten der Zentralen Frauenkommission beim ZK der BKP an. Getarnt als Privatlehrerin, entwickelte Wela Piskova eine vielseitige illegale Tätigkeit, anfangs im Bezirk Schumen, später in Wratza und Russe. Ihr gelang die Wiederherstellung der Parteiorganisationen.

Im ganzen Land wurden im Rahmen der Parteiorganisationen Frauenkommissionen gegründet, die durch ihre systematische Bildungs- und organisatorische Arbeit die Frauen in die Massenaktionen der Partei einbezogen. Besonders erfolgreich war die Tätigkeit der Frauen in der Hilfsorganisation (RH) und im Kampfe für politische Amnestie.

Die Bourgeoisie und die Militärmacht behielten die Konsolidierung der antifaschistischen Bewegung im Auge und suchten Vorwände für neue Pogrome gegen Kommunisten und Bauernbündler. Nach dem Attentat in der Kathedrale »St. Nedelja«, das am 16. April 1925 von ultralinken Elementen verübt wurde, begann die Regierung eine Massenvernichtungsaktion gegen Kommunisten, Bauernbündler und andere Antifaschisten.

Während des im ganzen Land herrschenden weißen Terrors im Jahre 1925 wurden viele Frauen, die für die Befreiung von der faschistischen Unterdrückung kämpften, verhaftet, gefoltert und getötet.

Während der schrecklichen Apriltage 1925 wurde auch die Lehrerin Raina Kandeva festgenommen. Sie blieb lange im Gefängnis. Kandeva war eine der Gründerinnen der sozialistischen Frauenbewegung in Bulgarien und die erste Redakteurin der Frauenzeitung »Rawenstwo« (Gleichheit).

In der Nacht am 29. März 1925 kam auch, nach vierstündigem Kampf mit der faschistischen Polizei, die mutige Antifaschistin und Parteifunktionärin der BKP Wela Piskova um, auf deren Kopf das Regime eine Prämie von 80 000 Lewa ausgesetzt hatte.

Außer jenen, die erbarmungslos getötet wurden oder spurlos verschwanden, gab es noch Hunderte Frauen – Arbeiterinnen, Bäuerinnen und Intellektuelle – in den Gefängnissen, Polizeirevieren und Kasernen. Sie wurden ebenfalls grausam gefoltert, viele von ihnen bekamen hohe Gefängnisstrafen. Zola Dragoitscheva setzte unter dem Namen Sonja ihre Parteitätigkeit in der Plowdiver Militärzone fort. Sie wurde aber entdeckt, gefaßt, bestialisch gefoltert und zum Tode verurteilt. Im Schatten des Galgens gebar sie einen Sohn.

Nach einigen Monaten wurde ihre Todesstrafe durch »lebenslänglich« ersetzt. Diese Änderung erzwangen der zornige Protest der Volksmassen und die Empörung der fortschrittlichen europäischen Öffentlichkeit, die vom Terror der faschistischen Regierung in Bulgarien erschüttert war. Zola Dragoitscheva war acht Jahre bis zur Amnestie 1932 in Haft. Sie blieb bis zum Sieg am Leben und setzte ihre ganze Kraft für den sozialistischen Aufbau im volksdemokratischen Bulgarien ein.

In einem Prozeß in Sofia gegen 50 Jugendliche, angeklagt wegen kommunistischer Untergrundtätigkeit, wurden auch die Mädchen Kunka Apostolova, Mantja Entscheva, Mathilda Gawrilova und Lora Bakalova verurteilt. Die Frauen – politische Häftlinge – ertrugen die schweren Lebensbedingungen in den Gefängnissen, Kälte und Hunger, Schläge und Dunkelhaft. Sie lasen und bildeten sich. Trotz der strengen Gefängnisordnung feierten sie den 8. März, den 1. Mai und andere Kampffeiertage der Arbeiterklasse.

Trotz des unbarmherzigen Pogroms erlahmte die antifaschistische Bewegung nicht. Kommunisten und andere Antifaschisten, die am Leben und außerhalb der Kerkermauern geblieben waren, arbeiteten für die Vereinigung der verstreuten antifaschistischen Kräfte.

Die Gewerkschaftsorganisationen wurden wiederhergestellt. 1927 wurde die Arbeiterpartei als legale Form der illegalen BKP gegründet. Gleichzeitig mit der Gründung der Parteiorganisationen wurden auch Frauengruppen organisiert, die die Aufgabe hatten, sich unter den nichtorganisierten Arbeiterinnen und Bäuerinnen zu betätigen, ihnen das Programm der Arbeiterpartei zu erklären und sie als Mitglieder oder Sympathisanten der Arbeiterpartei anzuwerben. Zur besseren Leitung dieser Tätigkeit wurde beim ZK eine Zentrale Frauenkommission eingerichtet. Die Frauengruppen bei den Parteiorganisationen entwickelten schon von Anfang an eine rege Tätigkeit. Sie leiteten den Kampf der Frauen für deren unmittelbare Interessen, die Streikaktionen, die Hilfstätigkeit für die Streikenden und für die Opfer des faschistischen Terrors, die Kampagne für eine politische Amnestie, die Feierlichkeiten zum 1. Mai u. a.

1932 wurden neue Organisationsformen für die Arbeit mit den Frauen angewandt, die erfolgreicher zur Erfassung der Frauen in den Arbeiterorganisationen beitrugen. Die Frauengruppen wurden aufgelöst, und ihre Mitglieder traten in die unabhängigen Arbeitersyndikate ein, in die Arbeiterpartei und in den Arbeiterjugendbund. Bei den Parteikomitees und -organisationen wurden Frauenabteilungen oder Frauenkommissionen als Hilfsorgane für die Arbeit der Partei unter den Frauen gegründet. Die Frauengruppen in den Dörfern verwandelten sich in Bildungszirkel für die Bäuerinnen. Im Mai desselben Jahres wurde die erste Arbeiterfrauenkonferenz einberufen.

Die organisatorische Umgestaltung der Arbeit mit den Frauen, ihre Übereinstimmung mit den Aufgaben der Partei und der Jugendorganisation, führte zu guten Erfolgen. Die Arbeiterinnen beteiligten sich massenhaft am Streik der Textilarbeiterinnen in Jambol, Sliwen und Gabrowo, am Streik der Tabakarbeiterinnen in Plowdiv, Haskowo und Sofia. Sie standen in den ersten Reihen bei den Kämpfen der Arbeitslosen für Arbeit und Brot, unterstützten die Streikenden und Arbeitslosen.

Die Frauenabteilungen bei den Parteiorganisationen mobilisierten breite Schichten der Frauen für den 8. März, den Internationalen Frauentag, als einen Tag des Kampfes für die unmittelbaren Interessen der werktätigen Frauen und deren internationale Solidarität im Kampfe für Frieden und gegen den Faschismus. Die Feiern zum 8. März wurden auf verschiedene Weise, gemäß den momentanen politischen und lokalen Bedingungen durchgeführt – teils in festlichen Versammlungen, teils durch Demonstrationen auf der Straße und durch Straßenkämpfe, teils aber auch geheim, in Gesprächen während der Mittagspause in den Betrieben oder in Privathäusern, getarnt als Namenstags- oder Geburtstagsfeiern.

Die bulgarischen werktätigen Frauen beteiligten sich aktiv am Kampf gegen den Krieg: durch Versammlungen und Demonstrationen, Proteste in der Presse, in Komitees der Kriegsgegner usw. Sie standen in den ersten Reihen der Demonstranten, die vom ZK der Arbeiterpartei am 1. August aufgerufen wurden, nachdem dieser Tag 1929 zum Internationalen Tag gegen den Krieg erklärt worden war.

Vor den Wahlen von Abgeordneten und Gemeinderäten 1931, 1932 und 1933 erhob die Arbeiterpartei die Forderung nach bürgerlichen und politischen Rechten der Frauen. Die Frauenabteilungen organisierten öffentliche Versammlungen und Konferenzen in Betrieben und Privathäusern, bei denen das Wahlprogramm der Arbeiterpartei erläutert und für ihre Wahlliste agitiert wurde.

Die werktätigen Frauen unterstützten aktiv die Hilfsorganisation (die bulgarische Sektion der IRH) in ihrem Einsatz für Amnestie und zur Unterstützung der Opfer des Terrors in Bulgarien. Die Mitglieder dieser Organisation sammelten Mittel für die politischen Häftlinge, schickten ihnen Literatur, organisierten Gefängnisbesuche, machten ihnen mit ihren Briefen Mut. Die Hilfsorganisation unterstützte ebenso die Familien politischer Häftlinge und Emigranten, wie später die Angehörigen der Kämpfe im spanischen Bürgerkrieg.

Die Zeitung »Rabotnitschka« (Arbeiterin) spiegelte in dieser Periode treu die Kämpfe der bulgarischen Frauen wider. Sie wurde zur Verteidigerin und Organisatorin dieser Kämpfe. Ihre ersten Redakteurinnen waren Anna Maimunkova und Tina Kirkova, ehemalige Redakteurinnen der von der faschistischen Regierung verbotenen Zeitung »Rawenstwo« (Gleichheit).

Der Terror im Jahre 1925 unterbrach das Erscheinen der Zeitung, doch nach der Gründung der Arbeiterpartei wurde »Rabotnitschka« am 7. 1. 1929 als Wochenzeitschrift der Zentralen Frauenkommission beim ZK der AP herausgegeben, um im Laufe von 6 Jahren (1929–1934) trotz Terror, Zensur und Einschränkungen durch das sogenannte Gesetz für die Verteidigung des Staates zu wirken. Anfangs war ihr verantwortlicher Redakteur Dona Bogatinova, später Renata Natan. Die Auflage wuchs trotz Zensur und Konfiskation stetig. Von anfangs 1500 Stück erreichte sie im Jahre 1934 eine Auflage von 6000 Exemplaren.

Am 19. Mai 1934, nach einer kurzfristigen Unterbrechung (1931–1934) der faschistischen Diktatur, fand in Bulgarien ein neuer militär-faschistischer Staatsstreich statt, dessen Ergebnis die Errichtung einer offenen monarcho-faschistischen Diktatur war. Alle politischen Parteien und Massenorganisationen der Werktätigen wurden verboten. Die Verfassung von Tirnowo[1] wurde suspendiert. Der Kampf gegen den Faschismus trat in eine neue Phase, wozu auch die Erfahrungen der internationalen Antifaschistenbewegung und insbesondere die Beschlüsse des VII. Kongresses der Kommunistischen Internationale 1935 sehr viel beitrugen. Im politischen Kurs der Bulgarischen Kommunistischen Partei trat ein tiefer Wandel ein. Auch in der antifaschistischen Frauenbewegung begann eine neue Etappe.

Im Herbst 1936 wurde in Sofia vom ZK der Partei eine Beratung der Parteiaktivistinnen einberufen. An den Besprechungen nahmen Elena Dramalieva, Renata Natan, Zola Dragoitscheva, Rada Balgarova, Georgitza Karastojanova, Dona Bogatinova und Vera Natscheva teil. Es wurde beschlossen, daß Kommunistinnen und alle gebildeten fortschrittlichen Frauen den Massenfrauenorganisationen wie z. B. dem Bulgarischen Frauenverband, der Gesellschaft der Akademikerinnen, dem Bulgarischen Frauenbauernbund, den Frauenlesezirkeln, den Kulturheimen, dem Verband der Kinderreichen, den Abstinenzler-, Touristik-, Sport-, Kooperativ- sowie anderen kulturellen Massen- und Wohltätigkeitsorganisationen beitreten und sich dort aktiv betätigen sollten.

Die Aktivistinnen traten in die Leitung einzelner Verbände des regierungsfreundlichen Arbeiterverbandes ein und leisteten dort energischen Widerstand gegen verschiedene faschistische Maßnahmen der Zentralleitung. Auf ihren Vorschlag wurde der Internationale Frauentag (8. März) mit Tanzveranstaltungen gefeiert.

Die aktive Beteiligung der Arbeiterinnen in den Jahren

1936–1940 an den Streiks der Tabakarbeiter in Plovdiv, Haskowo, Sofia, Gorna Djumaja (heute Blagoevgrad), Dupnitza (Stanke Dimitrov) sowie am Ausstand der Textilarbeiter in Sofia, Sliwen und Gabrowo war eine Manifestation ihres wachen Klassenbewußtseins. Während der Versammlungen in Fabriken und Wohnvierteln wurden Delegationen gewählt und Resolutionen gegen die Preissteigerung und die niedrigen Tagelöhne, für eine Verbesserung der Lebensbedingungen in den Wohnvierteln, für Unterstützung von kinderreichen Familien usw. gefaßt. Die Delegationen, in denen auch parteilose Frauen vertreten waren, wurden beharrlich bei Ministerien, Gemeinderäten, bei der Volksversammlung (dem Parlament) vorstellig, um die Forderungen der Volksmassen darzulegen. Erfolgreich arbeitete im Verband der kooperierten Frauen Zwetana Kiranova. Sie propagierte die Rolle und die Bedeutung der kooperativen Verbände als eine Form des Kampfes für die ökonomischen Interessen der Werktätigen.

Zu dieser Zeit war die politische Aktivierung der Frauen für eine Mobilisierung der Öffentlichkeit zum Schutze der Verfassung von Tirnowo und der demokratischen Rechte und Freiheiten des Volkes von besonderer Bedeutung. Auf Vorschlag der Bulgarischen Kommunistischen Partei wurden 1937 Verfassungskomitees unter Beteiligung der Bulgarischen Arbeiterpartei, des Bulgarischen Bauernbundes, der Sozialdemokratischen, der Radikalen und der Nationalliberalen Partei gegründet. Gleichzeitig schuf man auch eine Zentrale Frauenverfassungskommission und Stadtbezirksverfassungskommissionen, die eine rege Tätigkeit entfalteten und an denen Vertreter der Oppositionsparteien teilnahmen.

Besonders aktiv und zahlreich beteiligten sich die werktätigen bulgarischen Frauen an der Friedensbewegung. Sie sammelten Unterschriften gegen den Krieg, erklärten in Versammlungen die Bedeutung des Kampfes für den Frieden und die Rolle der Frauen in diesem Kampf. Elena Gawrilova nahm an den internationalen Friedenskongressen in Brüssel und Genf teil.

Die Hilfsorganisation (RH) vereinte weiter die Frauen im gemeinsamen Kampf gegen die faschistische Diktatur. Sie wurde zu einer Massenorganisation zum Schutze der politischen Häftlinge und deren Familien.

In der Periode 1936–1939, als das spanische Volk gegen den spanischen und internationalen Faschismus kämpfte und die Antifaschisten der ganzen Welt ihm moralische und materielle Hilfe leisteten, blieben auch die bulgarischen Antifaschistinnen nicht hinter den Männern zurück. Sie nahmen teil an der Aufklärungsarbeit über die Lage und die Ereignisse in Spanien, sammelten Geld für die Verwundeten, die Waisen und die Witwen der Gefallenen, erleichterten den Transport der bulgarischen Freiwilligen und unterstützten deren Familien. Die Autorin Maria Grubeschlieva war Mitglied der bulgarischen Delegation beim II. Kongreß der Weltvereinigung der Schriftsteller zur Verteidigung der Kultur, der im Juni 1937 in Valencia, Madrid und Barcelona stattfand.

Unter den ca. 460 bulgarischen Freiwilligen in Spanien gab es auch 6 Antifaschistinnen, die ihre Familie verlassen hatten und ihr Leben riskierten, um die spanische Republik zu unterstützen. Atanaska Markova, Warbanova, Gina Takova, Susanne Djankova und Trajana Nenova wirkten als Krankenschwestern und Sanitäterinnen, Dipl. Ing. Polina Nedjalkova half bei der Reparatur der Panzer.

Die organisatorische und politische Arbeit der BKP unter den Frauen in der Zeit bis zum Zweiten Weltkrieg trug in den folgenden Jahren reiche Früchte. Ein großer Teil der bulgarischen werktätigen Frauen beteiligte sich zwischen 1941 und 1944 mit organisatorischer Erfahrung an dem bewaffneten antifaschistischen Kampf.

Anmerkung:

1 Bürgerliche Verfassung Bulgariens, nach der Befreiung vom osmanischen Joch von der Gründungsvolksversammlung (Parlament) in Tirnowo angenommen, in Kraft bis 1947. Eine der demokratischsten Verfassungen zu dieser Zeit. Sie spielte eine positive Rolle in der gesellschaftlich-politischen Entwicklung des bulgarischen Volkes.

ILSE LENZ

Die Lebens- und Arbeitssituation japanischer Textilarbeiterinnen und die Frauenpolitik der Gewerkschaften und der sozialistischen Gruppierungen – »Bitterer als für den Vogel der Käfig ...«

Einige methodische Überlegungen

Häufig wird die Frage der Frau in der Arbeiterbewegung von einer Untersuchung der Öffnung der gewerkschaftlichen und sozialistischen Gruppen für Frauen und Frauenprobleme in Theorie und Organisation her angegangen. Bestimmte Positionen aus der Frühzeit der Arbeiterbewegung werden dabei manchmal a priori übernommen, wie etwa die Schlüsselfunktion des Einbezugs in die Lohnarbeit für die Emanzipation der Frau und die bruchlose Übereinstimmung der Ziele der sozialistischen Gesellschaftsveränderung und der Frauenemanzipation. Nachdem nun fast hundert Jahre nach Clara Zetkins Prophezeiung, daß der Fortschritt der Produktivkräfte die ökonomische Eigenständigkeit der Frau und die »Emanzipation vom Kochtopfe«[1] bringen würde, letztere ebensowenig in Sicht zu sein scheint wie die Befreiung der Frau insgesamt, ist die Zeit gekommen für eine Bestandsaufnahme und einen neuen Diskurs zwischen Arbeiterbewegung und den verschiedenen Frauenbewegungen.

Eine Voraussetzung dafür ist, den ganzen Lebens- und Arbeitsbereich von Frauen als Resultat sozialer Strukturen zu begreifen. Eines der wichtigsten Resultate feministischer Wissenschaft liegt darin, daß die Mauer der Mystifikation um die Frauenarbeit im Haushalt abgebrochen wurde und aufgezeigt wurde, daß die Arbeit zur Reproduktion des lebendigen Menschen keineswegs eine natürliche Eigenschaft der Frau darstellt, sondern gesellschaftlich relevante Arbeit ist, die in einer historisch herausgebildeten asymmetrischen, geschlechtsspezifischen Arbeitsteilung Frauen zugewiesen wurde und nicht im Gegensatz zur Lohnarbeit steht, sondern vielmehr in ihrer Funktion der Reproduktion der gesellschaftlichen Arbeitskraft deren Vorbedingung darstellt[2]. Im Zuge der Industrialisierung wurde sie folglich nicht aufgehoben, sondern in ihren Bestandteilen von materieller Versorgung, psychischer Zuwendung und Sozialisation der Kinder umstrukturiert und in die sozial nicht anerkannte Arbeit der modernen Hausfrau verwandelt[3].

Dieser historische Prozeß ist erst in Ansätzen erforscht. Ebenso ist die Untersuchung der Aneignungsformen von Arbeit und der Gewaltverhältnisse innerhalb der Reproduktionsgemeinschaften, d. h. vor allem der Familie, erst am Anfang. Wir wissen auch wenig darüber, wie die Mehrheit der Frauen in ihrem Bewußtsein ihre Lebenssituation verarbeitet. Ebenso wie die Hausarbeit bis vor kurzem noch nicht als Arbeit erschien, waren viele Alltagskämpfe von Frauen unsichtbar geblieben, da sie oft nicht unter einer detaillierten politischen Programmatik in einer formalen Öffentlichkeit z. B. der Parteien oder des Parlaments abliefen, sondern schlichte Kämpfe ums alltägliche Überleben oder stärkere Eigenverfügung über Hausarbeit und Sexualität darstellten, wie etwa die Bewegung zur Geburtenkontrolle oder Preis- und Hungerdemonstrationen. Wie verhalten sich solche Alltagsauseinandersetzungen zur Organisation von Frauen und ihrem Engagement in der Arbeiterbewegung?

Der folgende Überblick über Arbeits- und Lebensbedingungen der Arbeiterinnen in der japanischen Baumwollindustrie soll in diesem Sinne Material für ein komparatives Interesse bereitstellen.

Die Lebens- und Arbeitssituation der Textilarbeiterinnen

In Japan stellte sich die spezifische Nutzbarmachung weiblicher Arbeit in der industriellen Produktion und ihrer reproduktiven Funktion auf der Kapitalseite als Mittel zur raschen Industrialisierung dar, auf der menschlichen Seite als ein Verschleiß, den man als »Ökonomie des Raubbaus an Menschen« bezeichnen kann.

Die japanische Industrialisierung vollzog sich im wesentlichen »von oben« durch Planung und Kooperation der von Militärs und Bürokratie aus der unteren Samurai-Schicht getragenen Regierung mit bestimmten Unternehmensgruppen. Auf das Fundament der um 1880–90 aufgebauten Textil- und Leichtindustrie wurde nach 1900 eine auf die Rüstung orientierte Schwerindustrie mit den beträchtlichen Einnahmen der Textilexporte und Kriegsreparationen aufgestockt. Die Textilindustrie wies bis 1929 stetig steigende Wachstumsraten und Exportziffern auf, war jedoch sehr krisenanfällig. Im Gegensatz zu anderen Branchen (Schwerindustrie, Transport, Chemie) war sie durch Dezentralisierung und Zersplitterung gekennzeichnet, wobei einige große Unternehmen mit hoher Technologie (Kanebo, Fuji gas, Toyo boseki) einer Großzahl von Klein- und Mittelbetrieben auf dem Lande mit einfacher Technologie gegenüberstanden. In den Unternehmensverbänden erfolgten Absprachen über Technologie, Personalführung und Verhalten gegenüber Streiks und Gewerkschaftsgründungen. Charakteristikum des Arbeitsmarktes in der Textilindustrie war die geschlechtsspezifische Segmentierung mit einem sehr hohen Anteil an Frauenarbeit.

Geschlechtsspezifische Zusammensetzung der japanischen Industriearbeiterschaft (bis 1910):

Jahr	männl. Arbeiter	weibl. Arbeiter	Summe	Zahl der Betriebe
1886			112 779	1 097
1890			312 624	2 480
1895	169 515	248 625	418 140	7 154
1900	164 712	257 307	422 019	7 284
1905	240 288	347 563	587 851	9 776
1910	240 864	451 357	692 221	15 426

Geschlechtsspezifische Zusammensetzung der Arbeiterschaft in den Baumwollspinnereien:

Jahr	Arbeiter	Arbeiterinnen	Summe	Betriebe
1889			14 025	41
1895	11 006	35 592	46 598	81
1900	11 601	41 730	53 333	78
1905	14 929	64 815	79 744	214
1910	15 840	66 766	82 606	149

(Zusammengestellt aus *Nihon teikoku tokeoi nenkan* – Statistisches Jahrbuch des japanischen Kaiserreiches.)

Wie die Statistik zeigt, handelte es sich bei den weiblichen Arbeitskräften keineswegs um eine »Reservearmee«, sondern um die Mehrheit der Arbeiterschaft bis 1910; bis 1935 bildeten sie ca. 40% der japanischen Arbeiter. Innerhalb der Fabriken wurden die meisten Tätigkeiten nach Geschlecht und – innerhalb der Geschlechtsgruppe – nach Alter besetzt[4]. Harte körperliche Arbeiten, Maschinenwartung und Führungsposten wurden Männern zugewiesen, während Frauen die Maschinen bedienten. Leitungs- und Kontrollposten im von der Fabrik kontrollierten Reproduktionsbereich der weiblichen Arbeiter (Wohnheim und Kantine) wurden grundsätzlich mit Frauen besetzt, die allerdings über die Hilfe »schlagkräftiger« männlicher Unteraufseher verfügten (Hosoi, S. 44). Männer wurden überwiegend (1920 zu 80%, vgl. Hosoi, S. 44) auf ihre Bewerbung vor dem Fabriktor hin angestellt und ihre Mobilität nicht eingeschränkt. Für die Rekrutierung von weiblichen Arbeitern entwickelten die Firmen im Lauf der Expansion der Textilindustrie ein System, das einen hohen »turnover« von Arbeitskräften mit ihrer kurzfristigen Fesselung an die Unternehmen – unter Begrenzung ihrer Mobilität – kombinierte.

Zu Beginn der modernen Textilindustrie hatte sich kurze Zeit ein freier Arbeitsmarkt herausgebildet. Dies kontrastierte mit den Arbeitsverhältnissen in den feudalen Textilmanufakturen ab 1830, die auf der Leibeigenschaft von Mädchen und Frauen operierten. Besondere Mädchenhändler kauften 7–10 Jahre alte Mädchen armen Bauern- und Pächterfamilien ab. Die Arbeiterinnen hatten keinerlei Bewegungsfreiheit, erhielten nur Verpflegung und Unterkunft, und ihr Arbeitstag währte bis tief in die Nacht (Takamure, Bd. 1, S. 493). Die Abschaffung der Stände und der Leibeigenschaft und die Einführung der Gewerbefreiheit nach der anti-feudalen Meiji-Restauration 1868 setzten dieses System rechtlich außer Kraft. Die ersten Arbeiterinnen in den von der neuen Staatsmacht gegründeten Modell-Seidenspinnereien waren Töchter von Samurai-Familien, die aufgrund des Wegfalls der feudalen Reisstipendien verarmt waren. Hosoi merkte an: »Damals erschien eine Anstellung in der Fabrik noch als Weg zum Erfolg.« Die rasch sich ausweitende Textilindustrie griff schon bald auf das zusätzliche Arbeitskräftereservoir aus verarmten Bauernfamilien zurück. Die volle rechtliche Etablierung des Privateigentums an Grund und Boden und einer Bodensteuer in Geld beschleunigte einen bereits angelaufenen

Differenzierungsprozeß in der Landwirtschaft, der zu rascher Zunahme des »Großgrundbesitzes« und des Pachtsystems führte.

Nach ca. 1890 konnten die zu den Textilfabriken strömenden Arbeitskräfte deren Bedarf nicht mehr sättigen. Die Betriebe verwendeten in der Folge ein Rekrutierungssystem, das unter der Ausnützung der Sachzwänge der bäuerlichen Hauswirtschaften ihnen frische, billige und willige weibliche Arbeitskräfte zuführen sollte.

Spezielle Anwerber besuchten, ähnlich den Mädchenhändlern in der Feudalzeit, die einzelnen Bauernfamilien. Dabei malten sie den Eltern goldene Berge, einen rosigen Fabrikalltag und fabelhafte Heiratschancen für ihre Töchter vor (vgl. Hosoi, S. 60 ff.). Die unmittelbaren finanziellen Gratifikationen, nämlich ein sofortiger Lohnvorschuß in regional unterschiedlicher Höhe[5] und ein System der Zwangsüberweisung eines Teils des Lohns an das Elternhaus, kamen der Geldnot der Haushalte entgegen. Zusätzlich warben die »Vertreter« mit dem Angebot einer Grundschulausbildung und Kursen in Nähen, Blumenstecken und Teezeremonie, die den Mädchen einen Schritt weiter in der »Reproduktionskarriere« zu einer guten Partie verhelfen konnten.

Zwischen dem i. a. männlichen Haushaltsvorstand[6], also dem Vater oder Bruder des Mädchens, einem ihm nahestehenden Bürgen und dem Anwerber wurde darauf ein befristeter Arbeitsvertrag mit einer Laufzeit von zwei oder drei Jahren geschlossen. Reisekosten zur Fabrik in einem Massentransport übernahm die Firma. Sowohl Lohnvorschuß als auch Reiseausgaben galten als zinsloses Darlehen und mußten bei einer Kündigung der Arbeiterin, die laut den meisten Verträgen auch nur mit Zustimmung des Betriebs möglich war, sofort zurückgezahlt werden. Dies war durch die finanzielle Situation der Bauernfamilien in der Mehrzahl der Fälle ausgeschlossen. Nach der vertraglichen Zustimmung durch die Eltern nahmen sich die meisten Firmen das Recht, die so erworbene Arbeitskraft der Mädchen körperlich festzuhalten.

Viele Fabriken glichen einer Mischung aus Burg und Gefängnis, sie waren durch Zäune und Mauern mit einem Tor, manchmal sogar durch Wassergräben abgesperrt. In dem eingeschlossenen Komplex lagen die Fabrik, die Wohnheime und die Kantinen der Mädchen. Bis zur Abzahlung des Lohnvorschusses, der in Monatsraten von ihrem Verdienst abgezogen wurde, hatten sie überhaupt keinen Ausgang. Danach durften sie das Fabrikgelände – bei Wohlverhalten – etwa einmal monatlich verlassen. Wenn sie heirateten und einen eigenen Hausstand gründeten, konnten sie ausziehen; der ökonomische Druck der Familie, vor allem die Kinder zu versorgen, ersetzte den körperlichen Zwang. Die außerhalb wohnenden Arbeiterinnen umfaßten 1920 ca. 20–30% der weiblichen Belegschaft.

Die Fabriken beschönigten die Maßnahmen mit einer Übernahme des elterlichen Sorgerechts über die Mädchen und versuchten, ihnen mit der nämlichen Argumentation strikten Gehorsam einzuüben. Während sie Briefe der Arbeiterinnen an ihre Eltern lasen, kontrollierten und manchmal auch verschwinden ließen (Hosoi S. 151), hatten sie eigene Kommunikationsmittel zu ihnen und den »Honoratioren im Dorf« (Lehrer, Polizei, Grundherr) etabliert. Sie sandten ihnen den monatlichen Lohnanteil, der unabhängig von der Zustimmung der Arbeiterin von ihrem Lohn abgezweigt wurde, eigene Fabrikzeitungen, in manchen Fällen sogar Berichte über die Zeiten, zu denen ihre Töchter das Wohnheim verließen und wieder betraten. Damit pflegten sie ihr Image als »Hüter an Vaters Stelle« und verhinderten, daß Klagen der Arbeiterinnen bekannt wurden und die Familien darauf reagieren konnten.

Diese Beschränkung der Mobilität der Arbeitskraft in »Gefängnissen der Kontraktarbeit« wurde oft mit dem weitgehend vormodernen oder feudalen Charakter der japanischen Arbeitsverhältnisse während der Industrialisierung erklärt. M. E. übersieht diese Erklärung das Zunehmen der Zwangsformen im Zuge der Industrialisierung und übergeht die in diesem Anstellungssystem auftretenden sexistischen Strukturen, wie die Aberkennung der Frau als Vertragssubjekt beim Verkauf ihrer eigenen Arbeitskraft und die Verwendung patriarchalischer Disziplinierungsmethoden durch die Fabrik unter Verweis auf das Elternhaus.

Ein Arbeiterinnenlied drückt aus, wie sie selbst ihre Situation empfanden:

»Noch bitterer als
für den Vogel der Käfig,
ja als das Gefängnis,
ist das Leben im Wohnheim.
Würde doch nur
das Heim überflutet,

die Fabrik abgebrannt
und die Wache an Cholera sterben!«
(Hosoi, S. 1343).

Während die männlichen Arbeiter in der Mehrzahl einen festen Monatslohn erhielten, setzte sich das Einkommen der Arbeiterinnen aus einem Grundlohn, dazu einem Stücklohn und gelegentlichen Bonussen zusammen. Letztere bildeten einen periodisch ausgezahlten Lohnanteil, der zurückgehalten wurde, um die Arbeiterinnen am Fortlaufen zu hindern. Der Frauenlohn betrug ca. ⅓ bis ½ des Männerlohns. Einen Teil des Lohns mußten die Frauen sofort wieder in der Kantine oder in den fabrikeigenen Läden ausgeben. Manche Fabriken hatten sogar eigene Währung für den Geldverkehr in ihren Mauern. Die Ernährung war vitaminarm, häufig unzureichend.

Die Baumwollindustrie arbeitete in Tag- und Nachtschichten. Vor dem Fabrikgesetz von 1910 betrug die tägliche Arbeitszeit in Spinnereien 12 Std., in Webereien 14 Std., danach verkürzte sie sich auf 10 Std., resp. 12 Std., während die Unternehmer bis 1929 ein Verbot der Nachtarbeit hinauszögern konnten. Unhygienische Wohn- und Arbeitsbedingungen sowie die Nachtarbeit bewirkten eine hohe Verbreitung der Tbc, die überdies mit den angesteckten Arbeiterinnen nach der Entlassung in ihre Dörfer kam, so daß Tbc zur Volksseuche wurde.

Mutterschaftsurlaub oder Stillpausen fehlten; die Arbeiterinnen mußten ihre Säuglinge in die Fabrikkrippen neben den Werkhallen bringen und sie während der Vormittags- und Nachmittagspausen stillen. Nachts kamen sie wegen der schreienden Kinder, der liegengebliebenen Hausarbeit etc. kaum zur Ruhe.

Die Mehrheit der Unternehmer widersetzte sich sozialpolitischen Reformen und unterließ Investitionen zur Verbesserung der Essensversorgung und Wohnsituation bis ca. 1930. Einige Fabrikbesitzer allerdings erkannten die gesundheitlichen Gefahren der Arbeitsbedingungen und unterstützten halbstaatliche und private Stiftungen, die auf Reformen drangen, wie das Ohara-Sozialforschungsinstitut oder den Kyocho-kai. Ein wirksames Werbemittel stellte das Versprechen von Bildung dar. Der Ausbildungsstand der Textilarbeiter war sehr niedrig[7].

Die großen Spinnereien richteten eigene Lehrwerkstätten für männliche Arbeiter ein. Für die Anlernzeit weiblicher Arbeiter stellten sie spezielle Ausbildungsteams zusammen, was in einem Teil der kleineren Fabriken nachgeahmt wurde. Die Teams bestanden aus Lehrern, Wohnheimaufsehern und Vorarbeitern und waren direkt der Personalverwaltung untergeordnet. Die Lernziele sowohl der formellen Schulbildung (für Mädchen im schulpflichtigen Alter nach der Arbeit) als auch der informellen Anleitung am Arbeitsplatz lassen sich stichwortartig mit »Anlernen elementarer Arbeitsgänge an der Maschine, Einübung einer industriellen Arbeitsmoral und einer persönlichen Loyalität zur Fabrik, sowie des strikten Gehorsams gegenüber Vorgesetzten« zusammenfassen (Hosoi S. 240–267).

Die Arbeiterinnen lebten in einer Kultur des »schriftlichen Schweigens und des lebendigen Lieds«. Hosoi berichtet von einem großangelegten psychologischen Test, bei dem 1920 4000 Arbeiterinnen aufgefordert wurden, ihre Gefühle niederzuschreiben. Nur 10% reagierten überhaupt, ihre Antworten bestanden fast durchgehend aus Volksliedern, Schlagern oder Sprichworten. Eigenständige Sätze oder auch nur Formulierungen fehlten. Neben mündlichen Interviews und Sozialreportagen bilden Lieder und umgedichtete Schlager die einzigen Quellen über Denken und Fühlen der Arbeiterinnen. Solidarität, Freundschaft und enge Kommunikation beschränkte sich, laut Hosoi, auf kleine Gruppen von Zimmerkameradinnen im Wohnheim oder Mädchen aus dem gleichen Dorf. Viele zeigten eine heftige Verachtung gegenüber männlichen Arbeitern auf gleicher Stufe der Fabrikhierarchie.

So waren die Arbeiter im Fabrikalltag durch regionale und Geschlechtsschranken getrennt und hatten kein umfassendes Kommunikationssystem. Wenn sie dies unter großem persönlichem Einsatz und mit Geschick in Arbeitskämpfen herausbildeten, brachen diese Organisationskeime oft unter dem Druck der Unternehmer, dem raschen Arbeitsplatzwechsel der weiblichen Arbeitskräfte, der alltäglichen Zersplittertheit wieder zusammen.

Die Frauenpolitik der Gewerkschaften und linker Organisationen

In den frühen Arbeitskämpfen ab 1886 hatten die Arbeiterinnen selbst erste fabrikinterne und regionale Organisationsformen herausgebildet, oft unter Bezug auf christliche oder buddhistische Institutionen[8]. Diese Vorgehensweise ermöglichte ihnen den Sieg in einer Kette von Streiks, solange die Unternehmerseite sich nicht koordiniert hatte. Ab 1890 betrieben letztere die Zerschlagung der Gewerkschaften mit Verbandsgründungen, Kündigungen, schwarzen Listen und dem Einsatz körperlicher Gewalt, oft durch angestellte Gangsterbanden.

Der neue Aufschwung der Arbeiterbewegung nach 1897 bezog sich nicht auf diese ersten Ansätze, sondern auf christliche und trade-unionistische Konzepte. Um ihr Verhalten zur »Frauenfrage« zu verstehen, ist es wichtig, ein grundlegendes Dilemma der japanischen Arbeiterbewegung zu umreißen. Für die großen sozialen Probleme, die der raschen Industrialisierung auf dem Fuß folgten, bestanden in Japan keine langfristig »von unten« im Rahmen einer breiten Massenbewegung herausgebildeten Deutungsmuster, wie etwa in der englischen frühsozialistischen Bewegung, sondern Intellektuelle verschiedener Richtungen rezipierten christliche, trade-unionistische, sozialistische oder anarchistische Gesellschaftskritik aus den westlichen kapitalistischen Ländern und adaptierten diese entsprechend ihrer Sicht der japanischen Realität (vgl. Lenz 1972).

Ein Großteil dieser Gesellschaftstheorien war überdies frauenfeindlich oder ignorierte die Probleme von Frauen. Intellektuelle hatten eine zentrale Funktion als theoretische Führer und Initiatoren praktischer Bewegungen[9]. Sie waren überwiegend männlich und in androzentrischen Bildungsinstitutionen (Oberschule und vor allem Universität) mit autoritären Werten und Normen erzogen worden. Nur eine kleine Gruppe von Sozialisten und Anarchisten problematisierte ab 1900 die sexistische Moral und Arbeitsteilung[10].

In allen Flügeln der Arbeiterbewegung bestanden starke Tendenzen zur Autoritätsgläubigkeit, zur Überbetonung der intellektuellen Führer und der Leitungsgremien, was in der radikalen Linken durch einen Zug zum Sektierertum verschlimmert wurde[11].

Frauen waren durch das Polizeigesetz für Ruhe und Ordnung vom Besuch öffentlicher politischer Veranstaltungen und der Mitgliedschaft in politischen Parteien bis 1922 ausgeschlossen und erhielten erst 1946 das Wahlrecht. Legal waren sie weder als politisches noch privatrechtlich eigenständiges Subjekt[12] anerkannt.

Die japanische Frauenbewegung gab ab ca. 1920 wesentliche Impulse zur Kritik der innerfamiliären Herrschaftstrukturen und thematisierte Hausarbeit, Mutterschaft, Liebe und weibliche Lohnarbeit.

In der Arbeiterbewegung wurden diese Anstöße kaum aufgenommen. Die »Frauenfrage« wurde bestenfalls als »Teil der sozialen Frage« aufgefaßt, und die Bedeutung der Arbeiterinnen als großer Bestandteil des japanischen Proletariats kaum thematisiert.

Die Gewerkschaftsgründungen von 1897–1900, die von dem christlich und trade-unionistisch beeinflußten »Verein zur Gründung von Gewerkschaften« ausgingen, fanden in den »Männerindustrien« (Schwerindustrie, Eisenbahnmechanik, Eisenbahnarbeiter und Druckindustrie) statt. Außer einigen Artikeln in ihren Organen nahmen sie keinen Bezug zu Problemen der Textilindustrie und der Frauenarbeit. Sie wurden durch das obige Polizeigesetz von 1900, das Streiks verbot und Gewerkschaften scharf kontrollierte, gelähmt oder zerschlagen.

Die 1912 von sozialreformerischen Intellektuellen und etlichen Arbeiterführern gegründete »Gesellschaft der Freunde« (Yuaikai) orientierte sich zu Beginn ebenfalls stark an christlichen Ideen und ausländischen Modellen vor allem der »friendly society«. Der eher konservativ eingestellte Suzuki förderte die Einrichtung eines Frauenreferats mit eigener Zeitschrift, dessen Mitgliedschaft rasch von 1656 zu Beginn auf ca. 3000 im Jahr 1919 anwuchs. Das Frauenreferat veranstaltete 1919 zur Vorbereitung der ILO-Konferenz in Washington eine gutbesuchte Arbeiterinnenversammlung, auf der erstmals eigenständige Frauenforderungen (Entsendung von Frauen in das Leitungsgremium, gleicher Lohn für gleiche Arbeit unabhängig vom Geschlecht, Verbot der Nachtarbeit) aufgestellt wurden und die Textilarbeiterin Yamanouchi Mina als Delegierte nach Washington entstandt wurde. Darauf nahm die Gewerkschaft drei Frauen in ihre 25köpfige Führung auf, die sich jedoch nicht lange in dieser Position halten konnten.

Die Yuaikai, 1919 in Gesamtjapanischer Arbeiterbund umbenannt, unterstützte durch Agitation und Vermittlung eine Reihe von Arbeitskämpfen in der Textilindustrie, die sich i. a. defensiv gegen Lohnsenkungen richteten oder Verbesserung der Arbeitsbedingungen und Verkürzung der Arbeitszeit forderten. 1920 streikten die Arbeiterinnen der Fuji-Gas-Spinnerei gegen die Entlassung von Gewerkschaftsführerinnen und für Koalitionsfreiheit. Ihr vom Arbeiterbund mitunterstützter Streik wurde von der Unternehmerseite unter Einsatz von Schlägertrupps, Gangsterbanden, Verhaftungen, völliger Isolierung der Arbeiterinnen im Fabrikgelände usw. gebrochen (Miike, Takamure Bd. 2, S. 448).

1927 waren etwa 13 000, 1930 etwa 21 000 Arbeiterinnen in verschiedenen Gewerkschaften organisiert; die gewerkschaftliche Organisation wuchs zwar rasch, war aber doch gering gegenüber der Gesamtzahl von ca. 1,5 Mill. weiblichen Arbeitern im Jahre 1930 (Lenz, Terasaki, 1978, S. 175).

In der Behandlung der »Frauenfrage« durch die Gewerkschaften ist keine Korrelation zwischen Reformismus und Antifeminismus festzustellen oder aber zwischenproletarisch-revolutionärer Ideologie und dem Einsatz für die Frauenbewegung.

Es standen sich zwei Tendenzen in ihr gegenüber, die im folgenden an der Diskussion um den 1925 links vom Arbeiterbund abgespaltenen »Nationalen Gewerkschaftsrat« aufgezeigt werden sollen[13].

Der »Gewerkschaftsrat« berief im Jahr seiner Gründung ein nationales Treffen seiner regionalen Frauenreferate ein, das zur Einrichtung eines zentralen Frauenreferats aufrief und einen von Yamakawa Kikue[14] vorgelegten Thesenentwurf mit den folgenden Forderungen verabschiedete:

- Institutionalisierung des 8-Stunden-Tages für Frauen.
- Verbot von Nachtarbeit, Überstunden und gesundheitsschädigender Arbeit für Frauen.
- Abschaffung des Wohnheimsystems und Verwaltung der existierenden Wohnheime durch die Gewerkschaften.
- Abschaffung der Zwangsgeldüberweisung an die Eltern.
- Abschaffung der Lohndiskriminierung auf Basis des Geschlechts.
- 8 Wochen Mutterschaftsurlaub vor und nach der Geburt bei voller Lohnfortzahlung.

Sie richteten sich also im wesentlichen gegen die strukturelle Spaltung der Arbeiterschaft (gleiche Arbeitsbedingungen für Frauen wie für Männer), versuchten die Mehrfachbelastung durch Mutterschaft und Fabrikarbeit zu erleichtern und hatten grundlegend demokratischen Charakter.

Das ZK der Gewerkschaft billigte die Thesen vorläufig und ließ sie veröffentlichen. Auf dem zweiten Plenum des Gewerkschaftsrats sprachen Wortführer der »Bolschewisierung der KP« und Kritiker der »Massenlinie« des Ehepaares Yamakawa gegen eine Sonderbehandlung von Frauenfragen; auf ihren Einfluß hin wurde die Entscheidung über These und Frauenreferat zunächst vertagt, und in der Folgezeit löste die Leitung sogar die regionalen Frauenreferate auf.

Die Kontroverse wiederholte sich bei der Programmdiskussion um eine Linkspartei, als nach der Einführung des allgemeinen Männerwahlrechts 1925 die Linke sich erstmals Wahlchancen ausrechnen konnte. In die beratende Konvention von Gewerkschaften, Bauernverbänden, in dem Pariaverband Suiheisha und dem kommunistisch beeinflußten »Politischen Studienclub« hatte der reformistische Arbeiterbund die vage Klausel von »einer Erhöhung der gesellschaftlichen Position der Frau« eingebracht. Yamakawa entwarf im Gegenzug eine konkrete Minimalplattform mit folgenden Punkten:

- Abschaffung der Rechtsinstitution des Familienvorstandes und sämtlicher Gesetzgebung, die Ungleichheit zwischen Mann und Frau vorsieht.
- Chancengleichheit in Beruf und Erziehung.
- Abschaffung der öffentlichen Prostitution.
- Gesetzlicher minimaler Standardlohn ohne Ansehen von Geschlecht oder ethnischer Herkunft (Koreaner, Taiwanesen).
- Gleicher Lohn für gleiche Arbeit für Mann und Frau.
- Mutterschutz (Mutterschaftsurlaub vor und nach der Geburt, Kündigungsschutz während der Schwangerschaft).

Yamakawa hatte hier gemäßigte Gleichheitsforderungen eingebracht und z. B. die Forderung des Wahlrechts für Frauen, für die die Frauenverbände gleichzeitig eine große Kampagne führten, nicht direkt benannt. Die Abschaffung der öffentlichen Prostitution war schon seit 1900 immer wieder von Frauenverbänden gefordert worden. Sehr wichtig ist die in der vierten Forderung ausgedrückte Erkenntnis des Zusammenhangs von sexistischer und rassistischer Diskriminierung und der praktische Versuch, sich gegen die damit verbundene Aufsplitterung der Arbeiterschaft zu wenden.

Auch dieses Minimalprogramm stieß auf den Widerspruch der Führungen des »Gewerkschaftsrates« und des »politischen Studienclubs« Tokuda Kyuichi, Sano Manabu und Sugiyama Keiichi, die sich an der KPJ und an der KI orientierten. Ihre Argumentation lautete in den Grundzügen:

1. Es ist nicht notwendig, eigens die Abschaffung geschlechtsspezifischer oder ethnischer Diskriminierung beim Standardlohn zu fordern, da dies sowieso ein Grundsatz des Proletariats ist, der keiner weiteren Erläuterung bedarf.

2. Für die Forderung »gleicher Lohn für gleiche Arbeit« trifft das nämliche zu. Dieses Ziel ist bei der Erringung eines Standardminimallohns zu verwirklichen. Da sich überdies der Lohn nach den Lebenshaltungskosten bemißt und nicht gleich dem Wert der Arbeitskraft ist, widerspricht es der marxistischen Wertlehre, eine einheitliche Lohnrate für Mann und Frau zu fordern, obwohl deren Lebenshaltungskosten unterschiedlich sind. Gleicher Lohn ist erst bei deren Angleichung zu realisieren.

3. Die Gleichheit bei Eheschließung und Scheidung sowie die Abschaffung der rechtlichen Unmündigkeit ist für die proletarische Frau schon verwirklicht und nur für die bürgerliche Frau noch zu fordern. Deswegen ist diese Forderung kleinbürgerlich.

4. Die Forderung nach Chancengleichheit in Beruf und Erziehung ist sinnlos, da die Kapitalisten sowieso eher die billigen weiblichen Arbeitskräfte beschäftigen. Wer die Gleichheit von Koreanern und Taiwanesen fordert, erkennt ihre jetzige koloniale Versklavung an. Dagegen wendet sich die proletarische Partei.

5. Da Forderungen nach Mutterschutz nur die besondere Gruppe der Frauen betreffen, nicht aber die Klasse, darf die proletarische Partei sie nicht stellen. Frauensonderforderungen haben einen kleinbürgerlichen Charakter.

Die Mehrheit der männlichen und weiblichen Delegierten folgte diesen Einwänden und stimmte gegen das Programm. Yamaka schreibt in ihren Erinnerungen: »Diese besonderen Forderungen waren von der IAO, von der 2. und 3. Internationale gebilligt worden und wurden überall in der Welt gestellt. Ich mußte über die männlichen politischen Führer, die nicht einmal diesen allgemein bekannten Angelegenheiten zustimmen konnten, und die Frauen, die sich ihnen mechanisch unterordneten, verzweifeln« (Yamakawa 274).

Die der damaligen KP-Führung Nahestehenden erklärten also mit einem Dogmatismus, der den eigentlichen marxistischen Analysen, z. B. der Wertlehre, und Methoden eher fernsteht, die Probleme der Frauen für irrelevant oder kleinbürgerlich. Gleichzeitig verfochten sie einen abstrakten Kurs gegenüber der »Massenlinie«, der das verabsolutierte Ziel der Revolution und der Festigung der revolutionären Partei kontrapunktisch gegen Reformforderungen setzte.

In der Folgezeit wuchs vor allem die Frauenbeteiligung in dem reformistischen Japanischen Arbeiterbund (Nihon rodo sodomei). Die sozialistische, sozialdemokratische und KP-nahe

Gruppierung hatte jeweils eine eigene Frauenliga, die im allgemeinen der Linie der übergeordneten Organisationen bei Aktionen und Bündnissen folgen mußte, so daß sich die Spaltung der Linken auf die sozialistische Frauenbewegung übertrug[15].

Dadurch, daß sie Frauen beitreten ließen, ihnen überregionale Kommunikationsmittel in Form von Frauenreferaten, Zeitschriften usw. zugänglich machten und Arbeitskämpfe unterstützten, hatten die Gewerkschaften und die Linke große Bedeutung sowohl für eine allmähliche Verbesserung der Arbeitsbedingungen der Frauen als auch eine breitere Bewußtwerdung und Organisation. Es wurden zwar die schlimmsten Auswüchse reformiert, nicht aber die Ungleichheit zwischen Mann und Frau am Arbeitsplatz grundlegend angegangen. Sowohl die Lohndifferenzen als auch die spezifische Form der kurzzeitigen Anstellung der Frauen bis zur Ehe oder zum ersten Kind bestehen gegenwärtig fort – wenn auch viele Frauen über vierzig wieder ins Berufsleben eintreten – und nur ein Bruchteil der erwerbstätigen Frauen gehört zu der Stammarbeiterschaft, für die das stabile japanische Anstellungssystem gilt.

Eine Korrelation zwischen proletarisch-revolutionärer Ideologie und Einsatz für die Frauenemanzipation, wie sie Thönnessen für die deutsche Sozialdemokratie angibt, ist nicht festzustellen. Seine These beschränkt sich auf Verhältnisse innerhalb der aktuell beschäftigten Lohnarbeiter; das Grundproblem der asymmetrischen geschlechtsspezifischen Arbeitsteilung und deren unhinterfragte Hinnahme auch in den Flügeln der Linken und der Gewerkschaftsbewegung wird nicht berührt.

In Japan nahm die Linke und die Arbeiterbewegung damals bis auf wenige Ansätze Arbeiterinnen nur in ihrer Erwerbstätigkeit wahr und problematisierte die Reproduktionsarbeit der Frauen nicht, geschweige denn, daß ihre gesellschaftliche Bedingtheit oder Relevanz gesehen wurde. Insofern sollte der Begriff des proletarischen Antifeminismus nicht auf das Bestreben limitiert werden, Frauen aus der Erwerbstätigkeit auszuschließen, sondern er trifft auch darauf zu, daß ihr Lebenszusammenhang, der ihnen auch als Lohnarbeiterinnen die primäre Arbeitslast der Reproduktion der gesellschaftlichen Arbeitskraft aufbürdet, ignoriert oder als »natürliche Bestimmung der Frau« ins Biologische gekehrt akzeptiert wird. Die Abstraktion von realen Arbeits- und Lebenszusammenhängen wird zum anti-emanzipativen Faktor, wenn die Arbeitsteilung und die Herrschaftsmechanismen innerhalb der Arbeiterklasse nicht wahrgenommen werden und somit eine sozial bedingte Spaltung innerhalb der Beherrschten realiter fortgesetzt wird.

Anmerkungen:

1 Zetkin, Clara: Die Arbeiterinnen- und Frauenfrage der Gegenwart. In: Hg. Gisela Brinkler-Gabler: Frauenarbeit und Beruf. Frankfurt 1979, S. 139.
2 Vgl. dazu Mies, Werlhof, Meillassoux.
3 Vgl. Bock, Duden.
4 Die folgende Darstellung stützt sich vor allem auf Hosoi, das Shokko jijo und Sekundärliteratur.
5 In Kanto 100 Yen (6 Monatslöhne), in Kansai 50 Yen (3–4 Monatslöhne) (1920).
6 Laut BGB 1898 hatte der Haushaltsvorstand weitreichende Entscheidungsbefugnis über Wohnort, Berufs- und Ehewahl der Familienmitglieder; das Amt wurde grundsätzlich an Männer vererbt und fiel nur an Frauen, wenn männliche Verwandte im ersten Grad fehlten (vgl. auch Lenz, Terasaki).
7 In Japan wurde 1873 ein allgemeines Schulsystem mit Schulpflicht in der Grundstufe eingerichtet. Bis ca. 1900 wurde die Mädchenbildung nicht voll realisiert: Anteil der Jugendlichen im schulpflichtigen Alter, die keine Schule besuchten (in %):

Jahr	Jungen	Mädchen	insgesamt
1895	23,35	56,13	38,76
1898	19,32	49,17	33,31
1903	3,41	10,42	6,77
1906	1,84	5,16	3,44

(Nach Nihen teikaku tokei nenkan)
Bildungsstand der Textilarbeiter 1920 (Sample aus 2–3 Fabriken)

	männl. Arbeiter	weibl. Arbeiter
Abbruch der Grundschule vor Beendigung d. Schulpflicht	15,5	41,6
Abschluß d. Grundsch.	23,9	36,6
Weiterführ. Bildung	23,4	2,3
keinerlei Schulbildung	17,3	19,5

(Hosoi, S. 229).

8 Z. B. beim ersten Streik in der japanischen Industrie 1886 zogen sich 100 Arbeiterinnen in einen buddhistischen Tempel zurück, um gegen Lohnsenkungen und erhöhte Disziplinanforderungen – sogar die Zeit fürs Wassertrinken und den Gang zur Toilette sollte vom Lohn abgezogen werden – zu protestieren. Nach 3–4 Tagen gaben die Unternehmer nach.

9 Vgl. die Leitungsgremien der Yuaikai, die Gründung der Bauerngewerkschaft durch Kagawa Toyohiko etc.

10 Hier sind Sakai Toshihiko, Ichikawa Sanshiro, Osugi Sakae, Yamakawa Hitoshi zu nennen. Osugi und Ishikawa verhielten sich in der Praxis des Alltagslebens sehr patriarchalisch (Lenz, Terasaki 78).

11 Dieser Zug intensivierte sich noch durch die KI-Politik in den Diskussionen um die Gründung der KPJ und die Thesen zu Japan. Die Kräfte, die die KP illegal aufbauen wollten, beschimpften die Kommunisten um die Rono-Gruppe, die Massenarbeit wichtiger fanden als »Sozialfaschisten«, und bekämpften sie vorrangig, während die Rono-Gruppe ihrerseits die sozialdemokratischen und die nationalistischen Gewerkschaften pauschal als »Sozialfaschisten« angriff.

12 Vgl. Anm. 2.

13 Die Darstellung stützt sich auf Yamakawa, Morosawa, Takamure, Mitsui.

14 Yamakawa Kikue (1890–?), führende sozialistische Theoretikerin in Frauenfragen, Übersetzerin von Bebel und Kollontai, Mitglied der Rono-Gruppe und später der Sozialistischen Partei. Von 1947–51 Leiterin des Frauen- und Jugendbüros im Arbeitsministerium. Zahlreiche Veröffentlichungen.

15 Lenz, Terasaki, S. 181.